Zeitschrift für italienische Kultur der Gegenwart

ZIBALDONE

Herausgegeben von Helene Harth und Titus Heydenreich

14

November 1992

Schwerpunkt:
Italien-Tourismus

Piper
München Zürich

Inhalt

ZIBALDONE 14

Daß Reisen bilde, daß es den Horizont erweitere und lehre, »manche Dinge anders zu betrachten, als Diogenes sie aus seinem Faß sehen konnte«, wußte Johann Gottfried Herder 1768 in einem Brief an seinen Lehrer Immanuel Kant in Königsberg zu berichten. Für ihn wie für zahllose andere bildungs- und erlebnishungrige Deutsche galt Italien über mehr als zwei Jahrhunderte als das Reiseziel par excellence, das man nicht nur »mit der Seele«, sondern auch mit Postkutschen, später mit Automobilen und neu gegründeten Eisenbahnlinien suchte. Inzwischen ist die Reiseerfahrung kulturbeflissener Individualisten mit dem Aufkommen des Massentourismus längst anderen Erlebnisformen gewichen. Die Italienerfahrung des heutigen Durchschnittstouristen aus Ost- und Westdeutschland haben jüngst zwei nicht nur komische Filme: *Man spricht Deutsh* und *Go Trabi Go* satirisch porträtiert. Gleichzeitig hat sich eine Forschergruppe in Florenz unter der Leitung von Graziella Margherini mit den gesundheitsschädigenden Folgen des Massentourismus auseinandergesetzt und darüber nachgedacht, wie man dem *Stendhal-Syndrom*, dem temporären oder dauerhaften psychischen Zerfall von Touristen unter dem Ansturm identitätszerstörender Bilderfluten, institutionell begegnen könnte. Das Reisen, traditionell als Metapher für Erfahrung im Gebrauch, wird im Zeitalter des globalen Simulationsverdachtes ausgezehrt wie die Erfahrung selbst. Wie wirklich ist die Wirklichkeit des Italien, das Reisende erleben? Der vorliegende Band arrangiert vor dem Hintergrund dieser Frage bewußt die Gleichzeitigkeit des Ungleichzeitigen, den ironischen Kontrast der Bilder und läßt offen, ob sie uns die Wirklichkeit verstellen oder enthüllen.

Wir verdanken Lucia Borghese entscheidende Anregungen für das Zustandekommen dieser Nummer und Heike Botermann kompetente Unterstützung bei der Redaktion. *Die Herausgeber*

Erhard Stölting

Reisen bildet

Erlebnishungrige oder erlösungssüchtige Reisende aus den Regionen nördlich der Alpen sind Italien seit altersher vertraut. Immer wieder kamen sie, um zu büßen, zu plündern oder um sich zu bilden. Natürlich waren jene beliebter, die in friedlicher Absicht kamen, vor allem wenn ihre Reisekasse das einheimische Geschäft belebte. Sie bedurften der Wegweisung. Itinerarien empfahlen Routen, Reiseberichte nannten Orte, gebildete Einheimische leiteten die Wissensdurstigen von Sehenswürdigkeit zu Sehenswürdigkeit.

Natürlich änderte sich im Laufe der Zeit die Zusammensetzung der Besucherschaft. Ohne daß ihr Zustrom je völlig versiegte, verminderte sich schon im 18. Jahrhundert die Bedeutung der frommen Rompilger. Wichtiger wurden jene, die sich Land und Leute, vor allem jedoch die Kunst ansehen wollten. Irgendwann im 19. Jahrhundert blieben die überwiegend gleichgültigen und ungeduldigen Adelssöhne weg. Dafür kamen mehr deutsche Professoren, und sie blieben kürzer. Ein zunächst informierendes, später auch organisierendes Reisegewerbe entstand, das sich auf den Abenteuer- und Bildungshunger der Touristen eingestellt hatte. Reiseberichte wurden zu Sammlungen zusammengefügt. Einer der wichtigsten Reiseführer war der *Volkmann*, mit dessen Hilfe sich auch Goethe auf seine Italienreise vorbereitet hatte. Der *Volkmann* versprach 1770 »eine genaue Beschreibung dieses Landes, der Sitten und Gebräuche, der Regierungsform, Handlung, Ökonomie, des Zustandes der Wissenschaften und insonderheit der Werke der Kunst nebst einer Beurtheilung derselben«. Reliquien hingegen sollten nicht aufgeführt werden, »weil sie die Bildung des Geschmacks nicht befördern und die wenigsten Reisenden sich darum kümmern«. Allerdings: »Die

Heiligengeschichten und Mirakel konnten nicht ganz übergangen werden, weil die Geschichte oder Erklärung eines Gemäldes oft davon abhängt.«

Dieses Erfahrungsinteresse aber war schon etwas älter. Bereits 1701 versprach Heinrich von Huyssen eine »Curieuse und vollständige Reiß-Beschreibung Von gantz Italien / Worinnen der gegenwärtige Zustand nicht nur allein des Päpstlichen Hofs / sondern auch anderer Höfen / Republiquen und Städten in Italien beschrieben / und was in denselben merkwürdiges zu sehen / in einer angenehmen Correspondentz von einer berühmten Feder vorgestellt wird. Allen Liebhabern derer Curiositäten / und vornemlich den Reisenden zu grossem Nutzen an das Liecht gegeben / und mit schönen Kupfern gezieret«. Wichtig blieb etwa Huyssens Hinweis: »In den Gegenden Parma und Playsance allwo sehr schöne Wayden sind / machen sie von ihrer Milch nichts anderes als Käß.« Wer eine Bildungsreise nach Italien vorhatte, konnte sich also vorbereiten. Allerdings traten Ende des 18. Jahrhunderts zwei Interessen in den Vordergrund: das für die Kunst und die Geschichte einerseits, das Selbsterleben der Reisenden andererseits. Für die Bildung gab es schon einen Überfluß an Reiseführern. Der mißmutige Joseph Hager, der 1795 seine *Reise nach Warschau über Wien nach der Hauptstadt von Sizilien* veröffentlichte, wußte nichts Neues mehr zu berichten, »es sey denn, was neue Zusätze oder Veränderungen betrifft, die sich nothwendig von Zeit zu Zeit ereignen und die durch neuere Reisende nachgeholt werden müssen«. Ein Jahr später hat ein anonymer Reisebericht von Nizza nach Venedig »alles hinweggelassen, was schon in tausend anderen Büchern steht, wobei die Topographie der Städte besonders gehört«. Hager berichtet jedoch mehr, als er versprach; so sei Venedig eine unsaubere uralte Stadt »von Attilas Zeiten, die Häuser durchgehend ungeweißet und vernachlässiget, die Kanäle auch mitten im Winter übelriechend«. In Palermo findet er Armut und Schmutz selbst im besten Hotel. Das übrige Sizilien könne man vergessen. Es gebe weder Betten noch Speisen. Anders als der Wanderer Seume, der ein Vorläufer jener späteren »Rucksacktouristen« ist, die nicht weniger Dreck, aber weniger Geld als andere hinterlassen, gehört Hager also zur meckernden

Spezies, die schon im 19. Jahrhundert schlechtgelaunt und rücksichtslos die Sehenswürdigkeiten belagert und aus Prinzip keine Trinkgelder gibt. Ein fortbestehendes Bedürfnis aber wird auch in diesem Tadeln erkennbar. Das Reisen soll problem- und konfliktlos vor sich gehen. Weder üble Gerüche noch zudringliche Menschen sollen das reine Erlebnis stören.

Die Entwicklung der Verkehrstechnik und die Entstehung der Touristikbranche wirkten in die gleiche Richtung. Vor allem die Eisenbahn, das moderne Fahrkartenwesen und schließlich die Reiseorganisationen seit dem weltumspannenden Thomas Cook und seinen frühen Nachahmern veränderten die Erfahrung. Die Reisezeit beschleunigte und verkürzte sich; wer zwei Monate braucht, um nach Italien zu gelangen, verweilt dort länger, als wer in vier Tagen, in zwei Tagen oder gar in drei Stunden dort ist – abgesehen davon, daß der heutige Jahresurlaub eines durchschnittlichen Arbeitnehmers damals gar keine Italienreise gestattet hätte. Die Touristik-Unternehmen nach Cook veränderten aber auch die Preise. Das Reisen wurde besser kalkulierbar und nicht zuletzt dadurch erschwinglicher. Nicht mehr der verunsicherte und radebrechende Gast muß um Kost und Logis feilschen; das erledigen ausgebuffte Spezialisten für ihn.

Wie die Beschwerlichkeit des Feilschens und die Furcht vor Übervorteilung obsolet wird, so nehmen auch die notwendigen Kontakte zu den Einwohnern des Gastlandes ab. Der Reisende kann sich auf jene konzentrieren, die er für wünschenswert und erfreulich hält. Er kann sich aber auch ganz dem Erlebnis von Kunst oder Natur widmen, ohne vom Geschnatter undurchsichtiger Einheimischer gestört zu werden. Nicht nur die bisherigen zeitlichen und organisatorischen Unwägbarkeiten werden also beseitigt, das Ende der Ständegesellschaft ermöglicht zudem eine bessere und konsequentere soziale Sortierung. Trotz der Zunahme des Touristenstromes wird die Flucht in die Einsamkeit leichter.

Natürlich werden diese Veränderungen vom kulturkritischen Mißmut begleitet. Das Verschwinden der Unwägbarkeiten erscheint den Kritikern als Verlust von Erfahrung – wo es doch ihre Konzentration und Reinigung darstellt. Die segensreiche Tätigkeit der Reiseunternehmen wird jenen zum Gegenstand der Verachtung, die um soziale Anerkennung als kultivierte Individualisten ringen. Es entsteht jener Touristentypus, der beständig über die anderen Touristen klagt. Otto Julius Bierbaum, der um die Jahrhundertwende als einer der ersten mit dem Automobil nach Italien reiste und es zu schätzen wußte, daß er nicht mehr mit allen möglichen Eseln in einem Eisenbahncoupé zusammengepfercht war, meinte zu Venedig: »Eine Königin, die sich für Geld sehen lassen muß von Gaffern, die zwar Geld, aber keinen Respekt vor alten, echten Majestäten haben. Herr Thomas Cook ist auch ihr Impresario.«

Was es mit der Suche nach intensiverer Erfahrung auf sich hat, verdeutlicht außerdem die Entwicklung der Reiseführer und vor allem der Reproduktionen. Immer genauere Stiche ersetzte man Ende des 19. Jahrhunderts durch immer bessere Fotografien, die schließlich farblich naturgetreu und gestochen scharf wurden. Man konnte die Kunstwerke nunmehr sehr genau kennenlernen, auch ohne das Original in Augenschein genommen zu haben. Zur Wissensvermehrung bedurfte es allenfalls des Reisens in die nächstgelegene größere Bibliothek. Als die Reproduktionstechniken so perfekt wurden, daß die Anschauung des Originals kaum Neues lehrte, konnte es für den Wissenden nur noch um das persönliche Gefühl gehen – eine Stimmung, die in Erinnerung umgesetzt wurde und Teil der Reisesituation überhaupt war. Die Reiseführer paßten sich der neuen Erlebnisform an. Knapper, genauer und spezialisierter, schlugen sie nun unterschiedliche Besichtigungsprogramme für verschieden lange Aufenthalte vor. Wer Europa in vierzehn Tagen schafft, sollte Rom in zwei Tagen gesehen haben.

Ein anderer Teil der Reiseliteratur entwickelte sich seit dem ausgehenden 18. Jahrhundert – nicht zuletzt dank Goethes Vorbild – zum Spiegel persönlichen Erlebens und Reflektierens. Weil die Bildungsmittel leichter zugänglich und außerdem erschwinglich wurden, sollte es schließlich überflüssig werden, das Gesehene detailliert zu schildern. Aber auch die Reflexionen wurden trivial, als sie sich von den Gegenständen lösen mußten. So trat auch hier das reine Erleben in den Vordergrund und erreichte

seine intensivste Form in ergriffenen Exklamationen: »ah«, »oh«, »toll« usw. als Kommentare zum Petersdom oder den Gärten in Tivoli. Das höchste und intensivste Empfinden bedarf des Diskurses nicht mehr. Entsprechend entfiel selbst als persönliche Gedächtnisstütze das Tagebuch. Als Beweis dafür, daß man irgendwo gewesen sei und Anspruch auf entsprechendes kulturelles Prestige habe, genügte die Postkarte, auf der das Gesehene abgebildet war. Was sich auf Postkarten nicht fand, ließ sich knipsen. Die Bilderflut entlastete und bereicherte zugleich die Erinnerung. Die gewonnene Zeit konnte anders eingesetzt werden.

Obwohl die individualisierende Konzentration des Reisens auf das Erlebnis hin alle Touristen erfaßt, sollten die Unterschiede nicht verwischt werden. Mit vielen Schattierungen geht es im wesentlichen um zwei Typen, die schon an der Kleidung erkennbar sind: Wer kultiviert erscheinen will, spaziert auch in der Sommerhitze nicht in Strandkleidung durch die Städte, selbst dann nicht, wenn die anderen Touristen es auch tun. Das Bemühen um ein gewisses Flair von Distinguiertheit und Bildung wird andererseits auch in der gängigen Klage über den Massentourismus erkennbar. Nicht allein die schiere Zahl der Reisenden, auch deren Gleichgültigkeit gegenüber den Menschen und der Küche des Landes ist Gegenstand angeekelten Tadels. Aber diese Kritik hat in doppelter Weise Unrecht. Die wenigen unberührten Gegenden Italiens werden von naturbeflissenen Individualisten bereits genug zertrampelt. Schließlich könnte Italien das angemahnte Interesse seiner vielen Touristen gar nicht aushalten, und sicherlich gäbe es blutige Ausbrüche von Touristenfeindlichkeit, wollte jeder Gast das Gespräch mit den Einheimischen suchen. Die geschlossenen Touristenghettos hingegen bieten das, was die meisten brauchen – Erlebnisse. Deren Insassen, die dem zweiten Typ zuzuordnen sind, suchen eine Gegenwelt; sie wollen ohne Zeitdruck faulenzen und zwanglos kommunizieren – das aber geht am besten und ohne Sprachbarrieren bei einem Bier mit Charly aus Wanne-Eickel. Sogar die Behauptung, daß diese Touristen überhaupt kein Sensorium für die fremde Kultur hätten, ist falsch; sie essen auch schon mal Spaghetti und trinken Asti Spumante; viele machen auch eine Bustour nach Florenz. Was sie hingegen sicherlich nicht wollen, ist, auf ihre Unwissenheit und Unkultiviertheit verwiesen zu werden. Die kulturelle Enthaltsamkeit sollte keinen Hochmut auslösen; schon Gottfried Herder schildert in seinem italienischen Reisebericht die Bildungsqualen, denen er sich aus Standesrücksichten unterzog. Am liebsten wäre er zu Hause geblieben: »Gottlob, daß wieder acht Tage in dem traurigen Rom vorüber sind!« Vielleicht fehlte seinem spezifischen Erlebnishunger auch die fürsorgliche Tourismusbranche. Sie hätte seine besonderen Bedürfnisse herausgefunden und bei hinreichend großer Nachfrage befriedigt. Immerhin war ihr Einfallsreichtum schon Otto Julius Bierbaum aufgefallen: »Seitdem ich vernommen habe, daß Herr Thomas Cook alles Geschäftliche, was den Vesuv und seinen Besuch angeht, ins Monopol genommen hat, bin ich geneigt zu glauben, daß dieser smarte Herr ihn nur in der eigentlichen Saison funktionieren läßt.« Aber warum sollen die Cafés und Museen nicht geschlossen, die Sonne mit Wolken verhängt und die Strände eingerollt werden, wenn die kaufkräftigen Kunden ausbleiben. Ohne die Touristen gäbe es wahrscheinlich weder Renaissancepaläste noch Museen, noch Naturreservate. Dank der Touristikbranche wird die europäische Geschichte erst erlebbar, sichtbar und sinnfällig.

Bestehen bleibt allerdings der Widerspruch, daß die Städte und Landschaften durch den Andrang jener zerstört werden, die sie zunächst retten und restaurieren halfen. Eine Lösung bietet sich jedoch an: Ganzjährig könnte ein europäisches Disneyland II bei Arezzo Touristen anlocken. Romeo und Julia würden die Gestalt von Donald und Daisy annehmen, irgendwelche Hunde gemeinsam mit Pinocchio und Lucrezia Borgia, die zufällig wie Minnie Maus aussieht, Ginger und Fred beim Tanzen zusehen. Leonardo da Vinci hat »der Firma« ja bereits einmal das Aussehen Goofys gegeben. Jedem deutschen Kind ist der gleiche Leonardo außerdem neben Raffael, Donatello und Michelangelo als »Hero-Turtle« vertraut. Ganz spielerisch wird Italien also ohnehin wieder zum gesamteuropäischen Bildungsgut. In Disneyland II könnten Alexander VI. als Ganter und Lorenzo il Magnifico als Backenhörnchen für Kinder und Erwachsene die Einheit von Erlebnis und Bildung erneuern.

Da jedes Erlebnis Erinnerung enthält und jede ästhetische Wahrnehmung auf selbstverständlich gewordene Wissensbestände zurückgreift, könnte eine die Moderne bestimmende Entwicklung ins Extrem geführt und zum Umschlagen gebracht werden. Die Tendenz zu einer sich von allen Inhalten lösenden, in konzentrierter Meditation oder hektischen Bilderketten sich isolierenden Flucht vor jedem Sinn – und die entsprechende Suche nach »totalen« Erlebnissen – ginge in eine Rekultivierung des europäischen Geistes über. Die italienische Reise würde wieder zum Bildungserlebnis.

Literatur

Hans Magnus Enzensberger, *»Eine Theorie des Tourismus«*, in: ders., *Einzelheiten I*, Frankfurt am Main 1971 (1958), S. 179ff.
G. Erler (Hg.), *Streifzüge und Wanderungen. Reiseliteratur 3, von Gerstäcker bis Fontane*, München 1979.
Joseph Hager, *Reise von Warschau über Wien nach der Hauptstadt Siziliens*, Dresden und Leipzig 1795.
Rudolf Walbiner (Hg.), *Reiseberichte deutscher Romantiker*, Berlin 1979 (lesenswert ist vor allem das Nachwort).
Justin Stagl, »Die Apodemik oder ›Reisekunst‹ als Methodik der Sozialforschung vom Humanismus bis zur Aufklärung«, in: M. Rassem, J. Stagl (Hg.), *Statistik und Staatsbeschreibung in der Neuzeit, vornehmlich im 16.–18. Jahrhundert*, Paderborn-München-Wien 1980, S. 131ff.
W. Griep, H.-W. Jäger (Hg.), *Reisen im 18. Jahrhundert. Neue Untersuchungen*, Heidelberg 1986.
Ralph-Rainer Wuthenow, *Die erfahrene Welt. Europäische Reiseliteratur im Zeitalter der Aufklärung*, Frankfurt am Main 1980.
John Walter Stove, *English Travellers Abroad*, London 1952.
Ludwig Schudt, *Italienreisen im 17. und 18. Jahrhundert*, Wien-München 1961.
Wilhelm Waetzold, *Das klassische Land. Wandlungen der Italiensehnsucht*, Leipzig 1927.
Graf Paul Yorck von Wartenburg, *Italienisches Tagebuch*, Leipzig 1939.
James Money, *Capri. Island of Pleasure*, London 1986.
Peter Kammerer / Ekkehart Krippendorf, *Reisebuch Italien. Über das Lesen von Landschaften und Städten*, Berlin 1979/81, 2 Bände.

Daniela Marcheschi

Carlo Collodi reist auf der Leopold-Linie

Überlegungen zu seinem Eisenbahnroman *Un romanzo in vapore*

Viel zu lange schon identifiziert man das Werk Carlo Collodis, das so reich an Titeln ist und sich in den unterschiedlichsten Gattungen bewegt, mit einem einzigen Buch, den *Abenteuern des Pinocchio*. Wer könnte sich wohl auch dem Reiz eines Meisterwerkes entziehen, das neben der Bibel und dem Koran zu den meistgekauften Büchern der Welt zählt. Die Qualität des *Pinocchio* bemißt sich allerdings weniger an seiner Bestsellerrolle als an der Tatsache, daß das Buch die Phantasie, die Kreativität und den Ausdruckswillen zahlloser italienischer und ausländischer Autoren herausgefordert hat, die stets von neuem den Drang verspürten, sich mit dem hölzernen Bengele zu messen. Um so weniger verzeihlich erscheint die literarhistorische und philologische Nachlässigkeit, die im Umgang mit dem Schriftsteller Carlo Lorenzini, genannt Collodi, vielfach üblich war und die dazu geführt hat, daß sein Werk nicht nur von Legenden umrankt, sondern auch von Irrtümern und Gemeinplätzen entstellt ist. Dazu gehört vor allem die Vorstellung, die *Abenteuer des Pinocchio*, sein Meisterwerk, seien »durch Zufall« und »ohne Vorgeschichte« entstanden.

Fest steht, daß Collodi, mehr noch als andere, zum Opfer einer von Francesco de Sanctis für die erste Hälfte des 19. Jahrhunderts entwickelten literarhistorischen Systematik geworden ist. De Sanctis, heute weitgehend überholt, hat gleichwohl Interpretationsschemata entwickelt, die in unseren Literaturgeschichten noch immer munter Anwendung finden. Er sah in den Werken Manzonis und Leopardis die fruchtbarsten und für die europäische Entwicklung folgenreichsten Produkte Italiens in dieser Zeit. Heute weiß man allerdings, daß nicht nur Romantik und Klassizismus die italienische Literatur in der ersten Hälfte des

19. Jahrhunderts geprägt haben, sondern auch der Einfluß Lawrence Sternes, wie ein neuerer Sammelband mit dem Titel *Effetto Sterne. La narrazione umoristica in Italia da Foscolo a Pirandello [Der Sterne-Effekt. Humoristisches Erzählen in Italien von Foscolo bis Pirandello]* (Pisa, Nistri-Lischi 1990) zeigt. Auch in diesem Band fehlt Collodi, obwohl er von seinen eigenen Zeitgenossen schon früh als Meister des humoristischen Genres erkannt worden war und obwohl er, dank seiner beispiellosen Sprachkraft, die Lektion Sternes besser, d. h. dichter und dauerhafter als mancher andere, in einen höchst persönlichen Stil und eine eigenständige Form umgesetzt hatte. Ich denke vor allem an Collodis Sprache, in der Geschriebenes und Gesprochenes sich berühren und in ironischer oder satirischer Absicht aufeinander reagieren. Bemerkenswert ist bei ihm auch die Mischung sprachlicher Codes, bei der der spontane Charakter der gesprochenen Sprache die traditionelle Rhetorik demontiert; sein skizzenhafter Stil, seine raschen Entwürfe von Figuren (hier macht sich sicher auch der Einfluß der Theaterpraxis geltend); sein eigenwilliger Gebrauch, ja Mißbrauch der Interpunktion, sein häufig witziger Einsatz von Epigrammen, Aufzählungen und Exkursen, schließlich sein permanenter Griff zu Ironie und Parodie.

In den Umkreis der dank Foscolos Übersetzung der *Sentimentalen Reise* so erfolgreichen Sterne-Nachfolge (auf die durch den Toskaner und Demokraten Carlo Bini mit Verlust ins Italienische gebrachten Auszüge aus dem *Tristram Shandy* lasse ich mich nicht weiter ein) gehört auch der Anti-Roman und zugleich das Anti-Reisebuch mit dem Titel *Un romanzo in vapore. Da Firenze a Livorno. Guida storico-umoristica di Carlo Lorenzini [Ein Roman in der Eisenbahn. Von Florenz nach Livorno. Historisch-humoristischer Reiseführer von Carlo Lorenzini]*, erschienen 1856 in Florenz bei Mariani und 1987 in Lucca bei Maria Pacini Fazzi wieder aufgelegt. Dieses vielschichtige kleine Werk von überschäumender Vitalität stellt das erzählerische Debüt eines Autors dar, der bislang eher durch sein Wirken als Journalist und als Theaterschriftsteller bekannt geworden war. *Un romanzo in vapore*, die »heiterste, humoristischste [...] und verrückteste Sache, die man sich nur vorstellen kann, weil sie weder Anfang noch Ende hat« (so Yorick in einem

Nachruf auf Lorenzini vom 2. November 1890 in der *Domenica fiorentina*), entstand wahrscheinlich als Auftragsarbeit, als Taschenbuch, als Reiselektüre, die an Bahnhöfen verkauft werden sollte, als Reiseführer mit historischen und geographischen Erläuterungen zu den Städten und Ortschaften längs der Leopold-Linie, auf der die Züge zwischen Florenz und Livorno damals wie heute verkehren. Und so liest man denn in diesem Bändchen, nicht ohne einen Anflug von Wehmut über den Verlust einer heute durch die einzige gelungene industrielle Revolution – die nach dem Zweiten Weltkrieg – dem Untergang geweihten toskanischen Landschaft darin Informationen über Eisenbahnlinien, die damals »in Betrieb waren, sich im Bau oder in Planung befanden«, eine kurze Geschichte der Dampflokomotive und schließlich zahllose historische, geographische und ökonomische Informationen (sie stammen meist aus dem *Repetti*) über Städtchen, Dörfer und Bahnhöfe an dieser Linie, Orte wie Signa, Montelupo, Capraia, Empoli oder Pontedera. Das Bändchen enthält außerdem ein Sammelsurium von Kuriositäten aus Geschichte und Brauchtum, angereichert mit Informationen über die Cafés und Theater von Florenz und Livorno und einen Führer durch die öffentlichen Einrichtungen und Geschäfte (eine Art Gelber Seiten der damaligen Zeit) der wichtigsten Städte, die an der Leopold-Linie liegen. Der Reisende des vergangenen Jahrhunderts konnte darin eine Fülle nützlicher Hinweise auf Hotels, Restaurants, Banken, Geschäfte, Apotheken und ähnliches finden.

Allerdings handelt es sich bei diesem Baedeker um einen Führer ganz eigener Art. Denn aufgrund des besonderen Interesses für die Zugreise, das zu dieser Zeit besonders jenseits der Alpen verbreitet war, verflicht Collodi den informativen Rahmen der Eisenbahnfahrt auf klassische und zugleich ironische Weise mit einer Romanhandlung. Sie besteht vor allem aus einer Reihe zusammenhängender komischer Szenen, wahrhafter Genrebilder, deren Protagonisten die Mitreisenden sind, die den Autor auf seiner fiktiven Fahrt von Florenz nach Livorno begleiten und mit denen er sich über die Geschichte der vom Zug angefahrenen Orte und andere Themen unterhält. Da gibt es den »neugierigen Reisenden« (eine Spezies, die bekanntlich auch in Sternes *Senti-*

mentaler Reise als Unterart vorkommt), den »Mann mit der grünen Brille« (auch Eichhörnchenmensch genannt), den Dichterling, den Journalisten, den Dorfprior. Eine ganze Galerie typischer Figuren, die mit sicherer Hand bereits nach der Art entworfen sind, wie wir sie später in *Occhi e nasi [Augen und Nasen]* in *Macchiette [Genreskizzen]* oder im *Pinocchio* wiederfinden. Romanesk sind die unbedeutenden kleinen Reisevorfälle, die Exkurse. Romanhaft ist aber auch das, was der Ich-Erzähler Lorenzini teils als Beobachter, teils als selbst beteiligter Akteur erlebt. So zum Beispiel der »herzzerreißende« Abschied zwischen einem »Jüngling, schön wie der griechische Antinonos, verliebt und schwärmerisch wie George Sands Stenio« und der »schönen Unbekannten«, einer »gertenschlanken jungen Dame, elegant und parfümiert wie eine Zeder vom Libanon«, deren Liebesgeschichte – einen schmachtenden und vermutlich tränenreichen Liebesroman – Lorenzini als »neugieriger Reisender« zu ergründen sucht. In einem kunstvollen Spiel der Verschachtelungen – darin liegt gerade die launige Modernität des Textes – berichtet der »neugierige Reisende« auf einer zweiten Erzählebene nun über die Umstände dieser aus dem Zugabteil als Bühne und Zuschauerraum beobachteten Liebesgeschichte, unterbricht sich dann aber bald wieder beim Gedanken an seine Amsel, die »einzige geliebte Person, die ihm auf dieser Welt noch geblieben ist«, während Lorenzini selbst seine Aufmerksamkeit schon wieder anderen Episoden und anderen munteren Gesprächen zuwendet.

Übrigens war es Paul de Kock – ein Schriftsteller, den Collodi kannte –, der als erster eine abenteuerliche Zugfahrt zum Gegenstand einer Erzählung gemacht hatte, in der die Gespräche der Reisenden breiten Raum einnehmen und fast wichtiger sind als die Haupthandlung, die Geschichte der Familie Grenat, die stolz darauf ist, den Gefahren der Eisenbahn mutig die Stirn geboten zu haben. Gleichwohl beweist Collodi, indem er den »Roman« der beiden Abschied nehmenden Verliebten in einen Bahnhof verlegt, literarisches Gespür für ein sentimentales Thema, das wenig später zu einem verbreiteten Topos der europäischen Literatur des 19. Jahrhunderts werden sollte.

Der Kunstgriff der Abschweifung und des Exkurses (am 28. Juli 1854 hatte Collodi in *Scaramuccia* geschrieben: »Das ist nun Gesetz: Es gibt keine Beschreibung mehr ohne Abschweifung.«), der die formalen Ebenen der Erzählung vervielfacht und die Erzählung ständig zwischen diesen hin und her pendeln läßt, hat aber auch noch andere strukturelle Gründe. Die Exkurse erlauben es Lorenzini, kleine Texte, wie zum Beispiel den über Pagliano und sein Theater, die er bereits vorher für damals berühmte Zeitschriften und Zeitungen wie *Lo Scaramuccia* oder *L'Italia musicale* verfaßt hatte, teilweise in den Roman zu integrieren. Jeder, der sich mit Collodis Werk befaßt, sieht sich immer wieder konfrontiert mit einer erstaunlichen Fülle von Wiederaufnahmen, Korrekturen, unermüdlichen Überarbeitungen und Umstellungen, die typisch sind für einen Autor, der – das sollte man nicht vergessen – gleichzeitig Journalist war; zugleich war er aber auch ein ungewöhnlich begabter humoristischer Schriftsteller, der die Fähigkeit besaß, mehrdimensionale und multifunktionale Texte zu schreiben, die sich in verschiedene Kontexte integrieren und jeweils ganz unterschiedlich lesen lassen. *Un romanzo in vapore* ist also ein Buch mit mehreren Ebenen, so wie später die Kinderbücher, die Collodi schreibt, insbesondere der *Giannettino*-Zyklus. Auch in diesem Zyklus (es ist übrigens der einzige vollendete Romanzyklus, dessen sich Italien im 19. Jahrhundert rühmen kann) schafft Collodi, einer einfachen Idee folgend, die allerdings die stagnierende Lehrbuchproduktion für die Grundschule revolutionieren sollte, einen autonomen Erzählrahmen, der die verschiedenen Lehrbuchbegriffe zusammenhält. Tatsächlich ist es der Erzählrahmen, der im Eisenbahnroman wie in der *Giannettino*-Serie dem Lehrbuch zur Einheit verhilft, nicht nur dank der Erfindung von fiktiven Situationen, in die sich lehrreiche Informationen locker einfügen lassen, sondern auch weil Collodi noch andere Darstellungsformen verwendet, mit denen er aus seiner journalistischen Tätigkeit vertraut war, vor allem den Dialog (schließlich war er auch Autor von Theaterstükken, in denen der Dialog bekanntlich eine große Rolle spielt) und das Interview. Der häufige Gebrauch von Frage und Antwort ist zweifellos dem Vorbild Sternes zu verdanken, zugleich ist das

Interview aber auch ein typisches Instrument des modernen Journalismus. Das gilt auch für die synthetische Art der Personendarstellung, bei der die äußere Erscheinung und die wichtigsten Charakteristika mit wenigen Strichen skizziert werden. Gerade weil Collodi seine Beschreibungen auf das Wesentliche beschränkt, kann man meines Erachtens im Hinblick auf seinen Stil nur mit Vorbehalt von Genrehaftigkeit (bozzettismo) sprechen, und ich würde ihn deshalb im Unterschied zu einigen Literaturgeschichten auch nicht mit der toskanischen Manier eines Fucini, eines Martini und anderer vergleichen, von denen man eher umgekehrt sagen könnte, daß sie in ihrer Frühphase viel von ihm gelernt haben.

Der temperamentvolle und ungezwungene Stil Collodis ist in *Un romanzo in vapore* also im wesentlichen bereits ausgeprägt. Ebenfalls gegenwärtig und spürbar ist aber auch ein typischer Charakterzug des Menschen und Intellektuellen Collodi, nämlich seine Neugierde, sein besonderes Interesse für alle nur denkbaren Erscheinungsformen der Modernität, als deren technisch fortgeschrittenster Ausdruck die Erfindung der Dampflokomotive galt. Darin ist Collodi einem großen Teil der italienischen und europäischen Intelligenz verwandt, zumindest denen, die mehr oder minder bewußt nach einer neuen Kunstform suchten, die sich an den Errungenschaften der modernen Lebenswelt inspirieren sollte.

Carlo Lorenzini, genannt Collodi, wurde 1826 geboren. Er gehörte nicht zu den Privilegierten (sein Vater war Koch), und er war der erste italienische Schriftsteller, der ins Gewand des modernen Intellektuellen schlüpfte und sich bemühte, seine Aktivität auf die neuen kulturellen Zentren zu konzentrieren, um sich ihre bislang unbekannten Möglichkeiten zunutze zu machen. Seine journalistische Tätigkeit und das erste Kapitel von *Un romanzo in vapore* zeigen, daß er sich der Chancen der neuen Massenkommunikationsmittel durchaus bewußt war und daß er das Gesetz der Gewinnmaximierung kannte, das die industrielle Produktion mit sich brachte und das in Amerika am weitesten fortgeschritten war. Aber es gab für ihn und seine schriftstellerische Arbeit auch noch eine andere, wichtigere Antriebskraft, die politische Leidenschaft und den Patriotismus, das Gefühl, im Zuge der Kämpfe um die Befreiung und Einigung Italiens auch eine bürgerliche Mission erfüllen zu müssen. Für ein wirklich neues und modernes Land mußte aus dem Geist des Risorgimento auch eine neue nationale Kultur geschaffen werden. Dieses Bedürfnis drückt sich unter anderem auch in seiner Theaterproduktion aus, in Stücken wie *Gli amici di casa [Die Freunde des Hauses]*, *La coscienza e l'impiego [Gewissen und Anstellung]*, *Antonietta Buontalenti [Antonietta Buontalenti]*, *L'onore del marito [Die Ehre des Gatten]* oder *I ragazzi grandi [Die großen Kinder]*. In diesen Stücken macht er seiner Verachtung für die alte Führungsklasse Luft und träumt – die Enttäuschung sollte bald folgen – von der Entstehung eines starken Unternehmertums nach englischem Muster, das dem zeitgenössischen Italien neue Vitalität verschaffen sollte. Daher sein vielseitiges Engagement, sein publizistischer Eifer und die unmittelbare Einsicht, daß die Zeitung für seinen Kampf das geeignetste und schlagkräftigste Mittel war. Als die politische Entwicklung dann schon sehr bald den Handlungsspielraum einengte und die Wirkung des freien und vorurteilslosen Wortes beschnitt, beschloß Collodi, für Kulturzeitschriften zu arbeiten und hartnäckig für die Erneuerung und Modernisierung des Theaters und der Literatur zu kämpfen. Da er sich der Stadtkultur verbunden fühlte und von grenzenlosem Vertrauen in die Errungenschaften des Fortschritts und der Industrialisierung beseelt war – was für Frühphasen der Industrialisierung typisch ist, Italien war ja eines der rückständigsten Länder Europas –, war Collodi überzeugt, man müsse sich vor allem um zwei Dinge bemühen: um eine volkstümliche Nationalliteratur und um die Schaffung einer klaren, wirklich allen verständlichen Sprache, die als nicht banales Mitteilungsinstrument zu gebrauchen war. So erklärt sich der flüssige Stil von *Un romanzo in vapore*, der aufgrund seiner einfachen Syntax und seiner präzisen Wortwahl bis heute modern anmutet; so erklärt sich auch die Ironie gegenüber den reichen Grundbesitzern und den rückständigen Bauern, die sich den Innovationen der Epoche verschließen, oder der Spott über die Zimperlichkeiten eines schmachtenden Poeten, der sich abgenutzter romantischer Klischees bedient und in seiner Lebensferne das genaue Gegenstück zum lebenstüchtigen Journalisten bildet.

Und so kann man dem ansonsten verdienten Collodi-Forscher Pietro Pancrazi (*Tutto Collodi per i piccoli e per i grandi [Der ganze Collodi für groß und klein]*, Le Monnier, Florenz 1948) kaum zustimmen, wenn er behauptet, *Un romanzo in vapore* sei ein bloßer Touristenführer und nichts weiter. Collodis Intelligenz und sein Humor gehen, wie der folgende Auszug zeigt, weit darüber hinaus. Er erzählt darin die Vorgeschichte seines Werkes, das angebliche Treffen mit einem Verleger, aus dem das Buchprojekt hervorgegangen sein soll:

»– Machen wir doch einen Reiseführer für die Leopold-Linie.
– Den können wir machen, aber keiner wird ihn kaufen.
– Meinst du?
– Ich bin ganz sicher. Schreiben wir lieber einen Roman.
– Was hat denn ein Roman mit der Dampflokomotive zu tun?
– Sehr viel! Der Titel könnte gar nicht verführerischer lauten: *Un romanzo in vapore*! Schön, großartig, neu, umwerfend!
– Beruhige dich und hör mir zu: Ich kümmere mich darum, den Reiseführer zusammenzustellen, aber was den Roman betrifft…
– Machen wir es doch so, nennen wir den Reiseführer einfach Roman!…
– Das wäre ja eine schöne Bauernfängerei!
– Habt ihr etwa plötzlich Skrupel?
– Ich verstehe!…

So trennten wir uns und schüttelten uns anstelle eines Vertrages mit einem soliden amerikanischen Händedruck die Hand. Auf dem Nachhauseweg fielen mir Paglianos Ideen zur Umfunktionierung des Sozialromans wieder ein. Ich angelte mir ein Thema, breitete die Leinwand aus und skizzierte die ersten Kapitel, und dann…, ja dann mußte ich plötzlich feststellen, daß der Verleger mich in ein kaum zehn Seiten langes Prokrustesbett gezwängt hatte, in welches der Reiseführer und der Roman einfach nicht zusammen hinein paßten, und ich stand vor dem fürchterlichen Dilemma, entweder dem einen die Füße zu kürzen oder dem anderen Hals und Kopf einfach abzuschneiden. So wählte ich zwischen zwei Übeln das geringere und hielt es für besser, dem Roman die Füße abzuschneiden. Und wenn er jetzt nicht vorankommt, wer ist dann wohl schuld daran?«

Der Autor Carlo Lorenzini ist also bestens vertraut mit der Überschreitung gesetzter literarischer Normen, er greift in die Erzählung ein und gibt ironisch zu verstehen, daß er ursprünglich die Absicht hatte, beides zu schreiben, einen Reiseführer und einen Roman, daß es aber unmöglich war, beides zu verwirklichen und daß er im Fortgang des Werkes und auch der Reise schließlich beschloß, auf den Roman ganz zu verzichten; wobei unter »Roman« genau das zu verstehen ist, was damals Mode war (Typus George Sand oder Eugène Sue), nämlich eine Vorgeschichte, eine mehr oder minder komplexe Entwicklung, eine Liebeshandlung mit Hindernissen und schließlich die glückliche Lösung. Tatsächlich sieht man im 19. Kapitel, dem der oben zitierte Text entstammt, daß Collodi sich nicht nur in der neuesten Entwicklung des Verlagsgeschäfts auskennt, sondern auch metaliterarische Überlegungen bestens beherrscht, wenn er ironisch-parodistisch über sein eigenes Schreiben und die damals modischen Formen der Literatur reflektiert. Das zeigt auch der folgende Passus:

»– Und der Neugierige? Und die Blondine? Und der Roman in der Eisenbahn?... Da haben wir es. Unzählige Fragen schwirren mir um die Ohren wie ein lästiger Fliegenschwarm. Vielleicht wird der Leser glauben, ich hätte die im 6. Kapitel begonnene Liebesgeschichte einfach mittendrin fallengelassen und sie bei meinen Abschweifungen nach rechts und links schlicht vergessen bzw. in der Tasche behalten wie eine Schneiderrechnung oder eine Eintrittskarte für ein klassisches Konzert. Aber der Leser täuscht sich dieses Mal ganz gewiß.

Jeder Roman hat seine Regeln und formalen Kunstgriffe!« (S. 155)

Un romanzo in vapore als Parodie: diese Deutung legt neben Collodis eigenem Augenzwinkern auch das Zeugnis zweier Literaten nahe, die dem Autor sehr eng verbunden waren. Es handelt sich um Yorick, dessen Nachruf auf Collodi ich bereits erwähnt habe, und um Guido Biagi. Letzterer erinnert daran, daß Collodis erste literarische Fähigkeit darin bestand, »den Lesern kleine Romane ›a vapore‹ zu servieren, in denen das romantische Getue der Zeit verspottet wurde«. Das Zeugnis dieser beiden Schriftsteller, die Collodi im Leben und in der Arbeit sehr nahestanden, sollte Anlaß genug sein, die Absichten, die Lorenzini mit diesem höchst merkwürdigen Büchlein verfolgte, neu zu überdenken. Einerseits ist *Un romanzo in vapore* »ein Werk, das chaotisch sein will« (die Formulierung stammt von Guido Almansi, der sie im Hinblick auf das Œuvre eines anderen großen Satirikers des 19. Jahrhunderts, nämlich Achille Campanile, geprägt hat), ein Vorwand, und noch dazu ein expliziter Vorwand, der dem Autor Gelegenheit bietet, seine komische und satirische Einbildungskraft voll zu entfalten. Wenn andererseits der Roman als Mittel herhalten muß, einen Reiseführer zu schreiben und ihn gut zu verkaufen, dann bietet die Struktur des Buches gleichzeitig auch Gelegenheit zur Karikatur, zur Parodie von konstruktiven Elementen, Kunstgriffen und Topoi des zeitgenössischen Sozial- oder Populärromans und macht deutlich, daß es kulturell eigentlich absurd ist, sich dieser Erzählform zu bedienen. Zur Zeit der Entstehung des Buches startete Collodi ja bekanntlich in Übereinstimmung mit Tendenzen jenseits der Alpen in der Zeitschrift *Lo Scaramuccia* eine heftige polemische Debatte über die sentimentalen Ungereimtheiten einer noch immer weit verbreiteten spätromantischen Literatur. Überdies erschien von 1856 bis 1857 auch sein Feuilletonroman *I misteri di Firenze [Die Geheimnisse von Florenz]*, ein anderes gelungenes Beispiel parodistischer Literatur, das Eugène Sues *Geheimnisse von Paris* aufs Korn nimmt. Dort werden auch die Seiten 56 bis 58 aus *Un romanzo in vapore* wiederaufgenommen, wo Collodi über die Unmöglichkeit reflektiert, so etwas wie einen »Sozialroman« in Italien einzuführen, weil Florenz und die Toskana im besonderen zu rückständig und provinziell seien. Um letzte Zweifel an Lorenzinis komisch-parodistischen Absichten auszuräumen, lese man noch einmal den Beginn des 6. Kapitels und den Kommentar zur Abschiedsszene zwischen den jungen Liebenden:

»Wer sind diese beiden Verliebten?... Welche tyrannische Macht treibt sie auseinander? Wer ist dieser antidramatische Ehemann, der zwischen ihnen steht?« (S. 40–41)

Klischeefragen also an eine Gattung, die selbst bereits zum Klischee geworden ist, nur werden sie hier leicht und witzig vorgetragen. *Un romanzo in vapore* markiert in Lorenzinis Karriere als militanter Kritiker eine durchaus wichtige Etappe, und die Entstehung des Werkes ist mit den literarischen Kontroversen der Zeit, an denen er führend beteiligt war, engstens verflochten. Und so fühlt man sich gehalten, das Werk selbst unter zwei Aspekten zu lesen: einmal als ein Vademecum zum Gebrauch des Zugreisenden, zum anderen, in einer anspielungsreicheren Lektüre, als parodistische Einführung in den zeitgenössischen Roman und seine Entwicklung. Nicht zufällig präsentiert sich das Kapitel mit der Überschrift »Un romanzo secondo la ricetta del Professor Pagliano« (»Ein Roman nach dem Rezept des Professor Pagliano«) als ein für Notfälle bestimmtes scherzhaftes Handbuch, das über alle Regeln und Modalitäten einer inzwischen bereits etablierten Gattung Auskunft erteilt. Die darin enthaltene Parodie liefert zugleich den Schlüssel zum Verständnis des gesamten Werks. Collodi bleibt jedoch bei der Parodie, der Nachahmung und Ridikülisierung etablierter Erzählmuster nicht stehen. Er schafft auch ein Ineinander, Übereinander und Gegeneinander unterschiedlicher Erzählebenen, das fast schon Gefahr läuft, in Chaos auseinanderzubrechen. Er gibt vor, einen Reiseführer zu schreiben, während er in Wirklichkeit einen Roman erfindet, der sich dann aber in der Kürze der Zeit und aus Platzmangel nicht realisieren läßt; er gibt vor, einen Roman zu schreiben, während er in Wirklichkeit einen Reiseführer verfaßt. So sehen wir uns am Ende mit einer Wundertüte konfrontiert, einem geistreichen und vertrackten literarischen Spiel, das mit mindestens vier verschiedenen Erzählebenen operiert: der Ebene der eigentlichen Romanerzählung, wo berichtet wird, was auf der Fahrt von Florenz nach Livorno passiert, der Ebene des Reiseführers, der Ebene des parodistischen Amüsements und der Ebene des metaliterarischen Diskurses. Mit diesen vier Ebenen können wir nach Bedarf und Belieben schalten und walten und damit teilnehmen an einem komisch-paradoxen literarischen Spiel, bei dem als oberste Regel die Beseitigung absoluter Regelhaftigkeit gilt.

Man sieht, der Autor des *Pinocchio* ist nicht mehr weit, eines Buches, dessen moralische Schlußbemerkung eher den Bedürfnissen des Publikums Rechnung trägt – den italienischen Kindern, die es zu erziehen galt – als der Wirklichkeit der Pinocchio-Figur selbst, jenes hölzernen Bengeles, das vergnügt zu immer neuen Streichen schreitet. Beides jedoch, die pädagogische Absicht und das launige Spiel mit den formalen Möglichkeiten des Romans verbinden sich bei Collodi im *Pinocchio* zu einer weiteren erfolgreichen Neuauflage eines für den Autor charakteristischen »Schlosses, in dem sich die Typologien kreuzen«.

Piero Meucci

Deutsche Gründlichkeit und italienische Phantasie

Ein Gespräch mit Jürgen Klinsmann über Italien und die Italiener

Konfrontation und Auseinandersetzung, jedenfalls eine bildende Erfahrung. Ein Aufenthalt in Italien – so will es die Tradition – ist für das Individuum aus dem Norden ein obligatorischer Schritt zur persönlichen Vervollkommnung. Die berühmten Beispiele von Goethe über Seume bis zu Joachim Fests Italienreise sprechen für sich. Man ist bemüht, sich selbst kennenzulernen, indem man den anderen erkennt und hinterläßt literarisches Zeugnis davon.

Aber nicht nur Intellektuelle reisen nach Italien und konfrontieren sich mit dem Süden Europas. Gedanken machen sich auch die, die nichts Schriftliches zu Papier bringen. Vielleicht vermag gerade der, der nicht einem begrenzten Zirkel von Literaten und Akademikern angehört, ein unverfälschteres, authentischeres Italien zu entdecken. Denn ist es nicht das Los der Intellektuellen, in einer fast unwirklichen Umgebung zu leben, die niemals die Gesamtheit eines Landes zu repräsentieren vermag?

Um so wichtiger kann das Zeugnis eines jungen Mannes sein, der im Gefolge des Fußballs nach Italien kam. Es handelt sich um einen offenen, gewiß auch sensiblen jungen Menschen, der allerdings nicht ganz frei ist von Vorurteilen der deutschen Mittelklasse gegenüber Italien und den Italienern. Ich spreche von einem jungen Fußballstar, den seine Arbeit dazu geführt hat, auf breiter Basis Kontakte zu seiner italienischen Umgebung zu knüpfen und der in Italien sehr populär ist.

Jürgen Klinsmann, einer der bekanntesten Spieler von Inter-Mailand, wurde 1964 in Göppingen geboren. Nach dem Realschulabschluß sollte er die Bäckerei seiner Eltern übernehmen, bis der Fußball ihn andere Wege gehen ließ, zunächst beim VfB Stuttgart, dann als Weltmeister in der deutschen Nationalelf.

Ihn, der seit drei Jahren in der Lombardei lebt, haben wir nach seinen Eindrücken von dem »Land, in dem die Zitronen blühen«, befragt und zugleich auch nach seinem eigenen neuen Leben in einem kleinen Haus am Comer See, das ihn vor indiskreten Blikken schützt. Sollte dieses Gespräch zu wünschen übrig lassen, so möge man mir verzeihen und bedenken, daß weit bedeutendere Personen von Irrtümern nicht verschont blieben.

So hat zum Beispiel kürzlich ein Literaturwissenschaftler nachgewiesen, daß Goethe, als man ihn auf dem Marktplatz von Caltanissetta nach dem Befinden Friedrichs II. befragte, die Nachricht vom Ableben Friedrichs des Großen zu verschweigen beschloß, weil er dem Frager Verdruß ersparen wollte. Ihm war dabei allerdings entgangen, daß die Sizilianer, wenn sie von Friedrich reden, immer den schwäbischen Friedrich meinen, der bereits fünf Jahrhunderte früher das Zeitliche gesegnet hatte.

Höflich widmet uns Jürgen Klinsmann für ein Gespräch die halbe Stunde, die ihm vor dem Training im ruhigen Grün der Kiefern von Appiano vergönnt ist. Seine Kollegen kommen und gehen. Einige bleiben auch stehen und hören sich neugierig an, was er zu sagen hat. Manche seiner Gedanken mögen banal erscheinen, aber in Wirklichkeit sind sie es nicht. Ein italienischer Journalist hat einmal gesagt, man solle jeden Artikel erst einmal von der eigenen Frau lesen lassen, denn wenn er ihr gefalle, gefalle er jedem.

Zibaldone Lesen Sie viel? Und was lesen Sie?

Klinsmann Eigentlich nichts Spezielles, aber es macht mir unheimlichen Spaß, mich mit unterschiedlichen Ländern und Lebensphilosophien auseinanderzusetzen. Ich reise sehr gerne, um neue Leute kennenzulernen und neue Erfahrungen zu machen. Ich bin keiner, der sich auf die Bücher stürzt, wenn er zu Hause ist. Darum lese ich in erster Linie Informatives: Tageszeitungen und Zeitschriften, die über die neuesten Ereignisse in der Welt berichten, was alles immer ein bißchen relativ ist. Früher hatte ich mehr Zeit und habe gerne Romane gelesen, zum Beispiel Simmel und ähnliches. Aber als ich nach Italien gekommen bin, habe ich mich auf fremde Sprachen spezialisiert, vor allem auf die italienische Sprache, um die Mentalität der Leute besser verstehen zu können. Das war eine sehr interessante Erfahrung.

Zibaldone Was haben Sie von den Italienern erwartet, als Sie hierherkamen?

Klinsmann Gut, ich war schon ein bißchen vorinformiert durch die Italiener, die ich in Deutschland kannte und kenne. Die haben mir erzählt, wie hier alles funktioniert und welche Einstellungen es gibt. Aber eigentlich bin ich ohne besondere Erwartungen hierhergekommen. Ich habe mir gesagt: Ich gehe dahin und mache meine eigenen Erfahrungen, im positiven wie im negativen Sinne. Und das war sehr wichtig für mich. Ich glaube, es ist wichtig, keine Vorurteile zu haben.

Zibaldone Was suchen Ihrer Meinung nach die Leute aus dem Norden in Italien?

Klinsmann Ich glaube, daß sie in erster Linie fasziniert sind von der Lebensauffassung, von der Phantasie hier im Süden. Denn im Süden herrscht eine sehr spontane Mentalität, es gibt nicht die Präzision und Geradlinigkeit wie bei uns. Das spiegelt sich hier in jedem Bereich wider, im Sport, in der Kultur und in der Politik, wobei man am Ende streiten kann, ob das gut oder schlecht ist. Uns fasziniert sicher diese lockere und offene Art der Italiener, bei der man allerdings nie so genau weiß, was eigentlich dahintersteckt. Bei uns ist man verschlossener, aber wenn man sich erst einmal öffnet, kann eine sehr gute Freundschaft entstehen, was in Italien schon schwieriger ist.

Zibaldone Haben Sie viele italienische Freunde?

Klinsmann Richtige Freunde? Die sind sehr selten. Daß sie schwer zu finden sind, liegt auch an meinem Charakter. Ich habe sehr viele Bekannte, aber richtige Freunde, die sind rar. Ich glaube aber, daß man die Leute erst richtig beurteilen kann, wenn man ihre Sprache spricht und wenn man genau weiß, was im Alltag so abläuft. Da muß man in Italien aufpassen. Man weiß nie so recht, was wahr ist und was noch unter dem Tisch gehalten wird. Es ist alles nicht so einfach, wie es auf den ersten Blick erscheint. Es ist nicht leicht zu sehen, was hinter dieser lustigen Art eigentlich steckt.

Zibaldone Sind Sie auch in Süditalien gewesen?

Klinsmann Nur mit Inter-Mailand. Vom Hotel aus schauen wir manchmal die Städte an. Aber dann ist es für mich fast unmöglich auszugehen, ohne bei jedem Schritt gleich angehalten und um Autogramme gebeten zu werden. Ich würde dort unheimlich gerne mal hinfahren, wenn ich ganz unbekannt wäre.

Zibaldone Sie haben gesagt, daß Sie gerne reisen. Wie erleben Sie Ihre Bildungsreisen?

Klinsmann Zuerst informiere ich mich über die Gegend und das Land. Danach versuche ich eben, auf die Leute zuzugehen. Um ein Land richtig zu kennen, muß man sicher etwas über die Kultur und die Geschichte wissen, aber zuerst setze ich mich immer mit den Menschen auseinander. Ich war öfter in Amerika, einmal in Südamerika, in Brasilien und Argentinien. Letzten Sommer war ich in Südafrika und in Namibia, um mir ein eigenes Bild zu machen von den verschiedenen Völkern dort. Ich glaube, man kann eine Menge lernen, wenn man immer versucht, in jedem Land das Positive herauszufinden.

Zibaldone Ist Ihre politische Einstellung ökologisch gefärbt?

Klinsmann Was ich als sehr negativ empfinde, ist das fehlende Umweltbewußtsein der Italiener. Das ist eine absolute Katastrophe. Mit Politik hat das nichts zu tun. Ich sage meine Meinung zu diesem Thema, aber ich sage sie nicht in irgendeiner Partei, denn jede Partei produziert irgendwo ihren eigenen Mist. Wenn du etwas aus dem Fenster schmeißt, sagt mir das noch nicht, welche Partei du wählst. Und hier in Italien sehe ich dauernd Leute, die etwas aus dem Fenster schmeißen. Da fehlt einfach jedes Bewußtsein dafür, daß unser Planet im Sterben liegt. Es gibt zwar sicher Ausnahmen, aber die meisten haben nicht das Bewußtsein, wie es sein sollte. In Deutschland ist dieses Bewußtsein ausgeprägter als in Italien, aber es ist auch dort noch sehr verbesserungsbedürftig.

Zibaldone Italien ist ein Land, an dem sich die Deutschen oft materiell und geistig gemessen haben. Man hat oft zwischen Italien und den Italienern unterschieden. Tun Sie das auch?

Klinsmann Da muß man die Geschichte sehen. Die Italiener haben viele großartige Dinge geschaffen. Italien ist ein faszinierendes Land, das dir alles bietet: die Toskana, den Süden, die

Seen hier im Norden. Die Italiener pflegen auch ihr Land. Es ist nicht so, daß es ihnen gleichgültig wäre. Was man immer wieder spürt, ist das mangelnde Vertrauen der Italiener in ihren Staat. Deshalb gibt es diese wahnsinnigen Probleme im politischen und ökonomischen Bereich.

Zibaldone Einige behaupten, die Deutschen fühlten sich den Italienern in kultureller Hinsicht überlegen. Gilt das auch für Sie?

Klinsmann Ich fühle mich mit den Italienern genau auf einer Stufe. Ich glaube, jedes Volk hat seine eigene Geschichte, seine eigene Herkunft und eigene Dinge, auf die es stolz sein kann. Es ist einfach wichtig, voreinander Respekt zu haben. Das ist die Basis, um miteinander umzugehen, ganz gleich, ob ich mit Deutschen oder Italienern umgehe oder mit Amerikanern oder Afrikanern. Keiner hat das Recht, sich überlegen zu fühlen, weder wegen seiner Geschichte noch aufgrund seiner Herkunft. Ich glaube, daß man von jedem Volk und jedem Menschen etwas lernen kann.

Zibaldone Sie haben sich hier ein Haus am Comer See gekauft?

Klinsmann Abseits vom Fußballspielen will ich versuchen, mir mehrere Stützpunkte aufzubauen, einen in Deutschland, in der Stuttgarter Ecke, wo ich herkomme, einen anderen sicherlich in Como, wo ich mir ein kleines Haus gekauft habe, und einen dritten später vielleicht einmal in Amerika oder Afrika, das weiß ich noch nicht. Ich bin kein Mensch, der dauernd auf einem Fleck sitzt. Das wäre auch auf die Dauer ein bißchen zu langweilig.

Zibaldone Es gibt den Gegensatz zwischen dem »italienischen Traum« und der nördlichen Perfektion. Womit identifizieren Sie sich?

Klinsmann Ich lebe praktisch in beiden Extremen. Die Deutschen haben die Eigenschaft, Perfektion zu suchen, alles zu organisieren und in Ordnung zu halten. Ich glaube, man müßte die richtige Mischung finden zwischen deutschem Perfektionismus und italienischer Phantasie. Ich bin überzeugt, daß man geradlinig und gut organisieren und trotzdem Phantasie haben kann.

REIHE DER VILLA VIGONI
Deutsch-Italienische Studien

Goethe und Manzoni

Deutsch-italienische Beziehungen um 1800
Herausgegeben von Werner Ross

1989. VII, 113 Seiten. Kart. DM 32.–.
ISBN 3-484-67001-0 (Band 1)

Literaturgeschichtsschreibung in Italien und Deutschland

Traditionen und aktuelle Probleme
Herausgegeben von Frank Baasner

1989. VIII, 197 Seiten. Kart. DM 48.–.
ISBN 3-484-67002-9 (Band 2)

Deutschland – Italien 1943–1945

Aspekte einer Entzweiung
Herausgegeben von Rudolf Lill

1992. VI, 194 Seiten. Kart. DM 36.–. ISBN 3-484-67003-7 (Band 3)

Inhalt: Rudolf Lill, NS-Deutschland als Besatzungsmacht in Italien. – Heinrich Oberreuter, Der Nationalsozialismus in der Endphase des Krieges. – Luigi Vittorio Ferraris, Die Italiener zwischen Faschismus und Demokratie. – Renzo De Felice, Mussolinis Motive für seine Rückkehr in die Politik und die Übernahme der Führung der RSI (September 1943). – Elena Agarossi, Der ungewisse Weg zur Demokratie: Regierungen und Parteien in Italien 1943–1945. – Ulrich Reusch, Motive, Ziele und Grenzen vatikanischer Friedenspolitik im Zweiten Weltkrieg. – Gerhard Schreiber, Militärinternierte – italienische Kriegsgefangene in Deutschland. – Hans-Georg Schmidt-Bergmann, Gedankenschmuggel – die literarische Moderne Italiens im nationalsozialistischen Deutschland. – Bettina Goetzinger, Italien zwischen dem Sturz Mussolinis und der Errichtung der faschistischen Republik in der NS-Propaganda. – Maddalena Guiotto, Die Lageberichte der deutschen Militärverwaltungsgruppen als Quellen für die lokalgeschichtliche Erforschung der Besatzungszeit: die Provinzen Verona und Vicenza.

Renaissance und Renaissancismus von Jacob Burckhardt bis Thomas Mann

Herausgegeben von August Buck

1990. V, 103 Seiten mit 16 Abb. Kart. DM 28.–. ISBN 3-484-67004-5 (Band 4)

Kunstliteratur als Italienerfahrung

Herausgegeben von Helmut Pfotenhauer

1991. VI, 327 Seiten. Kart. DM 78.–.
ISBN 3-484-67005-3 (Band 5)

Die Brentano

Eine europäische Familie
Herausgegeben von Konrad Feilchenfeldt und Luciano Zagari

1992. VI, 330 Seiten. Kart. DM 78.–.
ISBN 3-484-67006-1 (Band 6)

Max Niemeyer Verlag
GmbH & Co. KG
Postfach 21 40 · D-7400 Tübingen

Niemeyer

Viele Italiener sagen: »Ja, die Deutschen, die schauen nur geradeaus, denen fehlt die Phantasie.« Ich glaube, man braucht beides. Der »sogno italiano« bringt oft die Gefahr mit sich, daß man anderen Schaden zufügt. Da ziehe ich die deutsche Ordnung vor, weil sie mehr meinem Charakter entspricht. Ich möchte mich lieber mit meinem eigenen Gewissen im reinen fühlen, als andere übers Ohr zu hauen.

Zibaldone Was haben Ihre Eltern zu Ihrem Umzug nach Italien gesagt?

Klinsmann Sie konnten das überhaupt nicht richtig verstehen. In Deutschland hatte ich doch alles, einen Topverein, eine Menge Freunde usw. Aber ich habe ihnen klargemacht, daß ich neue Erfahrungen machen muß, solange ich in diesem Beruf dazu noch die Möglichkeit habe. Sie waren erst davon überzeugt, daß es richtig war, hierherzukommen, als sie das letztemal bei mir waren, als sie ein paar Leute kennengelernt haben, mal ins Stadion gegangen sind und gespürt haben, daß Fußball hier etwas ganz anderes ist als in Deutschland.

Zibaldone Sie hängen an Ihrem Privatleben?

Klinsmann Wenn ich die Haustür zumache, dann ist eben Schluß. Dann lebe ich ein Leben wie jeder andere und habe wie jeder andere Ideen, die ich verwirklichen möchte. Wenn ich Journalisten hereinlasse, dann lese ich am nächsten Tag in der Zeitung, wie es in meiner Wohnung aussieht und habe keine Privatsphäre mehr.

Zibaldone Was wird von Italien bleiben, wenn Sie einmal endgültig nach Deutschland zurückkehren?

Klinsmann Mit Sicherheit die Herzlichkeit und Offenheit der Italiener, die Spontaneität der Leute hier. Aber auch der Zwang, die Augen immer offenzuhalten, weil man sonst leicht übertölpelt wird. Auch das war eine nützliche Erfahrung, die ich gemacht habe.

Appiano, April 1992

Lucia Borghese / Rita Gandolfi

Florenz auf Postkarten

Die Postkarte ist ein Kind des Krieges. Schenkt man historischen Informationen Glauben, so stritten die beiden Kontrahenten des Deutsch-Französischen Krieges unter anderem auch um das Vorrecht auf die Erfindung dieses Gegenstands. In Deutschland gilt der Berliner Drucker Jacob Mussler als Erfinder der Postkarte, der noch vor 1870 eine Kartenserie mit Ansichten Berlins veröffentlicht hatte. Glaubt man dagegen den Franzosen, so war es einer ihrer Landsleute, ein gewisser Monsieur L. L. Bernardeau, seines Zeichens Papierwarenhändler aus Sille-le-Guillaume (Sarthe), der bereits einige Jahre früher lithographierte Bildpostkarten mit patriotischen Motiven in Umlauf gesetzt hatte, denen die bei Conlie stationierten Truppen sofort zum Erfolg verhalfen. Die Postkarte enthob den Infanteristen nicht allein der nervtötenden Verpflichtung zu ausführlicher schriftlicher Berichterstattung, empfahl ihn dem liebenden Andenken der Seinen durch ein lakonisches »Grüße und Küsse« oder ein bereits gewagteres »in ewigem Angedenken« und ersparte ihm Attacken auf Syntax und Grammatik; sie besaß darüber hinaus auch den Vorzug, ihn zum Helden zu stilisieren. Sofern Bescheidenheit ihn hinderte, sich seiner wahren oder eingebildeten Heldentaten persönlich zu rühmen, ließ ihn die Postkarte mit ihrer Darstellung grausamer Schlachtszenen und einsamer heroischer Aktionen dank der Beschwörungskraft des Bildes aus der schrecklichen Anonymität des Krieges, jenes »ungeheuren Menschengemetzels«, als ruhmreichen Protagonisten hervortreten.

Bedenkt man ferner, daß bis vor wenigen Jahrzehnten die Gelegenheit zum »Tourismus« für die Unterschichten auf Krieg und Militärdienst beschränkt war (»Ich bin ein Mann von Welt. Ich bin gereist«, sagt unser Komiker Totò. »Ich habe nämlich drei Jahre in Cuneo beim Militär gedient, mein Herr.«), so läßt sich der Erfolg der Kriegspostkarte, die offensichtlich die Ahnherrin des ganzen Genres ist, nur zu leicht begreifen. Auch in Italien waren Ende des 19. und zu Beginn des 20. Jahrhunderts Kriegspostkarten ungeheuer verbreitet. An ihrer Herstellung beteiligten sich bekannte Maler wie Giovanni Fattori[1] und Gerolamo Induno. Bei Fattori erscheint die Kriegsrhetorik in abgemilderter Form. Der Krieg wird durch kleine Alltagsszenen aus dem Frontleben vergegenwärtigt, wie es das Programm der Malerschule der Macchiaioli[2] gebietet. Eine ähnlich genrehafte Manier findet sich verstärkt und mit sozialistisch-humanitären Akzenten versehen auch in Edmondo de Amicis *Scene di vita militare [Szenen aus dem Militärleben]*. Diese weniger bedeutenden Nebenprodukte Fattoris stellen zweifellos eines der frühesten Beispiele von Massenkunst dar. Ganz anderen Zielen und Absichten folgend beschloß auch D'Annunzio, sich der Werbeseiten der Geschichte anzunehmen, indem er von seiner erhabenen Höhe den Donnerruf »Liebe und Krieg« (amore e morte) erschallen ließ. Die Unterprivilegierten erreichte diese Proklamation freilich nur in Gestalt von Fußzeilen unter bebilderten Postkarten.

Mit der Beteiligung berühmter Künstler wuchs die Sammlerleidenschaft, und auch die Sammelwut wurde rasch zu einem Massenphänomen. Von der »guten Stube« der Bürger- und Patrizierhäuser bis zur Arbeiterküche blieb bald kein Haushalt mehr von Postkarten-Kollektionen verschont. In Absetzung von dieser Massenerscheinung bildete sich das elitäre Sammlertum. Die Sammlungen wurden spezialisiert und thematisch geordnet, man druckte anspruchsvolle Zeitschriften, der Tauschmarkt mit Raritäten und schwindelerregenden Preisen blühte. Diese neue Erscheinung brachte auch neue Bezeichnungen hervor. Heutzutage heißen die Sammler von Postkarten *cartofili*, die Sammlerleidenschaft selbst wird durch den Begriff *filocartismo* geadelt, und Spezialisten in Uniformfragen nennen sich *uniformologi*.

Etwas bescheidener tritt nun auch Italien gegen Deutschland und Frankreich im Kampf um die Urheberschaft der Postkarte an. Während die beiden Großmächte sich zur Konfrontation in einem erbitterten Machtkampf rüsteten, veröffentlichte angeb-

Lung' Arno Corsini

lich 1865 ein gewisser Signor Marini aus Pistoja in einem noch ganz bäuerlichen und in kleine Befreiungskriege verstrickten Italien eine Bildpostkarte, die der franko-preußischen Konkurrenz erheblich voraus war. Zwar fehlt von dieser Postkarte bis heute jede Spur; doch sollte sich ihre Existenz jemals bestätigen, käme dies aufgrund der Tatsache, daß es sich um ein Einzelexemplar handelt, einem spektakulären Triumph des Handwerks über die industrielle Serienproduktion gleich. Was das dargestellte Motiv betrifft, so neigen wir zu der Ansicht, daß es sich aufgrund der unkriegerischen, um nicht zu sagen hasenfüßigen Natur der Italiener aller Wahrscheinlichkeit nach um die Darstellung einer toskanischen Landschaft bzw. um die Reproduktion eines der zahllosen toskanischen Meisterwerke gehandelt haben dürfte. Diese Hypothese wird auch dadurch gestützt, daß Frank Staff[3] behauptet, die ersten Kunstpostkarten stammten aus Italien.

Das gesamte Motivrepertoire, das die großen Landschaftsmaler und berühmten Reisenden in ihren Beschreibungen zur Verfügung gestellt hatten, wird nun in konzentrierter Form ins Postkartenformat umgegossen. Und das hartnäckige Festhalten an Landschaften und Sehenswürdigkeiten (der Schiefe Turm von Pisa, der Canal Grande in Venedig, der Vesuv bei Neapel) mußte bei weniger gebildeten Touristen den Eindruck erwecken, Italien sei das Postkartenland par excellence.

Seit Beginn des 19. Jahrhunderts war Florenz das Ziel reisender Kopisten gewesen, die durch ihre Bildreproduktionen aus Florentiner Galerien die Berufung der Stadt zum Postkartenstar im Bereich des Kunsthandwerks bereits vorwegnahmen. Gibt doch auch die Postkarte im Ausschnitt etwas Nicht-Reproduzierbares in Serienproduktion wieder. Tatsächlich scheint für den gebildeten amerikanischen Touristen die Italienreise unauflöslich mit dem Kopieren von Bildern der großen Meister verbunden zu sein. Sehr bezeichnend ist in dieser Hinsicht der Fall des Amerikaners Elihu Vedder, der nach einem langen Italienaufenthalt in sein heimatliches Boston zurückkehrt und in Neuengland fortfährt, Dante zu lesen und toskanische Landschaften zu malen. Die Zahl der reisenden Kopisten war so groß, daß die Direktion der Uffizien sich 1817 gezwungen sah, eine schriftliche

Dom

Museumsordnung zu erlassen, die nicht nur den Besuchern verbietet, »die Bilder von den Wänden zu nehmen«, sondern die auch die »Unfähigen« davon abhalten will, die Kunstwerke durch ihre miserablen Kopien zu »diskreditieren« und sie ermahnt, »stets anständig gekleidet« zu erscheinen und das »Tragen von Jacken und anderer Hauskleidung« zu unterlassen[4].

Mit dem Wunsch, ein Stück Geschichte nach Hause zu tragen, das zugleich die eigene Erinnerung nähren und den weniger glücklichen Daheimgebliebenen Kunde von fernen und unbekannten Schönheiten geben sollte, nahmen die Reisenden des 19. Jahrhunderts fünfzig Jahre früher ebenjene psychologischen Beweggründe vorweg, auf denen der Erfolg der Postkarte beruht. Man bedenke nur, daß schon Goethe Ende des 18. Jahrhunderts darüber klagte, daß die literarischen Beschreibungen und die wenigen handgefertigten Reproduktionen der authentischen Schönheit der Orte und Kunstwerke nicht gerecht zu werden vermöchten und daß er den Wunsch äußerte, man möge ein Mittel zur »fotografischen« Wiedergabe der Realität erfinden. Man wird also kaum behaupten können, die Postkarte sei keine nützliche Erfindung gewesen, bietet sie doch einer Masse von malerisch völlig unbegabten Touristen die Möglichkeit, ihre Unterschrift unter die *Primavera* von Botticelli oder eine Ansicht von Fiesole zu setzen.

Florenz ist wohl diejenige Stadt Italiens, die am häufigsten auf Postkarten erscheint. Denn seit der Mitte des 18. Jahrhunderts ist die Stadt das bevorzugte Ziel einer Fülle auch bürgerlicher Reisender. Die Ursachen für diese Vorrangstellung, die bis dahin Rom innegehabt hatte, sind leicht zu begreifen. Rom, zu zerlumpt und plebejisch, zu facettenreich und diffus in seiner Architektur, gewissermaßen zu »levantinisch«, beunruhigte die deutschen und englischen Vergnügungsreisenden aus guter Familie, während der homogene Charakter von Florenz, das Fehlen von Brüchen zwischen Landschaft und Architektur, die Spuren einer glorreichen, durch keinen Anblick von Elend und Verzweiflung getrübten Vergangenheit, dem Reisenden das Gefühl gaben, sich in einem zugleich erhabenen und vertrauenerweckenden, einem ebenso exotischen wie familiären Milieu zu bewegen. Rom-Babylon versus Florenz-Arkadien, wie Henry James meint. Florenz bot sich dem Blick des Touristen wie ein *Intérieur*, wie eine »gute Stube« dar.

In diesem Sinne zeigt eine Postkartendarstellung des Lungarno Corsini, an deren Rand eine unbekannte Hand mit eleganten länglichen Schriftzeichen das Datum »2. September '99« notiert hat, einen friedlichen bürgerlichen Spaziergang von Kavalieren mit steifen Hüten und ebenfalls mit Hüten und zum Teil auch mit Sonnenschirmen versehenen Damen. Die Straßenmitte nimmt ein Kavallerieoffizier in der Pose des Herzensbrechers ein, dem in einigem Abstand drei herrschaftliche Karossen folgen. Vor dem Hintergrund einer skizzenhaften Landschaft im Stile Leonardo da Vincis erkennt man den Ponte Vecchio und den Ponte alle Grazie. Im Vordergrund erscheint der Ponte alla Carraia, so wie er vor der Zerstörung von 1944 aussah. Die gesamte Szene wird von einem nüchternen, wappenverzierten Quaderbau aus der Zeit der Renaissance beherrscht, auf dem über einem ursprünglich älteren Schild mit der Aufschrift »Locanda della Nuova York« in Riesenlettern ein moderneres »Grand Hotel de New York« zu lesen ist, wobei der Betrachter sich fragen mag, ob dies als Hommage an den erwachenden Kosmopolitismus der Stadt Florenz oder an ihren ewigen Krämergeist gedeutet werden muß. Links gegenüber der Hotelfassade prangt ein nicht eben gelungenes Goldoni-Denkmal von Ulisse Cambi (1873), zu dessen Füßen resigniert eine Gruppe von mageren Elendsgestalten kauert, die man an ihren ins Gesicht hängenden Haaren und ihren Tüchern um den Hals erkennt und deren Präsenz wohl einem harmlosen malerischen Anflug von Folklorismus zu verdanken ist.

Ausschließlich aus Damen und Herren der gehobenen Schichten setzt sich dagegen die Menschenmenge zusammen, die sich anläßlich einer Militärparade in den Cascine versammelt hat. Die Postkarte trägt den Titel *Passeggiata alle Cascine. Piazzale del Re [Spaziergang in den Cascine. Königsplatz]* und stammt vom 22. Mai 1902. Zwei Dinge sind an ihr bemerkenswert: die Allgegenwart von Schnurrbärten in den männlichen Gesichtern und die Tatsache, daß die Unterschrift »ziaccio«

(Onkelchen) die toskanische Herkunft des Absenders verrät. Die Karte wurde offenbar von einem Florentiner verschickt, der für seine Nichte ein »mondänes« und modernes Thema ausgewählt hatte und der die Kunstpostkarten als für Einheimische zu altmodisch verwarf.

Beiden Karten gemeinsam ist die massive Gegenwart von Menschenmassen, die mit der Landschaft verschmelzen und sich auf gleichsam natürliche Weise als Element in einen größeren Zusammenhang einfügen. Mit dem Aufstieg der Fotografie zur Kunst und dem ästhetischen Niedergang der Masse (wir verdanken ihn nicht zuletzt technischen Hilfsmitteln wie Automobilen, Mofas, Filmkameras, Telefonen und den unentbehrlichen Verbesserungen auf dem Verpflegungssektor, wie zum Beispiel der Pizza zum Mitnehmen, den Coca-Cola-Dosen und dem Popcorn) verliert die Postkarte den Charakter einer Momentaufnahme und gibt nicht mehr einfach Orte so wieder wie sie sind. Guido Ceronetti schreibt dazu: »Nachdem die Welt sich der Postkarte zum Geschenk gemacht hatte, bedeckte sich ihre Oberfläche mit ungeahnter Scheußlichkeit [...]. Alles muß noch häßlicher werden, damit die Welt das atemberaubende Geschenk der Postkarte begreifen lernt. Die Invasion einer Menschenmasse von zweifelhaften Geistesgaben hat alles ausgelöscht.«[5]

Die Tatsache, daß die Orte in ihrer alltäglichen Erscheinungsform nicht mehr reproduzierbar sind, versetzt uns paradoxerweise zurück in die Lage der Kopisten des 19. Jahrhunderts. Wie diese, um ihre künstlerischen Souvenirs zu verfertigen, mit Staffelei, Pinsel und Palette bewaffnet Stunden der Anstrengung und des Wartens in Kauf nehmen mußten, so muß man heute, um ein Stück Ruhe und Schönheit auf eine Postkarte zu bannen, lange vor Tagesanbruch aufstehen und sich per Hubschrauber auf eine Höhe begeben, wo alle Verstopfungen im Lebenskreislauf der Stadt verschwinden: die entsetzlichen Verkehrsstaus, die von Unrat überquellenden Müllbehälter, die Scheußlichkeit der Touristenmassen, die sich mit Lockenwicklern und Sandalen in doppelstöckige Reisebusse zwängen oder in den mittelalterlichen Straßen des Stadtzentrums zusammengepfercht sind. Dank solcher Kunstgriffe zeigen uns die heutigen Postkarten Florenz

Palazzo Vecchio

nicht so, wie es wirklich ist, sondern in einem Zustand zwischen Vergangenheit und Utopie. Die Aura von Florenz überlebt nur in Postkartenform: in Gestalt von Panoramablicken und Fernansichten einer monumentenreichen Stadt vor dem Hintergrund leonardesker Hügelketten oder in topographischen Aufnahmen, auf denen man lediglich ein von scheinbar menschenleeren Straßen und Gassen durchzogenes Dächermeer erkennt.

Eine gegenwärtig offenbar sehr weit verbreitete Spielart bilden Postkarten, die einen verstohlenen, ja geradezu pornographischen Blick auf die Monumente werfen. Dabei gibt es mehrere Möglichkeiten, das fotografierte Objekt von seiner Umgebung zu isolieren. Die einfachste Methode bezeichnen wir dem Film nach E. M. Forster zu Ehren als die »Zimmer-mit-Aussicht«-Methode. Sie besteht darin, eine Teilansicht der Stadt (den Dom, den Palazzo Vecchio) durch ein geöffnetes Fenster zu umrahmen. Perverser ist der sogenannte Opernglaseffekt, bei dem hinter einem Eisengitter mit Stern- oder Rautenmuster aus einer oder mehreren Öffnungen suggestive Objekte, etwa die Domkuppel oder der Turm des Palazzo Vecchio, ins Visier genommen werden. Diese Bilder lassen sich wunderbar leicht identifizieren, aber sie existieren nicht wirklich, genauso wie das Mädchen, das Nathanael in E. T. A. Hoffmanns Erzählung *Der Sandmann* mit seinem Fernglas betrachtet und das zwar mit allen weiblichen Reizen ausgestattet, aber nicht wirklich lebendig ist. An die Situation des Belagerungszustandes erinnert eine andere Karte, die die Domkuppel durch eine quadratische Luke in einer nackten Steinmauer (vermutlich der von Forte di Belvedere) ins Visier nimmt, wobei ein Büschel kümmerlichen Gestrüpps und eine fröstelnde Schwalbe wohl an die harten Lebensbedingungen des Mittelalters erinnern sollen. Spaßvögeln jeder Art und Herkunft sei unter den Teilansichten von Denkmälern der David von Michelangelo nachdrücklich empfohlen. Der Ausschnitt reicht von den Lenden bis zum Knie und konzentriert die Aufmerksamkeit des Betrachters auf den Penis, ohne dadurch die marmorne Schönheit der Statue ins Vulgäre zu ziehen.

All denen, die mit der Kunst des Schreibens nicht hinreichend vertraut sind, stehen Stadtansichten mit integrierter Grußbotschaft zur Verfügung. »From Florence with love« lautet die syntaktisch komplexere Variante, die schlichtere, für den eiligen Reisenden bestimmte, nur »With love«. »Hallo« tönt es schließlich von einer dritten Karte, die in den Kreis der Adressaten neben den Geliebten auch Freunde und Bekannte einbezieht.

»Florence by Night« steht auf einer Postkarte zu lesen, zu der ebenjene greifen werden, die es zu dem Bekenntnis drängt, sie hätten absolut gar nichts gesehen. Es handelt sich dabei um ein Stück tiefschwarzen Kartons, einen totalen Blackout, auf dem links unten als Zeichen eines erbärmlichen Lokalpatriotismus das Lilienwappen der Stadt prangt, wodurch natürlich alle ironischen oder surrealistischen Deutungen zuschanden werden. Für den Kauf dieser Postkarte prädestiniert ist jener weit verbreitete Touristentypus, der »Italien in sieben Tagen bereist«, der daher nicht mehr weiß, ob er sich gerade in Venedig oder Florenz befindet und der den größten Teil des Tages, von gnadenlosen Florentiner Händlern überwacht, in Lederwarengeschäften zubringt.

Immerhin sind inzwischen Überlegungen im Gange, wie man dem Reisen wieder zu Würde und Sinn verhelfen und die optimalen Bedingungen der Reisenden des 19. Jahrhunderts in Florenz auf künstlichem Wege wiederherstellen könne. In einem klimatisierten Hotelzimmer bequem in seinen Sessel zurückgelehnt, mit Proviant und allem sonstigen Komfort wohl versehen, wird unser künftiger Kunstexperte nur auf einen Knopf mit der Aufschrift »online« drücken und aus den verschiedenen Programmen das gewünschte Monument auswählen müssen, das ihm dann aus einer Allroundperspektive und in allen nur denkbaren Variationen zur Verfügung steht: aus natürlicher, erotischer und gastronomischer Sicht.

Anmerkungen

1 Giovanni Fattori (geb. 1825 in Livorno, gest. 1908 in Florenz) studierte an der Akademie der Schönen Künste in Florenz und bewunderte die klassische toskanische Malerei des 15. Jahrhunderts. 1861 gewann er einen Malwettbewerb mit dem Gemälde *Das italienische*

Feld nach der Schlacht von Magenta. 1895 wurde er auf einen Lehrstuhl für Landschaftsmalerei an der Akademie der Schönen Künste in Florenz berufen.

2 *Macchiaioli* (macchia = »Gestrüpp«, aber auch »Fleck«) nannte man verächtlich eine Künstlergruppe des Café Michelangelo. Die Bezeichnung spielte einerseits auf ihr unkonventionelles »Strauchräubertum« an, andererseits auf ihre Malweise, ihre Technik, die Farbe in geschwind gesetzten und nur flüchtig verbundenen »Flecken« auf die Leinwand aufzutragen. Zur Gruppe gehörten außer Fattori noch Künstler wie Signorini, Cecioni, Cabianca und Banti.

3 Vgl. Frank Staff, *The Picture Postcard and Its Origins*, London 1966.

4 Die Zitate sind dem Band *L'idea di Firenze. Temi e interpretazioni nell'arte straniera dell'Ottocento*, herausgegeben von M. Bossi und L. Tonini, Florenz 1989, entnommen. Vgl. dort vor allem die Aufsätze von R. Soria »La Firenze del giovane Vedder, artista americano« und C. Bradley »Copisti americani nelle gallerie fiorentine«.

5 Guido Ceronetti, *La carta è stanca*, Mailand 1966.

Hans Ludwig Scheel

»Post«-modern über alte Pässe

Mit der Kutsche von Deutschland nach Italien

»Ach geht mir mit der Eisenbahn!
Was soll die große Eile?
Wer fährt, will sich des Fahrens freun
und ordentlich durchrumpelt sein,
zwei Stunden auf die Meile.«

Mit diesen Versen hat im 19. Jahrhundert eine Leipzigerin gegen den unaufhaltsamen Vormarsch der Eisenbahn protestiert[1]. Sie mögen uns wohl in den Sinn kommen angesichts der offenbaren Beliebtheit, deren sich seit einer Reihe von Jahren das Fahren mit Kutschen – echten alten, von lebendigen Pferden gezogenen Kutschen – erfreut. Zumal nostalgisch motivierte, »post«-moderne Reiselustige von heute können, wenn sie sich genug Zeit nehmen, mit der Geschwindigkeit von »zwei Stunden auf die Meile«, historische Postrouten nacherleben und sich dabei *des Fahrens freun*. Und zwar mit einer im Rahmen des heute Möglichen ungetrübten Freude, die unsere Vorfahren, wenn sie überhaupt mit der Postkutsche gereist sind, nach allem, was man darüber weiß, nie empfinden durften.

Die eigentliche Ära der Postkutsche, die jetzt kurz vor dem Eintritt der Weltgeschichte in das zweite Jahrtausend aufgrund einer Reihe mutiger, wenn auch wohl (vorerst?) nur ephemerer Wiederbelebungen alter Postrouten so etwas wie eine »Minirenaissance« erlebt, hat in Mitteleuropa bekanntlich (abgesehen von allen alten östlichen und westlichen Vorformen in früheren Zeiten, wie berittenen Boten- und Kurierdiensten, etwa dem vorzüglich organisierten *cursus publicus* in der römischen Kaiserzeit, oder der Fortbewegung von ganzen Herrscherhöfen über weite Strecken auf Rädern) ihr offizielles Anfangsdatum Ende des

15. Jahrhunderts, als Franz von Taxis eine erste große durchgehende Postverbindung zwischen Innsbruck (bzw. Wien) und Mechelen (Malines) bei Brüssel einrichtete. Die historische Todesstunde (aufgrund der Verdrängung durch Dampf-»Rösser« und die – unsere gute Luft leider immer noch gefährlich verpestenden und, wenn man sie mit Vierspännern vergleicht, unheimlich »Pferde«-stärkeren – Autos) hat in den einzelnen europäischen Ländern zu ganz verschiedenen Zeiten geschlagen[2]. In der rechtzeitig zum Fünfhundertjährigen Jubiläum der Europäischen Postverbindungen erschienenen instruktiven Darstellung von Glaser und Werner mit dem Titel *Die Post und ihre Zeit* heißt es zusammenfassend über die Entwicklung der Taxischen Post: »Zunächst ging es um die Überwindung des Raumes. Der Postkutschendienst führte dazu, daß die Entfernungen schrumpften und jenseits pragmatischer Orientierung Reiselust entstand, die in der Literatur als ›beseelte Erfahrung‹ zum Ausdruck gelangte. Die Romantisierung des Postillions etwa ist ein herausragendes Beispiel für die seelengeschichtliche Dimension der auf ›ebener Erde‹ bei unzulänglichen Chausseen zunächst gegen vielerlei Hemmnisse ankämpfenden Beförderung. Aber selbst die Alpen können nicht schrecken, wenn, wie etwa bei Goethe auf der *Italienischen Reise* mit dem Klang des Posthorns Arkadien lockt.«[3]

Der Versuch, uns Heutigen etwas von der *beseelten Erfahrung*, die unsere Ahnen bei ihren Reisen vor Jahrhunderten wohl verspürt haben mögen, zu vermitteln, ist ein faszinierendes Unterfangen. Einen ganz besonderen Reiz hat es dabei zweifellos, Postrouten, die nicht nur im Rahmen der Reiseliteratur, sondern auch der Belletristik von historischem und/oder literaturgeschichtlichem Interesse sind, heute erneut zu befahren und dabei Erinnerungen an Vergangenes wachzurufen. Wenn die Fahrt dann noch jenes Land zum Ziel hat, das sich heute wie einst für die wahrscheinlich »absolute Mehrheit« aller Deutschen in den »alten« wie in den »neuen« Bundesländern hinter dem Namen »Land unserer Sehnsucht« verbirgt, und wenn dann die Fahrt sogar durch die Alpen geht (von denen sich schon die letzten historischen Postkutschenreisenden im 18. und 19. Jahrhundert

»naturgefühlsmäßig« angezogen fühlten, während früheren Generationen von Reisenden alle hohen Berge und durch tiefe Schluchten führenden Wege fast nur Furcht, Grauen und Schrecken einflößten), wenn also im Sinn des angeführten Zitats die Kombination »Alpenreise plus Arkadien« nachvollzogen wird, dürfte so etwas wie der Höhepunkt, das Nonplusultra« aller heutzutage möglichen Postrouten-Wiedererweckungen vorliegen.

Dem »Coaching« (wie es heute, ganz analog zum »Jogging« und »Walking« heißt) widmet sich seit 1973 ein kompetenter Kutschen- und Pferdenarr in Bayern: Andreas Nemitz.

Standort des »Coaching«-Betriebes ist eine kleine Ortschaft in Oberbayern, etwa in der Mitte zwischen dem Ammersee und dem Starnberger See gelegen, die selbst gebürtigen Bayern immer noch bei weitem nicht so gut bekannt ist wie das (mit der Kutsche im Trab in einer Viertelstunde erreichbare) Andechs mit seinem berühmten Kloster.

Nach bescheideneren, weil im näheren Umkreis realisierten Anfängen in den Gefilden des (über den »Sehenswürdigkeiten-Tourismus« immer mehr zu Ehren kommenden) bayerischen Märchenkönigs hat Nemitz sich im Verlauf der letzten Jahre zusätzlich zu seinen (weiterhin mit Abständen stattfindenden) drei- bis sechstägigen Fahrten mit vierspännigen Postkutschen zwischen München und den bayerischen Königsschlössern fernere und weitaus schwierigere Ziele gesteckt.

Schon früh hatte er davon geträumt und es sich in den Kopf gesetzt, einmal mit einer Postkutsche die Alpen zu überqueren. Zehn Jahre nach der Gründung seines in der ganzen Welt einzigartigen Unternehmens verschaffte ihm eine von der italienischen *Ente Fieracavalli* an ihn ergangene Einladung zur Teilnahme an der großen Pferdemesse in Verona den Anlaß und die Möglichkeit, sein lange gehegtes Projekt mit einer Fahrt von München über den Brenner nach Verona in die Tat umzusetzen.

Heute umfaßt sein Angebot von Postkutschenfahrten von Deutschland nach Italien respektive zwischen Zielen südlich der Alpen die folgenden fünf jeweils mehrtägigen Reisen, denen allen, besonders wegen der zu bewältigenden Steigungen und

Gefälle, ein hoher Schwierigkeitsgrad zukommt. Außerdem haben die Pferde, je nach der Auslastung und dem eingesetzten Kutschentyp, zwischen 1000 und 2800 Kilogramm »hinter sich«, die sie entweder ziehen müssen oder die, wenn es bergab geht, auf sie drücken und die verständlicherweise nicht zu einer von hinten auf sie zurasenden Lawine werden dürfen:

1. »Goethes Italienische Reise«: München-Brenner-Verona in vierzehn Tagen, erstmals 1984 durchgeführt; 1986 versah Nemitz auch den laufenden Postkutschendienst zwischen Riva und Malcesine anläßlich des von »Viaggi in Italia« 1986 veranstalteten Kongresses: »Goethe und Italien«.
2. »Il postale del Sempione« (Brig-Simplon-Domodossola-Mailand-Verona, in zehn Tagen, durchgeführt im Jahre 1986 anläßlich der *Fieracavalli*.
3. »Siena-Verona« in elf Tagen vom 28. 10. bis 8. 11. 1988.
4. »Der Lindauer Bote«: Lindau-Vaduz-Splügen-Chiavenna-Como-Mailand in elf Tagen, fand erstmals 1989 statt.
5. Neu im Programm ab 1992: Verona-Vallombrosa.

Über den Verlauf jeder dieser Reisen und die Erlebnisse und Eindrücke, die sie vermittelten, wäre eine Menge zu berichten. Ein entsprechender Vorsatz stößt sich vor allem an dem heute allerseits bekannten »Perspektiven«-Problem. Wer kann sich zutrauen, kompetent und zuverlässig über alles, was den Reiz und die Bedeutung einer derartigen Fahrt ausmacht, zu referieren? Jeder einzelne Mitreisende, jeder »bestallte« Begleiter (Groom, Beifahrer) könnte viel sagen. Wohl nur die Pferde nicht (weil sie ja Scheuklappen tragen). Viel simpler erscheint das Problem den »von außen urteilenden« Zuschauern an den Straßenrändern: Für die hat Andreas Nemitz – und er sieht als Postillion auf dem Kutschbock ja alles, was auf der Straße vor ihm und seitlich vor sich geht – in einem Gespräch einmal konstatiert: »Eine Kutsche schließt die Herzen auf. Man sieht nur fröhliche Gesichter.« Für die »von innen urteilenden« Reisenden ist eigentlich die konsequente Entsprechung dazu die »Freude am Fahren«.

Trotzdem sei hier versucht, wenigstens einen ersten, kurzen

und oberflächlichen Eindruck von den zwei historisch zweifellos bedeutsamsten Unternehmungen zu geben.

Die Fahrt von München nach Verona, »Goethes Italienische Reise«, fand erstmals vom 29. Oktober bis zum 7. November 1984 statt, und ihr Echo in den Medien der davon tangierten Länder war sehr beachtlich. In Italien hat die RAI die Fahrt jeden Tag im Rundfunk und Fernsehen mitverfolgt und darüber berichtet.

Der Abfahrt vom Münchener Marienplatz, für die Oberbürgermeister Kronawitter nicht nur die Auflassung gab, sondern den Veronafahrern auch ein Faß Bier stiftete (das dann erst nach der Ankunft am Zielort angezapft wurde), war eine Vorbereitungszeit von einigen Monaten vorausgegangen.

Anders als für die mehr oder weniger regelmäßig durchgeführten historischen Postkutschenfahrten, bei denen die Relais-Stationen und Übernachtungsplätze festlagen, müssen für eine nach mehr als hundert Jahren Pause erstmals wieder befahrene alte Postroute angesichts der modernen Verkehrssituation alle Etappen im einzelnen, d. h. jede Raststation, die Verköstigung von Mensch und Pferd, die Übernachtung aller »Reisegenossen« (auch der vierbeinigen) und mancherlei, von dem sich der per Eurocity und mit »All'Italia« oder der Lufthansa in den Süden Reisende keine Vorstellung macht, absolut »idiotensicher« durchgeplant und organisiert sein. Fragen, die Nemitz vor Beginn der Reise gelöst haben mußte, waren nicht zuletzt die Auswahl des geeigneten Gefährts und der vorteilhaftesten Bespannung (einschließlich aller Überlegungen über die zu erwartende Abnutzung des Hufbeschlags der Zugpferde und der wegen des neuzeitlichen Straßenbelags zum Abbremsen auf Gefällestrecken unerläßlichen Eisenreifen und Radschuhe für die Räder der Kutsche).

Die Fahrt erfolgte mit einer 1875 in England gebauten sogenannten Stage oder Road Coach, die innen für vier, außen für dreizehn Passagiere Platz bietet. Gefahren wurde fünfspännig (so wie einst die Schweizer Bundespost über den Sankt Gotthard) mit zwei Rappen und einem Apfelschimmel als »Vorderpferden« und zwei »Stangenpferden« (für eventuelle Notfälle wurden noch zwei weitere Pferde in einem Transportwagen mitgeführt).

Abgesehen von den Pferden, denen in der Tat eine außergewöhnliche Bravourleistung abverlangt wurde (und ja bei jeder Wiederholung immer von neuem gefordert wird), hatten der mitfahrende Berufsgroom Nigel Whiting aus England und die drei Beifahrer(innen) ein gerütteltes Maß an Arbeit und Verantwortung mitzutragen, mußten sie doch, damit jeweils um acht Uhr früh mit versorgten und gestriegelten Pferden gestartet werden konnte, nach kurzer Nachtruhe genausofrüh aufstehen, wie das vor Zeiten bei der bayerischen (und nicht nur dieser!) Kavallerie einmal üblich gewesen sein soll: um vier oder fünf Uhr morgens.

Die Fahrt verlief insgesamt planmäßig und wurde für alle Beteiligten ein unvergeßliches Erlebnis. Eindrucksvoll war vor allem die überschwengliche Gastfreundschaft, die die Equipage vor allem südlich der Alpen erlebte. So wurde die Reise durch die wunderschöne Landschaft immer wieder von herzlichen Empfängen (mit den Begrüßungs-»Brindisis«, die nun einmal dazugehören) »aufgelockert«.

Die Überwindung der steilen Steigungs- und Gefällestrecken (vor Innsbruck etwa am Zirler Berg und dann auf der durchweg befahrenen Alten Brennerstraße diesseits und jenseits des Brenners mit seiner Höhe von 1371 Metern) gelang insgesamt problemlos. Ein einziges Negativum der »impresa«, an dem der »impresario« ganz unschuldig war, muß dennoch erwähnt werden: gänzlich anders als zur Zeit Goethes, dessen von ihm so schön beschriebener Route man ja sehr genau folgte, war das heutzutage nicht mehr vermeidbare, ziemlich ermüdende Fahren auf asphaltierten Straßen mit ihrem überquellenden motorisierten Verkehr...

Über Erwarten gut funktionierte indes die Durchfahrt durch die größeren Orte: Deutsche und österreichische Polizei und dann in Italien Carabinieri haben die Eskortierung jeweils mustergültig besorgt.

Die Namen der Tagesziele, wo die Reisenden vorzüglich untergebracht wurden (und es deshalb in dieser Hinsicht manchmal besser hatten als die Pferde), sprechen für sich. Erwähnt seien Innsbruck, Brixen, Bozen, Trient, Malcesine und Peschiera[4].

Die Reise endete in Verona auf der Piazza Bra neben der Arena, wo der »Corriere della Pace« (Kurier des Friedens), wie man die Postkutsche aus München in Italien getauft hat, von achtzig berittenen Gardisten aus Barcelona in historischen Uniformen mit Fanfarenklängen feierlich empfangen wurde.

Ein weiteres großes Ereignis in Gestalt der Neubelebung einer alten Postverbindung von Deutschland nach Italien hat vor nunmehr drei Jahren stattgefunden: Es war die vom Lindauer Verkehrsverein organisierte elftägige »Nostalgische Reise des Lindauer Boten nach Mailand«. Sie wurde 1989 durchgeführt, also über 160 Jahre nachdem der schon seit Anfang des 14. Jahrhunderts, zunächst sporadisch und nur als reitender Botendienst funktionierende, aber wohl schon früh als ständige Verkehrsverbindung – wenn auch anfangs ohne Personenbeförderung – auf der gefahrvollen *direttissima* zwischen Lindau und Mailand installierte »Corriere di Lindò« aufgegeben worden war.

Aus dem Fahrtenbericht des »viaggio nostalgico«, der »romantischen Erinnerungsfahrt«, hier ein paar Angaben[5]: Die Jubiläumsreise startete am 3. Juni 1989 von der Inselstadt im Bodensee aus. Auch bei dieser wie schon bei »Goethes Italienischer Reise« saß Andreas Nemitz in historischer blauweißer Postillionsuniform auf dem Kutschbock und lenkte zusammen mit einem Schweizer Postillion die Pferde. Auch diesmal wurde fünfspännig gefahren. Bei manchen Anlässen, zuweilen wohl auch nur als Signale der Freude, ertönten die fröhlichen Posthornsignale der Postillione. Als Gefährt diente eine englische Road Coach.

Die erste Etappe führte von Lindau über die österreichische Grenze nach Fußach. Bis dort war 1788 übrigens Goethe auf dem Rückweg von seiner italienischen Reise mit dem Lindauer Boten von Mailand aus gereist. Er kam am 2. Juni in Fußach an, um von dort nach Zürich weiterzufahren.

In der Goethes damaliger Route entgegengesetzten Richtung ging es am folgenden Tag über die österreichisch-liechtensteinische Grenze, an der (wie übrigens an allen Grenzen) die Registrierung der Vierbeiner mehr Probleme aufwarf als die Abfertigung aller menschlichen Passagiere, bis nach Vaduz, wo die zweite Nacht verbracht wurde.

Von der »Kapitale« des Fürstentums ging es nach einem Abstecher zum südlichsten Ort Liechtensteins, Balzers, wo man an der letzten Ruhestätte eines in Ausübung seines Berufs 1812 verstorbenen Boten aus Fußach – stellvertretend für die ganze Lindauer-Boten-Ahnenreihe – in stillem Gedenken verweilte, über die Grenze der Schweiz hinein nach Graubünden und über viele kleine Dörfer bis in dessen Hauptstadt: Chur. Die vierte Etappe führte nach Thusis, das inmitten seines rätoromanischen Umfeldes die deutsche Sprache beibehalten hat, und von dort erfolgte am nächsten Tag die erregende Fahrt zwischen den senkrechten Wänden der seit altersher berüchtigten Via Mala bis nach Splügen.

Am sechsten Tag wurde, weil ganz unzeitgemäß frischer Schnee gefallen war, besonders früh aufgebrochen, um die starke Steigung bis zum Passo della Spluga (neun Kilometer mit einem Höhenunterschied von 660 Metern) möglichst in den ersten Morgenstunden zu bewältigen. Auf der Paßhöhe, die mit 2117 Metern ganze 746 Meter höher ist als der Brenner, lag viel Schnee. Und hier, an der italienischen Zollstation, wurde dem »Lindauer Boten« ein erster jener begeisterten, typisch italienischen Empfänge zuteil, wie sie sich an den folgenden Tagen bis zur Ankunft am endgültigen Reiseziel Mailand immer wiederholen sollten.

Ganz besonders herzlich war die Aufnahme in Chiavenna, wo man zur Erholung von den Anstrengungen der Reise einen Ruhetag einlegte, aber auch in Bellagio und Como, den beiden letzten Etappenzielen vor Mailand.

Wir wollen es uns ersparen, den Lindauer Boten und unsern Postillion bis an das letzte Reiseziel zu begleiten: Bezeichnenderweise endet der »viaggio nostalgico« im Reiseprogramm von 1992 demnach bereits in Chiavenna bzw. in Como[6].

»Freude am Fahren« – mit zwei, vier oder fünf lebendigen Pferdestärken, ohne dabei »ordentlich durchrumpelt« zu sein – obwohl das zweifellos für viele von uns gar keine so schlechte Medizin wäre –, was für eine besondere Freude diese wiedererweckte »Fahrfreude« ist, kann wohl nur ganz ermessen, wer es selber ausprobiert, am besten auf einer gleichermaßen souverän organisierten und dabei doch so faszinierenden und aufregenden Postkutschenreise wie den beiden von uns hier fragmentarisch skizzierten Alpenfahrten. Bedeutet Postkutschenfahren in unserer Zeit nicht auch eine ideale Form des »sanften Tourismus«, eine Möglichkeit, die in unseren Industriestaaten zunehmend länger (und dabei leider für viele auch »langweiliger«) werdende Freizeit umweltfreundlich mit Sinn anzureichern? Schöne Gegenden im Zeitlupentempo genießen, Land, Leute und Mitreisende in besinnlicher Gelassenheit kennenzulernen, sich in »verlorene Zeiten« zurückversetzt fühlen, weil man mit einigen ihrer Requisiten ja tagelang in »hautnahem« Kontakt lebt, – heißt das nicht auch, unsere »organische« Verbindung zur Geschichte und zur Natur, schließlich vielleicht sogar den für viele von uns verschütteten Weg zum eigenen Ich wiederzuentdecken?

Anmerkungen

1 Zitiert nach Elfriede Rehbein, *Zu Wasser und zu Lande. Die Geschichte des Verkehrswesens von den Anfängen bis zum Ende des 19. Jahrhunderts*, München 1984, S. 195.

2 Soweit mir bekannt, wurde in Deutschland die letzte reguläre Verbindung (von Berlin nach Neuruppin in der Mark Brandenburg) im Jahre 1878 eingestellt. In der Schweiz verkehrte die Personenpferdepost noch bis 1964.

3 Zitiert nach Hermann Glaser / Thomas Werner, *Die Post in ihrer Zeit. Eine Kulturgeschichte menschlicher Kommunikation*, Heidelberg 1990, S. 8.

4 Den detaillierten Fahrplan der Reise kann man dem Prospekt von 1992 entnehmen, der Interessenten auf Wunsch gern zugesandt wird (Anschrift: *COACHING IN BAVARIA* / Kerschlach 2, D–8121 Pähl).

5 Vgl. die vom Verkehrsverein Lindau herausgegebene 52seitige Broschüre mit dem Bericht von Erich Dempfle: »Des Lindauer Boten 1989 nostalgische Reise nach Mailand«, Lindau (o. J.).

6 Der Prospekt für die Fahrten »Lindau – Chiavenna« bzw. »Lindau – Como« im Jahr 1992 ist erhältlich bei *COACHING IN BAVARIA* (Anschrift s. Anm. 4).

Carlo Fruttero & Franco Lucentini

Touristenherz

Mit dem Frühling sind sie wieder da, die großen touristischen Völkerwanderungen, und in ihrem Schlepptau kommen Mitleid und Wut, beißende Trauer, Abscheu und die kommerziellen und metaphysischen Ängste, die mit allen Massenphänomenen einhergehen.

Es ist etwa elf Uhr morgens auf einer berühmten Piazza, und da steht ein Billigrestaurant in Erwartung von Kundschaft. Mit rotem Filzstift beschriebene Plakate bieten Menüs zum Fixpreis sowie trostlose Spezialitäten feil, in einem aus den grammatischen Fugen geratenen Deutsch. Mickrige Pflänzchen frieden Tischreihen ein, zwischen denen müde Kellner herumschwirren wie Zugvögel. Ein Blick genügt, und man weiß, sie werden die Bestellungen durcheinanderbringen, die Sauce verschütten, die Extraportion Brot oder das Salz vergessen und sich mit dem Espresso eine Dreiviertelstunde Zeit lassen.

Und da sammelt sich auch schon eine Reisegruppe, zögert, schwatzt durcheinander, stellt Berechnungen an und entschließt sich, endlich einzutreten.

Halt, stop, das ist eine Falle, möchte man ihnen zurufen, paßt auf, kehrt um!

Aber sofort danach kippen solche Gefühle um in ihr Gegenteil. Diese dem kulinarischen Schlachthaus geweihte ahnungslose Hammelherde tritt auf wie eine Horde Invasoren, die für fünfzehn-, sechzehntausend Lire vor einer der schönsten Fassaden der Welt Platz nehmen und ein Bankett erwarten. Die sollen »echte« Tagliatelle mit »echter« Sauce serviert kriegen, womöglich noch mit weißen Handschuhen? Soll das ein Witz sein? Die können froh sein, wenn sie kein Rattengift bekommen, diese widerlichen Besatzer.

Bei genauerem Hinsehen fällt auf, daß der Wortschatz, mit dem über modernen Tourismus geredet wird, zum großen Teil dem Militär entstammt – Vorhut, Kolonnen, Armeen, nachfolgende Sturmwellen, Ballungen, Erstürmungen und so weiter. Auch der einzelne Tourist, der, halbtot vor Anstrengung, mit verlorenem Blick und gleichgültig für alles und jedes zusammengekauert auf einer Treppe im Schatten hockt, paßt zum Bild des feindlichen Soldaten, der, geschlagen und auf dem Rückzug, nur noch tiefes Mitleid erregt.

Kommen Touristen in Scharen, haben sie, genau wie der Feind, kaum noch etwas Menschliches an sich. Von Reiseveranstaltern durchnumeriert und uniformiert mit Leinen- und Strohhüten, T-Shirts und Büstenhaltern von verhängnisvoller Transparenz, die dunkle Brille auf der Stirn, die Kamera über der Schulter, das jeweilige serielle Souvenir fest umklammert, sind sie für den, der sie vorbeimarschieren sieht, als Individuen nicht zu erkennen. Ihre massierte Allgegenwart erregt, wo nicht mörderische Raserei, zumindest Ekel und Unduldsamkeit; die Hand möchte sie zerquetschen wie Fliegen, Augen und Hirn geben sich alle Mühe, ihren Anblick zu löschen und statt dessen das Domportal, das Fresko in der zweiten Kapelle, die vortreffliche Freitreppe zu betrachten, als wären diese verschwitzten Leiber gar nicht da und versperrten nicht die Sicht, verstellten keine Details, verdeckten keine Statuen.

Selbst wenn man die Blechdosen und Plastiktüten, die sie überall hinterlassen, und die unauslöschlichen Graffiti, mit denen sie Apsiden und Säulengänge verunstalten, nicht mitrechnet, selbst wenn man die Millionen höchst zivilisierter Damen und Herren ins Feld führt, die nicht Transistorradios hören, die leise sprechen und sich auf Zehenspitzen bewegen – ihr ästhetisches Zerstörungspotential bleibt enorm.

Tausend Touristen in einem Kreuzgang bedeuten praktisch die Vernichtung des Kreuzgangs. Hundert Touristen vor einem Caravaggio sind dasselbe wie die Liquidierung des Caravaggio. Die Konzentration ist hin, ebenso die allmähliche kontemplative Annäherung, das Drumherumgehen, Kopfneigen, aktive Herausfiltern aller möglicher Details, das passive Absorbieren des

Ganzen, kurz jener Zustand des Geschehenlassens, in dem das Gedächtnis dieses eine Meisterwerk nach und nach zu anderen Meisterwerken sortiert, zu früheren, zeitgenössischen oder späteren.

Nackte Ellbogen bohren sich einem rücksichtslos in die Flanken, von allen Seiten drücken Schultern und Bäuche, Dauerwellenköpfe schieben sich vor die Köpfe von Holofernes und Johannes dem Täufer. Wer gibt ihnen das Recht?

Ein Härtetest für jeden, der sich für tolerant und demokratisch hält. Ein Trüppchen ungepflegter graumäusiger Ausländerinnen bestaunt prustend die Auslagen eines Feinkostladens. Es ist zwei Uhr nachmittags, die Sonne brennt gnadenlos auf die Altstadtgasse, und hinter der heruntergelassenen Markise schwitzen mayonnaiseverzierte Platten den schieren Schrecken des Daseins aus. Mit welchem Recht demolieren diese Frauen mit ihrem Gehampel und Gegacker gleich eine Kuppel, deretwegen ich neunzig Kilometer Umweg gefahren bin? Auf ihren Netzhäuten kleben ohnehin nur Visionen von eingelegten Sardellen und *insalata capricciosa*; Bramante und Brunelleschi bedeuten ihnen nichts, gar nichts in Wirklichkeit; also warum gehen sie nicht auf den Wegen ihrer wahren Interessen, in wessen Namen trampeln sie auf meinen Wegen herum?

Im Namen, antworten manche, des Geldes und seiner Macht; im Namen der hohen Löhne, des Kauf-jetzt-zahl-Später, der betriebs- und gewerkschaftsbedingten Vergünstigungen, im Namen von Charter, Rabatt und Konsum. So funktioniert die Wirtschaft eben heutzutage, überhaupt die Welt, da kann man nichts machen, man paßt sich besser an.

Aber wenn ich mich anpassen soll an eine solche rein kommerzielle Sichtweise, dann verlange ich auch, daß sie wenigstens logische Konsequenzen hat. Wenn die Welt voll widerwärtiger Gammler auf der Suche nach oberflächlicher Erholung, nach Miniaturgefühl, Miniaturüberraschung, Miniaturerinnerung und läppischen Vergnügungen ist, warum soll ich ihnen Piero della Francesca und Donatello eigentlich schenken (und mich ihrer berauben)? Sie können ja ruhig kommen, die friedlichen Barbaren, und die heiligen Mosaike und Treppen zertrampeln, aber bitte für fünfzigtausend Lire pro Besuch des Turms von Pisa. An den Toren von Florenz und Rom muß ein Trupp Zöllner postiert werden, der die Stadt »verkauft«, und zwar zu Marktpreisen. Eine Börse der Weltwunder muß her: Die Sixtinische Kapelle zieht dieses Jahr an, San Gimignano unverändert, Giotto fällt, Venedig schießt in den Himmel, ein Sonnenuntergang auf der Giudecca erreicht den Preis eines Staubsaugers pro Person. Machen die das etwa anders, meine invasionsfreudigen Gäste, wenn sie mir ihre Butter, ihr Erdöl, ihr Holz, ihre Schweine verkaufen?

Der Moralist wird erwidern, die Werke des Geistes müssen allen zur Verfügung stehen, und zwar gratis oder doch fast. Ist er ein dummer Moralist, wird er hinzufügen, »alle Menschen« seien fähig, aus ihnen exquisite ästhetische Befriedigung, intellektuelle Bereicherung und eine dauerhafte Veredelung von Seele, Benehmen und allgemeiner Kultur zu gewinnen. Ist er nicht dumm, wird er einräumen, daß der Genuß eines Kunstwerks lange Vorbereitungsarbeiten und echte Leidenschaft erfordert und daß es nichts nützt, eine Masse Menschen, die mit Reklamebildern, Fernsehen, Comics und Fotoromanen aufgewachsen sind und keinerlei Anhaltspunkt, keine Neugier und keine Aufnahmebereitschaft haben und den Mund nicht halten können, ein paar Minuten lang vor einen Botticelli zu stellen.

Das Herz des Touristen – wird er weiter argumentieren –, und selbst des abgestumpftesten und simpelsten, ist aber doch letztlich ein Mysterium. Es besteht doch, wenn auch noch so entfernt, die Möglichkeit, daß durch diese zusammengequetschten zwei Minuten vor dem »Frühling« etwas geweckt wird, ein blasser Schimmer, ein zarter Hauch, eine feine Zuckung, die in andere Dimensionen führen kann, nicht vulgäre, nicht rohe, nicht kleinliche Dimensionen, ein noch so winziger und unverstandener Durst nach Erlösung und Vollkommenheit. Ein ästhetisches Gefühl darf, wie die Möglichkeit, durch göttliche Gnade gerettet zu werden, bei den Katholiken, niemandem a priori abgesprochen werden. In einer großen Menge ist immer jemand, den der Zufall begnadet.

Wenn dem so ist, dann bleibt dem einzeln auftretenden Kunstliebhaber nichts übrig, als beiseite zu treten und das Feld den Mengen zu überlassen, die gerettet gehören. Er könnte noch darauf verweisen, daß er sich seine persönliche Sicherheit und seine Sensibilität für gewisse Genüsse verdient hat mit dem Verzicht auf grobschlächtigere Vergnügungen, einträglichere Besuche, Vorteile und Bequemlichkeiten aller Art. Er könnte auf das Prinzip der ausgleichenden Gerechtigkeit pochen, das heißt auf sein Recht, genau die Reisegruppe zu einem (Dia-)Vortrag über Borromini zu verdonnern, die ihn kurz vorher von der Piazza Navona vertrieben hat und jetzt damit beschäftigt ist, die Pizza zu verdauen und Pseudofrascati in sich hineinzuschütten oder ihrer Tanzlust oder Fernsehsucht im Hotel zu frönen.

Aber das wäre kleinlich und eines kontemplativen Geistes unwürdig. Wenn Kunst wirklich die Wunder in ihm vollbracht hat, von denen die Sage geht, dann wird der Kunstliebhaber in sich selbst schließlich eine Ebene umfassender Nachsicht und universeller, warmherziger Sympathie finden. Er wird die Haltung einer der vielen Christusfiguren, die er in Kirchen und Museen kennengelernt hat, annehmen, allen Touristen dieser Welt vergeben (denn sie wissen nicht, was sie tun) und es geschehen lassen, daß ihm ein gedankenloser Gruppenleiter den Ellbogen ins Herz rammt.

aus: *Ein Hoch auf die Dummheit. Porträts, Pamphlete, Parodien*, München 1992

Alida Fliri

Italien im Zitat

Einen Beitrag zur Geschichte der Beziehungen zwischen den Völkern liefern auch die Urteile über die Nationalcharaktere, durch die jedes Volk von jeher versucht hat, ein Bild vom anderen, aber wohl noch mehr von sich selbst zu gewinnen. Im literaturwissenschaftlichen Bereich läßt sich die europäische Tradition von Topoi und Vorurteilen, Auto- und Heterostereotypen über den Charakter der Nationen zurückverfolgen bis zur griechischen und lateinischen Antike.

Die folgenden Urteile über die Italiener stammen aus der deutschen Reiseliteratur von 1775 bis 1831. Die Autoren sind teils sehr berühmte, teils wenig oder kaum bekannte Italienreisende; der gewählte Zeitraum erstreckt sich von der Italienreise Gotthold Ephraim Lessings (1775) bis zur Publikation der *Stadt Lucca* Heinrich Heines 1831 und gilt als Blütezeit der bürgerlichen Bildungsreise sowie der literarischen Gattung des Reiseberichts.

Die Zitate sind chronologisch angeordnet. Die Urteile, die sie enthalten, bieten natürlich niemals neutrale Informationen über das Fremde, sondern sind immer durch die Ausgangskultur des Reisenden wie des Lesers bedingt. In diesem Sinne beschreiben die angeführten Texte die Italiener des 18. und frühen 19. Jahrhunderts, erlauben aber auch Rückschlüsse auf die kultur- und zeitspezifische Mentalität und auf die gesellschaftlichen und historischen Verhältnisse im damaligen Deutschland. Wie in einem Spiegel reflektieren die Urteile über die Italiener Wertvorstellungen und Ideale, aber auch Ängste und verdrängte Wunschbilder der Deutschen. Analogien und Widersprüche, Attacken und Würdigungen zeugen von der Schwierigkeit, sich mit dem Fremden auseinanderzusetzen – damals wie heute.

Gotthold Ephraim Lessing

Von der Mäßigkeit der Italiener ist gewissermaßen mit ein Beweis, daß sie nicht einmal ein eignes Wort für saufen haben, sondern für *bere assai* unser deutsches Wort trinken brauchen. *Trincare*, und daher *Trinca* oder *Trincone*, ein Säufer [...].[1]

Christian Joseph Jagemann

Der Italiäner ist übrigens sehr lebhaft in seinem ganzen Wesen, jedoch ernsthafter und gesetzter als der leichtfüßige Franzos. Er spricht oft mit den Händen, Augen, Kopfe, Achseln, ohne den Mund zu öffnen. Der Blick seiner schwarzen Augen ist scharf und feurig, die Augenbrauen sind dick und schwarz, die Nase ist erhaben und spitz, der Mund nicht aufgeworfen und das Gesicht länglicht. [...] Das Frauenzimmer ist von sehr weißer Farbe, von sehr zartem Fleische, von sanften Gebärden, langsamem und majestätischem Gange, besonders wenn es in seinem ganzen Schmuck erscheinet. Sein Auge ist schmachtend, das Gesicht öfterer als bey den Mannspersonen rund, und der Mund klein. Alles Frauenzimmer ist beredt, meistens ohne Lectüre und Wissenschaft, die Kunst zu gefallen ausgenommen, ohne Stolz und ohne Complimente, weniger enthusiastisch in Religionssachen als die Mannspersonen, biegsam zu allem was gefällt, mit gesundem Menschenverstande begabet, so daß sie es in der Kenntniß des menschlichen Herzens durch eigene Beobachtungen sehr weit bringen, und die Männer nach ihrem Willen zu lenken wissen. Die Italiäner haben überhaupt viel Mutterwitz, einen scharfsichtigen und tiefsinnigen Verstand, sind Verächter theoretischer Systeme und geneigt, nach Empfindungen und Erfahrungen zu urtheilen.

* * *

Die Hauptleidenschaft der Italiäner ist die Wollust oder der Hang nach allem, was der Sinnlichkeit schmeichelt. Das sanfte Klima, die reitzende Schönheit des Landes, die bezaubernden Werke der Kunst gewöhnen sie zu angenehmen Empfindungen, und ihr zärtlich empfindsames Nervensystem muß natürlicher Weise harte und rauhe Gegenstände verabscheuen. Daher kommt es, daß sie bey Mahlzeiten nur das zarteste Flügelwerk, die delikatesten Weine, die Freyheit davon aufzustehen, wenn sie des Sitzens müde sind, die artigsten Scherze und Lieder von Wein und Liebe verlangen. Grobe Possen und Trunkenheit sind aus dem nemlichen Grunde bey ihnen etwas Seltenes. Die Musik lieben sie so sehr und so allgemein, daß, wann auf Werktagen in den Kirchen eine Feyerlichkeit mit Musik vorgehet, so gar viele Handwerksleute ihre Werkstätte verlassen, dieselbe zu hören. Die sanftrührenden Töne lieben sie am meisten.

* * *

Die Eigenliebe verblendet den Italiäner nicht so sehr, daß er seine Nation allen andern vorziehen sollte, wie der Franzose zu thun pflegt.

* * *

Im Grunde belebt sie noch der alte Geist der Freyheit, oder die Liebe zur Unabhängigkeit, und der Haß wider die monarchische Regierungsart, der sie dem größten Theile noch mit Gewalt sind unterworfen worden. Daher kommt es, daß ein ächter Italiäner, den die Not nicht dazu zwingt, sich selten um die Gnade seines Fürsten und noch seltener um ein öffentliches Amt bewirbt.

* * *

Es ist schwer, daß ein Italiäner ein vollkommner Freund eines andern werde. [...] Hat er aber einen solchen Freund gefunden, so vertraut er ihm Ehre, Leben und Vermögen an, und kann sich ganz sicher in jedem Vorfall auf ihn verlassen.

* * *

Keine Nation, so viel mich noch die Erfahrung belehrt hat, ist so dienstfertig gegen die Fremden als die Italiäner.[2]

Johann Jakob Wilhelm Heinse

Die Welschen sind wie giftige Thiere; ihr Zorn ist Messerstich. Sie sind meist bloße Empfindung, ein tiefer Gedanke oder Empfindung mit umgreifenden Gedanken kann nicht bei ihnen hausen. Und so leben sie immer für den Moment.[3]

Friedrich Johann Lorenz Meyer

In Italien überhaupt, besonders aber in Venedig, ist es eine durch das Klima des Landes und durch den eigenthümlichen Geschmack der Italiener veranlaßte Sitte, die Gränzen der Natur in den Tageszeiten zu verrücken und drei Viertheile der zur Ruh bestimmten Nacht mit Beschäftigungen des Tages auszufüllen. Die Gesellschaften in den Häusern und Kasinos, den Versammlungssälen des Adels und der begüterten Bürger, und alle öffentlichen Lustbarkeiten sind darauf eingerichtet. Selbst die Geschäfte des Volkes richten sich darnach, und die engen Gäßchen sind in der Mitternachtsstunde so belebt und lärmvoll wie am Tage. Wehe dem daran nicht gewöhnten Fremden, der in den auf diese Gäßchen stoßenden Zimmern schlafen soll! – [...] Zum Ersatz für den Verlust des nächtlichen Schlafes halten sie mehrere Stunden Nachmittagsruh, wo denn ein förmlicher Stillstand in allen öffentlichen und Privatgeschäften entsteht. – Die allgemeine Beleuchtung der Häuser, Buden und Läden macht, daß die Dunkelheit der Nacht auf den Gassen verschwindet. Diese letztern gränzen allenthalben aneinander, und die Bottegen (offne, artig verzierte und hell beleuchtete Häuserchen, wo Kaffee und alle Arten von Erfrischungen feil sind) werden nur in der Nacht am meisten besucht. Selbst Frauenzimmer von Erziehung versammeln sich hier an der Seite ihrer Cicisbeen.[4]

Karl Philipp Moritz

Es ist merkwürdig, daß unter diesem heitern Himmel die Ideen von Hexen, Gespenstern, Geistererscheinungen usw. selbst bei dem gemeinsten Volke, dessen Einbildungskraft doch so sehr mit religiösen Schreckbildern angefüllt ist, nicht haben empor kommen können.

Die italienischen Volkslieder haben nicht das mindeste Ähnliche mit den Balladen der nordischen Völker, wo die Erscheinungen von Geistern der Verstorbenen und andere schreckenvolle Gegenstände immer ein Lieblingsthema sind, um welches die Phantasie sich drehet.

Hier hingegen atmet alles Lebenslust und Ruhe und frohen Genuß der fliehenden Tage; selbst die Legenden der Heiligen und die biblischen Geschichten, welche das Volk auf den Straßen singt, legen ihren feierlichen Ernst ab und sind häufig mit naiven und launichten Einfällen durchwebt.

* * *

Es wird den Italienern sehr schwer, deutsche Wörter nachzusprechen; und so viel sie auch Deutsch hören, so sprechen sie doch nur sehr wenige Ausdrücke nach.

Ein deutsches Wort, welches fast alle Italiener wissen, ist das Wort trinken, welches sie freilich von den Deutschen am öftersten mögen gehört haben, und vielleicht auch spottweise, die Liebe zum Trinken, welche den Deutschen von Alters her vorgeworfen wird, damit bezeichnen wollen.[5]

Heinrich Matthias Marcard

Wenn man aber noch nicht in Italien gereiset ist, so verwundert man sich über die Menge müßiger Menschen, die gleich in jedem der kleinsten Nester zum Vorschein kommen und den Wagen so umgeben, daß man fast nicht ohne Mühe hinzu kommen kann. Dieses ist nun die Weise durch ganz Italien, es sey morgen früh oder bey Tage, so stehn sie da in einen elenden Mantel gehüllet – denn es sind mehrentheils Mannspersonen – und werden nicht müde zu gaffen. Dazu denn unzählbare Arme und Kinder betteln auf eine höchst lästige Weise. [...] Ich habe diese Gruppen aufmerksam betrachtet. Es waren freylich manche Gesichter darunter, mit zweyen von denen ich mich eben nicht allein in der Einöde eines Gebirges oder Waldes finden möchte. Aber außer solchen spitzbübischen Physiognomien waren denn auch viele darunter, die das Ansehn hatten, zu etwas bessern berufen zu seyn, als zu einer solchen ganz unnützen Existenz, und bey denen man nicht umhin kann zu bedauren, daß so viele schöne Kräfte scheinbar ganz verloren gehen, ohne zu nützlicher Würksamkeit zu kommen. Sinnreich ist jeder Italiener und im Durchschnitt ein schärferer Denker und von feinerem Urtheil als die Verwandten anderer Nationen.[6]

Carl Friedrich Benkowitz

Wenn jemand, er sey evangelisch oder katholisch, von Stralsund aus durch die Mitte von Deutschland reiste, und sodann weiter durch die Schweiz und Italien bis Neapel oder Sicilien, so würde er mit einigem Beobachtungsgeiste die unfehlbare Bemerkung machen, daß die Menschen stufenweise schlimmer würden, je weiter er auf seiner Reise käme. In Pommern würde er treuherzige, gute Menschen mit schlichtem Menschenverstande, in den preußischen Staaten würde er höhere Cultur mit List, ganz in dem Süden dieses Landes mit Unredlichkeit vermischt sehen; in den Städten der Schweiz würde er Eigennutz und Mangel an Cultur finden; schon in Verona würde er unter Menschen von niedriger, gewissenloser Denkungsart seyn, und dies würde durch ganz Italien durch alle Nuancen steigen, bis er zuletzt in Rom und Neapel den Abschaum der Menschen, den Gipfel der Verworfenheit fände.[7]

Johann Wolfgang Goethe

In der Abendkühle ging ich spazieren, und befinde mich nun wirklich in einem neuen Lande, in einer ganz fremden Umgebung. Die Menschen leben ein nachlässiges Schlaraffenleben: erstlich haben die Türen keine Schlösser; der Wirt aber versicherte mir, ich könnte ganz ruhig sein, und wenn alles, was ich bei mir hätte, aus Diamanten bestünde; [...]. Durchaus zeigt sich die größte Sorglosigkeit, doch Leben und Geschäftigkeit genug. Den ganzen Tag verführen die Nachbarinnen ein Geschwätz, ein Geschrei, und haben alle zugleich etwas zu tun, etwas zu schaffen. Ich habe noch kein müßiges Weib gesehen.

* * *

In einem Lande, wo man des Tages genießt, besonders aber des Abends sich erfreut, ist es höchst bedeutend, wenn die Nacht einbricht. Dann hört die Arbeit auf, dann kehrt der Spaziergänger zurück, der Vater will seine Tochter wieder zu Hause sehen, der Tag hat ein Ende; doch was Tag sei, wissen wir Kimmerier kaum. In ewigem Nebel und Trübe ist es uns einerlei, ob es Tag oder Nacht ist, denn wieviel Zeit können wir uns unter freiem

Himmel wahrhaftig ergehen und ergötzen? Wie hier die Nacht eintritt, ist der Tag entschieden vorbei, der aus Abend und Morgen bestand, vierundzwanzig Stunden sind verlebt, eine neue Rechnung geht an, die Glocken läuten, der Rosenkranz wird gebetet, mit brennender Lampe tritt die Magd in das Zimmer und spricht: Felicissima notte! Diese Epoche verändert sich mit jeder Jahreszeit, und der Mensch, der hier lebendig lebt, kann nicht irre werden, weil jeder Genuß seines Daseins sich nicht auf die Stunde, sondern auf die Tageszeit bezieht. Zwänge man dem Volke einen deutschen Zeiger auf, so würde man es verwirrt machen, denn der seinige ist innigst mit seiner Natur verwebt.

* * *

Das Volk rührt sich hier sehr lebhaft durcheinander, besonders in einigen Straßen, wo Kaufläden und Handwerksbuden aneinander stoßen, sieht es recht lustig aus. [...] Auf den Plätzen ist es an Markttagen sehr voll, Gemüse und Früchte unübersehlich, Knoblauch und Zwiebeln nach Herzenslust. Übrigens schreien, schäkern und singen sie den ganzen Tag, werfen und balgen sich, jauchzen und lachen unaufhörlich. Die milde Luft, die wohlfeile Nahrung läßt sie leicht leben. Alles, was nur kann, ist unter freiem Himmel. [...] Ein solches Übergefühl des Daseins verleiht ein mildes Klima auch der Armut, und der Schatten eines Volks scheint selbst noch ehrwürdig. Die uns so sehr auffallende Unreinlichkeit und wenige Bequemlichkeit der Häuser entspringt auch daher: Sie sind immer draußen und in ihrer Sorglosigkeit denken sie an nichts.

* * *

Ich habe nun erst die zwei italienischen Städte [Verona und Vicenza] gesehen und mit wenig Menschen gesprochen, aber ich kenne meine Italiener schon gut. Sie sind wie Hofleute, die sich fürs erste Volk in der Welt halten und bei gewissen Vorteilen, die man ihnen nicht leugnen kann, sich's ungestraft und bequem einbilden können. Mir erscheinen die Italiener als eine recht gute Nation.

* * *

Wie moralisch heilsam ist es mir dann auch, unter einem ganz sinnlichen Volke zu leben, über das so viel Redens und Schreibens ist, das jeder Fremde nach dem Maßstabe beurteilt, den er mitbringt. Ich verzeihe jedem, der sie tadelt und schilt; sie stehn zu weit von uns ab, und als Fremder mit ihnen zu verkehren, ist beschwerlich und kostspielig.

* * *

Von der Nation wüßte ich nichts weiter zu sagen, als daß es Naturmenschen sind, die unter Pracht und Würde der Religion und der Künste nicht ein Haar anders sind, als sie in Höhlen und Wäldern auch sein würden.[8]

Heinrich Heine

[...] der Sohn Albions, obgleich er weiße Wäsche trägt und alles bar bezahlt, ist doch ein zivilisierter Barbar, in Vergleichung mit dem Italiener, der vielmehr eine in Barbarei übergehende Zivilisation bekundet. Jener zeigt in seinen Sitten eine zurückgehaltene Roheit, dieser eine ausgelassene Feinheit. Und gar die blassen italienischen Gesichter, in den Augen das leidende Weiß, die Lippen krankhaft zärtlich, wie heimlich vornehm sind sie gegen die steif britischen Gesichter, mit ihrer pöbelhaft roten Gesundheit! Das ganze italienische Volk ist innerlich krank, und kranke Menschen sind immer wahrhaft vornehmer als gesunde; denn nur der kranke Mensch ist ein Mensch, seine Glieder haben eine Leidensgeschichte, sie sind durchgeistet. [...] Der leidende Gesichtsausdruck wird bei den Italienern am sichtbarsten, wenn man mit ihnen vom Unglück ihres Vaterlandes spricht.[9]

* * *

Ich ging zu Fuße, längs den schönen Bergen und Baumgruppen, wo die goldnen Orangen, wie Sterne des Tages, aus dem dunklen Grün hervorleuchteten, und Girlanden von Weinreben, in festlichen Windungen, sich meilenweit hinzogen. Das ganze Land ist dort [bei Lucca] so gartenhaft und geschmückt, wie bei uns die ländlichen Szenen, die auf dem Theater dargestellt werden; auch die Landleute selbst gleichen jenen bunten Gestalten, die uns dann als singende, lächelnde und tanzende Staffage ergötzen. Nirgends Philistergesichter. Und gibt es hier auch Philister, so sind es doch orientalische Orangenphilister und keine plump deutschen Kartoffelphilister. Pittoresk und idealisch wie das Land sind auch die Leute, und dabei trägt jeder Mann einen so individuellen Ausdruck im Gesicht, und weiß in Stellung, Faltenwurf des Mantels, und nötigenfalls in Handhabung des Messers, seine Persönlichkeit geltend zu machen. Dagegen bei uns zulande lauter Menschen mit allgemeinen gleichförmlichen Physiognomien; wenn ihrer zwölf beisammen sind bilden sie ein Dutzend, und wenn einer sie dann angreift rufen sie die Polizei.[10]

Anmerkungen

1 Gotthold Ephraim Lessing, *Tagebuch der italienischen Reise* [1775], in: *Sämtliche Schriften*, Bd. 16, herausgegeben von K. Lachmann und F. Muncker, Leipzig 1902.

2 Christian Joseph Jagemann, *Briefe über Italien*, Weimar 1778–1785.

3 Johann Jakob Wilhelm Heinse, *Von der italiänischen Reise 1780–1783*, in: *Sämtliche Werke*, Bd. 7, herausgegeben von C. Schüddekopf, Leipzig 1909.

4 Friedrich Johann Lorenz Meyer, *Darstellungen aus Italien*, Berlin 1792.

5 Karl Philipp Moritz, *Reisen eines Deutschen in Italien in den Jahren 1786 bis 1788*, Berlin 1793.

6 Heinrich Matthias Marcard, *Reise durch die französische Schweitz und Italien*, Hamburg 1799.

7 Carl Friedrich Benkowitz, *Reise von Glogau nach Sorrent*, Berlin 1803–1804.

8 Johann Wolfgang Goethe, *Italienische Reise I–II*, Stuttgart und Tübingen 1816–1817.

9 Heinrich Heine, *Reise von München nach Genua*, Hamburg 1830.

10 ders., *Die Stadt Lucca*, Hamburg 1831.

Franco Sepe

Mein Zuhause sind die Wörter

Ein Gespräch mit Fabrizia Ramondino

Zibaldone Ein erster Eindruck, den deine Bücher vermitteln, ist der einer Unmenge von kleineren Figuren, denen sich der Leser gegenübersieht. Außergewöhnlich an diesen Figuren ist, daß sie mit der gleichen Würde wie die Hauptpersonen ausgestattet sind, es handelt sich bei ihnen also nicht um einfache Komparsen, sondern sie sind wichtige Bestandteile einer Geschichte oder einer Stadt. Wie kamst du darauf, deine Werke mit so vielen Nebenfiguren wie auch kleinen Geschichten auszustatten?

Ramondino Ein Schriftsteller empfindet eigentlich immer zuerst den Drang, etwas zu schaffen, und das Nachdenken über das Geschaffene folgt dann später. A posteriori kann ich sagen, daß diese Vielzahl von Figuren zwei Ursachen haben kann. Zum einen gibt es da den ständigen Wechsel von Ländern, Städten und Häusern, zwischen Stadt und Land, Reichtum und Armut, dem Leben in der Welt der Dienstboten und Bauern und dem in der großbürgerlichen Welt der frühen Kindheit. Ein Kind kann das alles wie eine Art »Tausendundeine Nacht« erleben. Zum anderen entsteht diese Haltung auch aus dem Wissen, daß sich jeder von uns durch seine Beziehung zu den anderen definiert. Wenn mich heute jemand fragte, wie einmal Pina Bausch meine Tochter gefragt hat, »Was bist du für ein Mensch?«, würde mir die Antwort sehr schwerfallen.

Einen großen Einfluß hatten daneben, glaube ich, auch die Erfahrungen, die ich in der Zeit von Anfang der sechziger Jahre bis 1968/69 machte, mit all den sozialen und gemeinschaftlichen Projekten in den Altstadtgassen von Neapel. Damals hatten wir unter anderem schon einen Kindergarten gegründet, der sich später wohl »alternativ« genannt hätte, in dem wir die Methode von Alexander Sutherland Neill anwandten, oder eine Abendschule für Analphabeten und Arbeiter. Dann spielt auch die politische Entwicklung bis Mitte der siebziger Jahre eine Rolle, die von einigen in den Gruppierungen der neuen Linken in jakobinisch-leninistischem Sinne erlebt wurde, die andere aber auch als gemeinschaftliche Entwicklung auffaßten.

Zu guter Letzt, um wieder auf die Kindheit zurückzukommen, liegt es vielleicht auch daran, daß ich selbst, obwohl mein Vater schon sehr früh starb, in einer Großfamilie mit sehr vielen Tanten, Onkeln, Cousinen und Cousins aufgewachsen bin.

Zibaldone Diese so authentischen, von keinem populistischen Klischee belasteten Figuren kehren also in deinen Büchern immer wieder, da sie aus deiner eigenen Lebenserfahrung entstanden sind?

Ramondino Ja, ich wollte zum Beispiel daran erinnern, daß ich in meiner frühen Kindheit auf Mallorca zwei Mütter – meine Mutter und das Kindermädchen – und zwei Sprachen – das Italienische und das Katalanische – hatte.

Zibaldone Vielleicht hat dir dieses Leben zwischen zwei Sprachen und zwei Kulturen ja auch später geholfen, eine Stadt wie Neapel besser zu verstehen.

Ramondino Ich habe ein Buch geschrieben, *Dadapolis* [1], das wie ein Spiel ist und für das ich mit Andreas F. Müller Ansichten von Intellektuellen und Reisenden über Neapel gesammelt und geordnet habe. Da war es nötig, die Stadt sehr gut zu kennen. Beim Schreiben der Romane dagegen würde ich sagen, daß für mich die in Spanien gesammelten Erfahrungen nicht mehr Gewicht hatten als die, die ich in Frankreich oder Deutschland machte. Die Wahl, in meinen Büchern vor allem über Neapel zu sprechen, habe ich getroffen, weil Neapel in meiner Kindheit die Stadt war, in die wir nach jedem Schiffbruch zurückkehrten. Einem Kapitel meines ersten Romanes *Althénopis* [2] habe ich einen Satz aus *Tausendundeine Nacht* vorangestellt: »Allah warf mich an Land, um mich für weitere Schiffbrüche zu erhalten«. Neapel ist jedenfalls die Stadt, die ich seit 1960 nach langem Umherziehen zu meiner Stadt gemacht habe. Und es ist die Stadt, die mich gerettet hat, denn ich hatte damals eine jener Krankheiten, die man früher »nervöse« Leiden nannte. Die Arbeit mit den Kindern der Altstadt hat mich gerettet. Offiziell war ich ihre Erzieherin, doch tatsächlich waren sie es, die mich in jeder Hinsicht erzogen haben. Ich glaube, daß diese Kinder im Alter zwischen drei und sechs Jahren sogar zu meiner sexuellen Erziehung beigetragen haben.

Zibaldone Also verkörpert Pio Pia, das Mädchen aus deinem Roman *Un giorno e mezzo*[3] nicht nur dich selbst oder deine Tochter, sondern auch eines dieser Kinder, mit denen du gearbeitet hast.

Ramondino Ein Schriftsteller gestaltet seine Figuren oder Orte auf ganz ähnliche Weise, wie es bei Träumen der Fall ist. Im Traum können Personen vorkommen, die die Züge verschiedener Menschen aus deinem Leben tragen...

Zibaldone ...die Verdichtung...

Ramondino Ja, die Verdichtung beispielsweise. In diesem Sinne sind solche Figuren also autobiographisch, aber sie sind es auch wiederum nicht. Jede kreative Arbeit kann gar nicht anders als auch autobiographisch sein, denn jeder kreativ tätige Mensch lebt in einer bestimmten Zeit, an einem bestimmten Ort, in einer bestimmten sprachlichen Wirklichkeit und hat ein bestimmtes Geschlecht. All diese Faktoren können gar nicht ohne Einfluß bleiben, doch gleichzeitig ist man auch unabhängig von ihnen. Selbst bei Schriftstellern, die *kaum* autobiographisch schreiben, ist das autobiographische Element immer zu finden. Es gibt ein schönes Bild des Malers Paul Klee für den kreativen Prozeß. Es ist das des Baumes: die Wurzeln sind sozusagen der Stoff der Erzählung und auch des Lebens; der Stamm, das bist du, das Medium; die Krone schließlich ist das Werk.

Ich würde überhaupt nicht so sehr von Autobiographie sprechen, sondern vielmehr, wie schon zuvor gesagt, von Beziehung. Sagen wir einfach, je stärker die Beziehung eines Schriftstellers zu sich selbst ist, desto universeller ist seine Erfahrung. Auf gleiche Weise ist das, was er schreibt, um so universeller und der autobiographische Aspekt damit von um so geringerer Bedeutung, je stärker es mit seiner eigenen Erfahrung verknüpft ist. Die Arbeit eines Engländers über Proust, die versucht, Orte und Personen der *Recherche* in die Realität zurückzuverfolgen, erscheint mir wesentlich weniger interessant als die Erinnerungen von Céleste Albaret, dem Hausmädchen von Proust. Oder weiter: die wenigen Romane, die Balzac über die Welt der Bauern geschrieben hat, gehören zu seinen weniger gelungenen, weil er diese Welt nicht kannte.

Zibaldone Nach einem zweiten Buch über die Erinnerung, *Storie di patio*[4] hast du mit *Un giorno e mezzo* wie nur wenige Schriftsteller der achtziger Jahre ein recht brisantes Thema aufgegriffen. Hinter diesem Roman und deiner literarischen Arbeit überhaupt steht die politische Erfahrung, aus der unter anderem auch die Untersuchung *Napoli, i disoccupati organizzati. I protagonisti raccontano*[5] entstand. Wie kam es, daß du dich – in einem literarischen Umfeld, das das nicht für notwendig hielt – dafür entschieden hast, über diese Dinge zu sprechen?

Ramondino Es geschah so, daß Goffredo Fofi, der die Zeitschrift *Linea d'ombra* herausgibt und mit dem ich sehr befreundet bin, direkt nach dem Erdbeben nach Neapel kam, um meinen ersten Roman vorzustellen. Bei diesem Anlaß sagte er, und er schrieb es auch später in einem Artikel, er hoffe, früher oder später würde jemand von der Erfahrung der neuen Linken, der radikalen Linken der sechziger und siebziger Jahre, erzählen. Damals erschien mir das absurd. Doch es hat in mir gearbeitet. Und dann mietete ich in diesen Jahren, nachdem mein Haus vom Erdbeben zerstört worden war und mein Bruder mich im Winter großzügig und liebevoll aufnahm, im Sommer häufig ein altes Bauernhaus oben an der amalfitanischen Küste, wo man sehr viel klettern muß, ein wunderschönes Haus für mich, doch auch sehr primitiv, an einem unberührten, wilden Ort, an dem ich lange Monate verbrachte. Unterhalb des Hauses war eine Klippe, von der aus man den Blick schweifen lassen konnte und die Inseln, manchmal auch Capri, und wie hinter vielen Bühnenvorhängen die ganze Küste, die Campanella-Spitze sah. Neapel schien sehr weit entfernt, auch die Vergangenheit schien sehr weit entrückt, und eines Tages fühlte ich, daß die politische Erfahrung genausoweit entfernt war. Diese Entfernung, dieser Abstand hat es mir erst möglich gemacht, darüber zu sprechen, und so habe ich meinen Roman dann auch dort begonnen.

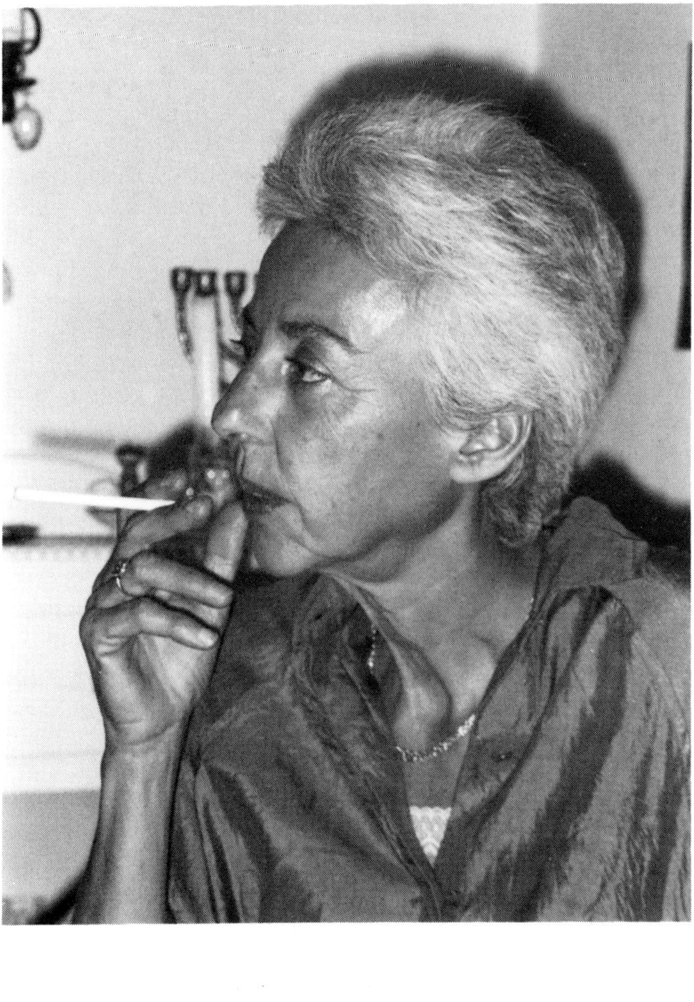

Fabrizia Ramondino

Zibaldone Erinnertest du dich denn bis ins Detail an die politischen Versammlungen und die Diskussionen, die dort begannen?

Ramondino Um viele Teile, die politischen Teile des Romanes, zu schreiben, mußte ich erneut recherchieren. Ich habe Hunderte von Dokumenten und Flugblättern, die ich mir zum Teil bei Freunden besorgte, und auch die Werke von Lenin wieder gelesen.

Zibaldone Was hast du denn bei der Arbeit an diesem Thema empfunden? Fühltest du dich, mutig wie du warst, durch deine als Schriftstellerin gesammelten Erfahrungen autorisiert, oder hattest du Bedenken, der gemeinschaftlichen Erfahrung Schaden zufügen zu können?

Ramondino Es gab mehrere Fassungen des Romanes, und die größte Gefahr wären Auslassungen gewesen. Eine politische Versammlung aus literarischer Sicht zu beschreiben ist außerdem nicht gerade leicht. Ich wollte vor allem die Atmosphäre wiedergeben, die dort herrschte.

Zibaldone Mich beeindrucken in einem Roman wie diesem das philologische und mythologische Interesse und dabei besonders solche Aspekte, die gewöhnlich nicht in der ernsthaften Literatur vorkommen, wie die Aufzählung der Figuren aus *Un giorno e mezzo* in Form eines Horoskopes...

Ramondino ...Dabei handelt es sich um ein Spiel.

Zibaldone Sicher, doch auch im Spiel, das in der Literatur nicht unwichtig ist, scheint mir eine kulturelle Bedeutung zu liegen, eine Art, in toto alle Elemente zu benutzen, die die komplexe Architektur eines Universums ausmachen, das du mit all seinen Nuancen und noch so entfernten Symbolen zu erzählen weißt.

Ramondino Ja, das ist wahr, aber es ist fast noch nie jemandem aufgefallen. In dem Wohnzimmer, das ich in *Althénopis* beschreibe, gab es ein Theater, ohne daß es wirklich dort war, es gab die *Idee* der Stühle, es herrschte eine doppelte Symmetrie. An einer bestimmten Stelle spreche ich von »Abstraktion«. Was bedeutet das nun für den gewöhnlichen Leser? Nichts – während es für mich ein von Marx geprägter Begriff ist, der gleichzeitig sehr gut dort hineinpaßt, wo er steht.

Zibaldone Welche Bedeutung hat für dich *Dadapolis*, ein Buch, das aus den Ansichten von Reisenden über Neapel besteht?

Ramondino Für mich ist *Dadapolis* das Gegenstück zu meinem Band über die organisierten Arbeitslosen von 1977 – das man nebenbei nie in den Klappentexten meiner anderen Bücher erwähnen wollte, vielleicht weil es nicht passend ist, wenn sich ein Schriftsteller mit Arbeitslosen beschäftigt hat. Es gab tatsächlich eine Zeit, in der Arbeitslosigkeit ein Tabu war.

Hier geht es also um das Neapel des Subproletariates, der Reservearmee der Arbeitslosen im Kampf. *Dadapolis* zeigt dagegen das Neapel der Reisenden, Literaten und Philosophen, der gebildeten Schicht.

Zibaldone Erst 1981 gabst du dein Debüt als Erzählerin, doch dein ausgefeilt literarischer Stil läßt auf lange Jahre des Lernens schließen.

Ramondino So ist es. Ich habe mit sechzehn oder siebzehn Jahren angefangen zu schreiben, und mit neunzehn Jahren hatte ich schon Virgilio Lillo, einem italienischen Maler und Journalisten, einen Roman zu lesen gegeben. Er sagte mir damals, es sei ein sehr literarisches Werk, im negativen Sinne natürlich, und noch sehr unreif. Geschrieben habe ich ständig bis 1966, bis kurz vor der Geburt meiner Tochter in Mailand, ein Jahr nach dem Tode meiner Mutter. Ich war in jenem Jahr mit einer Arbeit beschäftigt, die später zum letzten Teil von *Althénopis* wurde. Die einzige Zeit, in der ich nicht schrieb, waren die Jahre von der Geburt meiner Tochter bis 1977. Viele glaubten damals, ich würde wegen meiner politischen Arbeit nicht mehr schreiben. Tatsächlich aber war mein soziales Engagement von 1960 bis 1966 wesentlich stärker. Ich glaube, es lag daran, daß ich eine Tochter hatte, eine für mich ganz wesentliche Erfahrung. Ein Kind ist schließlich auch ein Werk, das selbständig wird.

Zibaldone Und danach konntest du dann ganz ohne Schwierigkeiten wieder mit dem Schreiben beginnen?

Ramondino Damals unterrichtete ich Französisch an einer staatlichen technischen Oberschule und befand mich, genau wie 1960, in einer tiefen psychischen Krise. Es ging mir schlecht, ich trank viel, und in der Schule mußte ich vertreten werden. Einmal träumte ich, daß ich in eine Kirche ging, um meine Großmutter zu suchen. Dort traf ich zwei alte unverheiratete Tanten, Cousinen meiner Mutter, die ich fragte: »Wo ist Großmutter?«, und sie antworteten: »Wie, du weißt nicht, wo Großmutter ist? Sie vertritt dich doch in der Schule.« So ging ich sehr besorgt zur Schule, denn in jenen Tagen flirteten die Schüler mit dem bewaffneten Kampf. Für manche wurde daraus leider später eine Ehe. Atemlos erreichte ich das Schultor und sah meine Großmutter, so, wie ich sie in *Althénopis* beschreibe, wie sie mit den Anführern der italienischen Autonomen sprach, die ihr aufmerksam zuhörten. Ich war ziemlich überrascht, und Großmutter sah mich und sagte zu mir: »Was tust du hier? Ich vertrete dich, also geh nach Hause und schreibe, erzähle.« Ich sollte tun, was sie in ihrer Jugend gerne getan hätte. Kurz nachdem ich diesen Traum hatte, begann ich mit dem Kapitel »Die Großmutter«.

Zibaldone Dein letztes Buch, *Star di casa*[6], das vor wenigen Monaten in Italien erschienen ist, vertieft noch einmal die Orte und Motive, die dir am meisten bedeuten.

Ramondino Ja, es handelt sich um drei Erzählungen oder *Meditationen*, wie es im Klappentext heißt. Die erste und längste Geschichte trägt den Namen *Star di casa* und beginnt mit einigen Zeilen aus Rilkes *Duineser Elegien*: »[...] und die findigen Tiere merken es schon, daß wir nicht sehr verläßlich zu Haus sind in der gedeuteten Welt.« Mir fällt es schwer, mich in der Welt zu Hause zu fühlen, sei es in Neapel oder an irgendeinem anderen Ort. Mein Zuhause sind die Wörter, durch die ich meine Schwierigkeit, mich in der Welt zu Hause zu fühlen, also meine Erfahrungen, erneut durchlebe.

In einem weiteren Text über den neapolitanischen Salon wird der Salon von etwa 1910–1915, den die neapolitanische Schriftstellerin Clotilde Marghieri beschrieb, mit dem verglichen, den ich in *Althénopis* beschreibe, alles im Rahmen einer weder rein linguistischen noch rein soziologischen Analyse der beiden Epochen.

Der dritte Text stützt sich noch einmal auf die Figur der Großmutter und auf ein luxuriöses mediterranes Bauernhaus, in dem man den Urlaub verbrachte.

Zibaldone Dein *Taccuino tedesco*[7] wird demnächst in deutscher Übersetzung erscheinen. Wird diese Ausgabe der italienischen entsprechen, oder gibt es Ergänzungen?

Ramondino Im Unterschied zur italienischen Ausgabe, die aus zwei Teilen besteht, in denen ich von meinen Erfahrungen spreche, die ich in den fünfziger und in den sechziger Jahren in Deutschland gemacht habe, wird die deutsche Ausgabe auch einen dritten Teil über das Deutschland der neunziger Jahre nach dem Fall der Mauer enthalten. Für diejenigen, die wie ich zur radikalen Linken der sechziger und siebziger Jahre gehörten, bedeutete dieses Ereignis einen Moment der Reflexion, und das bedeutet es auch heute noch.

Zibaldone Unter den italienischen Schriftstellerinnen wirst du häufig zusammen mit Elsa Morante und Natalia Ginzburg genannt. Fühlst du dich zu Hause in dieser Tradition der weiblichen Literatur in Italien, oder hast du Vorbehalte?

Ramondino In Italien gibt es eine Mode und ein Vorurteil, als deren Opfer ich mich in gewisser Weise fühle, die aber auch unzweifelhafte Vorteile mit sich bringen. Die Mode ist die des weiblichen Schreibens. Für mich hat das Schreiben kein Geschlecht. Wir sind Menschen. Natürlich zeigt sich das Geschlecht auch in der Schriftstellerei, und man kann erkennen, ob der Schriftsteller männlich oder weiblich ist. Ich fühle mich als italienischer Schriftsteller und nicht als Teil einer Tradition weiblichen Schreibens. Genauso ist es ein Vorurteil, einen Schriftsteller wie Raffaele La Capria oder mich zu den neapolitanischen Schriftstellern zu zählen, während es niemandem im Traume einfallen würde, Volponi als Schriftsteller aus Urbino zu bezeichnen, obwohl er über diese Stadt schreibt.

Berlin, Juli 1991 *Übersetzung: Heike Botermann*

Anmerkungen

1 Fabrizia Ramondino, *Dadapolis*, Turin 1989; dt.: *Neapel*, Zürich 1991.
2 dies., *Althénopis*, Turin 1981; dt.: *Althénopis. Kosmos der Kindheit*, Zürich 1986.
3 dies., *Un giorno e mezzo*, Turin 1983; dt.: *Ein Tag und ein halber*, Zürich 1989.
4 dies., *Storie di patio*, Turin 1983; dt.: *Die Vögel des Narcis*, Zürich 1987.
5 dies., *Napoli i disoccupati organizzati. I protagonisti racontano* [*Neapel, die organisierten Arbeitslosen. Die Hauptpersonen erzählen*], Mailand 1977.
6 dies., *Star di casa* [*Zu Hause sein*], Mailand 1991.
7 dies., *Taccuino tedesco* [*Deutsches Notizbuch*], Mailand 1987.

Valentina Giuliani

Vom »Tod der Literatur« zur Wiedergeburt der Poesie

Die italienische Lyrik der siebziger und achtziger Jahre

Die italienische Poesie befand sich in den letzten Jahren in einer sehr schwierigen Lage. Nachdem man der Literatur und insbesondere der Lyrik ihr Existenzrecht radikal bestritten hatte, weil man sie für ungeeignet hielt, die Wirklichkeit zu verändern und zu revolutionieren, gelang es der Dichtung nur langsam und schleppend, sich von diesem »Gemetzel« (Walter Pedullà sprach von der »Schmach der Literatur« und Geno Pampaloni betitelte einen Artikel ironisch mit »Er ist ein Poet, verzeiht ihm!«[1]) wieder zu erholen. Ihr Grundproblem bestand darin, sich neu zu definieren und neu zu begründen.

Das Jahr 1968 hatte nicht nur das Ende der bereits vorher nicht mehr sehr lebenskräftigen *Gruppe 63* mit sich gebracht, sondern den Tod der Kunst überhaupt besiegelt. Auf die »Literatur der Verweigerung« folgte, um ein gelungenes Wortspiel wieder aufzugreifen, die »Verweigerung der Literatur«.[2]

Anfang der siebziger Jahre standen viele Dichter vor der Schwierigkeit, ihre Identität definieren, ihre eigene Rolle und ihr dichterisches Wirken rechtfertigen zu müssen. Aus diesem Grunde entstanden eine Fülle sehr heterogener Entwürfe, die die Funktion und das Existenzrecht der Poesie begründen sollten. Die Ende der sechziger Jahre initiierten Zeitschriften – man denke nur an Organe wie *Che fare* und *Quindici* – wurden zum bevorzugten Ort solcher Reflexion. Die Dichter selber veröffentlichten ihre Lyrik in halboffiziellen Ausgaben oder in kleinen Selbstverlagen. Die Kanäle der Massenkommunikation blieben ihnen verschlossen, weil man dort noch immer Mißtrauen gegen die Poesie der neuen Generation hegte.

Die Situation entspannte sich erst 1971 mit der Veröffentlichung von drei Werken, nämlich *Satura* (Mailand 1971; dt.:

München 1976) von Eugenio Montale, der nach einer längeren Pause wieder zu schreiben begann, mit *Invettive e licenze* [*Polemiken und Freiheiten*] von Dario Bellezza und mit *Vogliamo tutto* [*Wir wollen Alles*] von Nanni Balestrini, drei »strategischen Meilensteinen im Kampf gegen die Sprachlosigkeit«[3]. Von da an beschleunigte sich der Rhythmus der poetischen Produktion erheblich. In den siebziger Jahren veröffentlichten die Verlage von Geiger über Lacaita bis zu den Quaderni della Fenice und Guanda neue Lyrikreihen, und die dichterischen Erzeugnisse bekannter und weniger bekannter Autoren der jüngeren Generation nahmen so sprunghaft zu, daß Lautréamonts großzügige Prophezeiung »Wir sind alle Dichter« Konjunktur zu haben schien. »Auf den Notstand folgte die Maßlosigkeit, auf die extreme Behauptung, es gäbe keine Kunst mehr, wie sie in den Jahren nach '68 in Mode war, folgte die aufgeweichte und nichtssagende Vorstellung, Kunst sei schlechterdings für alle da. Der ganze Bereich hat sich so erweitert und ausgedehnt, daß seine Konturen im Unbestimmten zerfließen. [...] Wir stehen vor einem riesigen Papierfriedhof.«[4]

Neue Zeitschriften entstanden, wie die von Andriano Spatola und Giulia Niccolai herausgegebene Vierteljahresschrift *Tam-Tam* (1971), die »einfach zur Poesie und nur zur Poesie« zurückkehren wollte, oder die Zeitschrift *Altri Termini* (1972), in der Beiträge unterschiedlicher poetischer Richtung nebeneinander existieren konnten. Das Spektrum reichte von G. Conte, der in der Literatur die einzige Stimme sah, die nicht die Sprache des Kapitals sprach, bis zu R. Esposito, der die Poesie zugunsten der politischen Praxis verwarf. Der Konflikt zwischen einer engagierten Lyrik, die die politische und soziale Realität Italiens aufmerksam verfolgte, und einer Poesie, die sich selbstgefällig in ihrem eigenen Narzißmus verschloß, war also keineswegs beigelegt. Er entwickelte sich sogar später weiter, als in Florenz um die Zeitschriften *Colletivo R*, *Salvo Imprevisti* und *Quasi* eine neue Richtung der engagierten Lyrik entstand, während andere, die sich der von Milo de Angelis herausgegebenen Mailänder Zeitschrift *Niebo* als Sprachrohr bedienten, die Idee einer politisch und sozial engagierten Lyrik grundsätzlich ablehnten. Aus einer Reihe von Diskussionsrunden über Poesie entstanden, wurde *Niebo*

(1976–1979) zu einer der interessantesten Zeitschriften der siebziger Jahre. Die dort angestellten theoretischen Überlegungen gingen von zwei festen Voraussetzungen aus: der Weigerung, Dichtung zu definieren, denn dies hätte das Ende der Poesie bedeutet, und der Überzeugung, daß der Übergang zwischen Prosa und Lyrik fließend und nicht genau abgrenzbar sei.

Ein Bild, auf das man in den siebziger Jahren immer wieder zurückgriff, um den Zustand der Poesie zu bestimmen, ist das des »zerbrochenen Sterns«, womit man verdeutlichen wollte, daß es zahlreiche literarische Einzelerscheinungen und eine Fülle teilweise einander widersprechender poetischer Richtungen gab. Der Wunsch, die Werke der neuen Dichter einem breiteren Publikum zugänglich zu machen und zugleich die Unmöglichkeit, sie festen poetischen Tendenzen und Richtungen zuzuordnen, begünstigte die Entstehung von Anthologien, die dazu gedacht waren, die verwirrende Fülle des Vorhandenen zu entwirren und eine Auswahl zu treffen.[5] Von einer babylonischen Sprachverwirrung in der Poesie sprach 1972 der Kritiker Marco Forti, und noch zu Beginn der achtziger Jahre polemisierte Maurizio Cucchi in der Zeitschrift *L'ozio letterario* gegen eine neue Welle von Verseschreibern, die nicht zur Erweiterung des Lesepublikums beigetragen habe. Statt von einem Boom der Poesie müsse man von einem Boom der Poeten sprechen, meinte G. Finzi, denn einer überreichen Lyrikproduktion entspreche eine geringe Nachfrage auf dem Buchmarkt.[6] Dieser Widerspruch zwischen der großen Anzahl derer, die Gedichte schreiben und dem fehlenden Lesepublikum fällt in der Tat ins Auge, wenn man sich die qualitativ hochwertige Lyrikproduktion der letzten Jahre ansieht. »Die neueste Dichtung ist ein Eisberg ohne Spitze«[7], schreibt Francesco Paolo Memmo und betont, es fehle an charismatischen Figuren, an Meistern, die in der kulturellen und literarischen Szene sinnvolle Akzente setzen und als Bezugspunkte dienen könnten.

Von großer Bedeutung für die Autoren der jungen Generation war zweifellos die Auseinandersetzung mit der *Gruppe 63* und der Neoavantgarde, deren Erbe in der experimentellen Lyrik von Autoren wie Cesare Ruffato, Adriano Spatola, Nanni Cagnone oder Cesare Viviani ebenso greifbar ist wie in der konkreten oder visuellen Poesie und in der Tendenz, mit den Codes der Alltagskommunikation zu brechen, um die Ausdrucksmöglichkeiten einer immer stärker manipulierten Sprache zu erweitern.[8]

Das Experimentieren dient heute nicht mehr dazu, den Leser zu traumatisieren und zu schockieren, wie das noch in den sechziger Jahren der Fall war, als die Suche nach einer alternativen Sprache mit der Ablehnung der bürgerlichen Gesellschaft und ihrer Institutionen einhergegangen war.[9] Es verstärkt sich gegenwärtig eher deshalb, weil man bemüht ist, »die Tiefen des poetischen Wortes zu ergründen«. Die Mitglieder der avantgardistischen Gruppe *I Novissimi* hatten vor allem gegen den Hermetismus und teilweise auch gegen den Neorealismus polemisiert, die jüngste experimentelle Poesie ist dagegen bereits »nach der Sintflut« entstanden, »auf einem Trümmerfeld«[10] und verfügt über jede nur denkbare stilistische Freiheit und Möglichkeit[11].

Ende der siebziger Jahre setzte eine zunehmende Entpolitisierung der Poesie und der Literatur ein. Auch Zeitschriften, die sich früher engagiert hatten, bezogen nun nuanciertere Positionen und begannen sich vom politischen Kampf zu distanzieren. *Salvo Imprevisti* zum Beispiel nahm mit seiner 13. Nummer (Januar–April 1978) definitiv Abschied von nunmehr bereits entfernten Erinnerungen an 1968, *Collettivo R* dagegen entdeckte 1977 tiefgreifende Veränderungen in der italienischen Kulturlandschaft seit den Zeiten des heißen Herbstes und beobachtete die Entstehung von einer Art »Wiener Kongreß der traditionellen Schriftsteller«[12], bei gleichzeitigem Verschwinden der verschiedenen umstürzlerischen Gruppen, die zu Beginn der siebziger Jahre aktiv gewesen waren.

Die neuen Lyrikzeitschriften, die Anfang der achtziger Jahre aus dem Boden schossen, wie zum Beispiel *Braci*, *Discorso diretto* oder *Anterem*, sind in der Mehrzahl Zeitschriften, die Prosatexte publizieren und so »die Endphase in der Geschichte der siebziger Jahre einläuten, die sich dadurch auszeichnet, daß der Primat der politischen Ideologie allmählich durch den der Texte ersetzt wurde«[13].

Neu ist aber nicht nur der Ansatz dieser Zeitschriften, sondern auch der Typus von Literaturkritik, der in ihnen betrieben wird.

Man ist bemüht, das soziale und politische Umfeld der Poesie weitgehend auszuklammern, jeden Hinweis auf außerliterarische Bezüge zu vermeiden und die Besonderheit des poetischen Textes vom heterogenen Bereich geschichtlicher Fakten abzugrenzen.

Die 1980 veröffentlichte Untersuchung von S. Batisti und M. Bettarini mit dem Titel *Chi è il poeta?* [*Wer ist der Dichter?*] läßt das neue Verständnis von Poesie und die besonderen Aufgaben erkennen, die die neue Generation sich nach dem Zusammenbruch der Ideologien der 68er Bewegung vorgenommen hat, die Aufgabe nämlich, Tag für Tag und Wort für Wort gegen die Gefahren der Inauthentizität und der Resignation im Namen der Lust an der Poesie zu kämpfen.

Auf das Schweigen der Poesie reagierte die gesamte jüngere Dichtergeneration mit dem dringenden Wunsch, sich auszudrücken, ohne sich dabei um die Bedeutung ihrer Botschaft sorgen zu müssen. »Die Poesie, vom Alptraum der Bedeutung befreit«[14], befindet sich »im Zustand der Anmut ohne Zweck [...] und genießt das Glück der unmöglichen Anspielung«[15], liest man im Vorwort zu der Anthologie *La parola innamorata* [*Die verliebte Sprache*]. Die Dichtung wird zu einem »Akt vernünftigen Vergnügens in einer Welt zweckrationalen Handelns, sie dient keinem Ziel und lebt ganz aus sich selbst«[16]. Sie sucht eine andere, der Abnutzung durch die Zeit weniger ausgesetzte Form der Kommunikation (P. Badini): Als Alternative zur positivistischen Sprache der Wirtschaft und der Logik vermag sie in einer verschwenderischen Welt, die vor allem Raubbau an der Sprache betreibt (M. Cucchi), »Bruchstücke einer noch nicht gänzlich verschütteten Authentizität wieder zutage zu fördern«[17].

Das Vertrauen in die Poesie formulieren nachdrücklich einige Zeilen Fabio Doplichers aus dem Gedichtband *I giorni dell'esilio* [*Die Tage des Exils*]. Dort heißt es:

> *La parola,*
> *oggi prefabbricata, inquinata, ridotta entro canali significativi*
> *prefissati, resta sempre una pianta del deserto,*
> *capace di rinascere alla prima pioggia.*[18]

Die Poesie,
heutzutage verseucht, beschränkt auf vorgefertigte Bedeutungskanäle,
bleibt immer eine Wüstenpflanze
beim ersten Regen lebt sie wieder auf.[19]

Den Versuchen einer Resemantisierung der poetischen Sprache sind auch die Texte Mario Baudinos zuzuordnen. Im Gegensatz zur Neoavantgarde, die das Wort vor allem als Demonstrationsobjekt benutzt habe, fordert er von einem »Neoromantiker, der sich dem Hermetismus der dritten Generation verbunden fühlt« (so seine Selbstcharakterisierung), er müsse das Wort von abgewetzten und verschlissenen Kleidern befreien und ihm die Möglichkeit zurückgeben, betroffen zu machen und zu überzeugen.

Sein Schreiben ist eine Herausforderung an das Schweigen, oder vielmehr, es will in diesem Schweigen und in der offensichtlichen Vernichtung aller Werte die Schönheit des Lebens wiederfinden.

Die Lyrik Valerio Magrellis ist eine einzige Reflexion über Poesie und poetische Sprache:

dieci poesie scritte in un mese
non è molto anche se questa sarebbe l'undicesima.
Neanche i temi poi sono diversi
anzi c'è un solo tema
ed ha per tema il tema come adesso.[20]

Zehn Gedichte in einem Monat zu schreiben
ist nicht viel, auch wenn dies das elfte wäre.
Auch die Themen unterscheiden sich nicht sehr
im Gegenteil, es gibt nur ein einziges Thema
und das handelt vom Thema, wie jetzt.

Es hat den Anschein, als könne man gegenwärtig nichts anderes zu Papier bringen als Reflexionen über das Schreiben, so als »habe sich zwischen dem Eindruck und der geschriebenen Seite ein Gefühl des Schwindels eingestellt«[21].

C'è silenzio tra una pagina e l'altra
la lunga distesa della terra fino al bosco.[22]

Zwischen einer Seite und der nächsten
liegt Schweigen, die lange Ausdehnung der Erde bis zum Wald.

Die Versuchung der Sprachlosigkeit besteht weiter. Magrellis Texte schwanken ständig zwischen Gesagtem und Ungesagtem. Die Worte laden sich mit Bedeutung auf, zögern, vibrieren »wie angehaltene Noten auf der Tastatur /die das Stakkato durchlaufen /und durchhalten bis es verstummt«[23].

Das Wissen um die Krise des Schreibens führt aber nicht zum endgültigen Verzicht, zur weißen Seite. Das Wort setzt sich gegen das Schweigen durch. Es markiert einen Aufbruch zur Eroberung eines Fixpunktes im Wirbel der Erscheinungen »zwischen verwirrten Zeichen und der Unordnung des Himmels«. Und so werden die Gedichte zum Schutzschild, zum Schützengraben, zum Periskop, zur Schießscharte, zu einem Vorposten für die Beobachtung der Wirklichkeit, die den Autor umgibt, und zugleich zu einem gefährlichen Instrument der Gefangenschaft:

Io resto prigioniero mentre
tra me e il cielo della carta
continueranno a scorrere
le sbarre dell'inchiostro
...
Su questo foglio ingenuamente si mima
la muta segregazione dello spirito.[24]

Ich bleibe ein Gefangener
zwischen mir und dem Papierhimmel
verlaufen weiter
die Gitterstäbe der Tinte
...
Auf diesem Blatt wird unschuldig
die stumme Abgeschlossenheit des Geistes in Szene gesetzt.[25]

Anmerkungen

1 F. P. Memmo, »Aspetti della poesia italiana dopo il 68«, in: *Quinta Generazione*, V, 1977, 33–34, S. 7.

2 G. Feretti, *La letteratura del rifiuto e altri saggi*, Mailand, Mursia, 1981.

3 *Il pubblico della poesia*, herausgegeben von A. Berardinelli und F. Cordelli, Lerici, Cosenza 1975, S. 13.

4 F. Cavallo, *Coscienza ed evanescenza: Antologia di poeti degli anni 80*, Soc. Ed. Napoletana, Neapel 1986, S. 5/6.

5 1975 machten A. Berardinelli und F. Cordelli den Anfang mit *Il pubblico della poesia*, einer Anthologie neuer Dichter, die nach '68 zu schreiben begannen, 1978 gaben dann G. Pontiggia und E. Di Mauro *La parola innamorata* heraus, und ein Jahr später erschien *Poesia degli anni 70* von A. Porta. In den achtziger Jahren kamen weitere Anthologien auf den Markt. Genannt seien hier nur einige der wichtigsten, wie *La poesia italiana oggi*, herausgegeben von M. Lunella, Newton Compton, Rom 1981; *Poeti italiani del 900*, herausgegeben von P. V. Mengaldo, Mondadori, Mailand 1981; *Folia sine nomine. Il nome taciuto*, herausgegeben von C. Ruffato und L. Troisio, Seledizioni, Bologna 1981.

6 Vgl. *Il pubblico della poesia*, a. a. O.; A Barbuto, *Da Narciso a Castelporziano, poesia diffusa, editoria, oralità*, herausgegeben von U. Piersanti und F. Doplicher, Shakespeare and Company, Brescia 1982.

7 F. P. Memmo, »Aspetti della poesia italiana dopo il 68«, a. a. O., S. 12.

8 Barilli ist davon überzeugt, daß innerhalb des gewohnten Satzbaus keinerlei grundlegende Neuerung möglich sei und man deshalb mit dem Wort arbeiten müsse (Barilli spricht in diesem Zusammenhang von einer »intraverbalen Suche«), an dem man Brüche und Segmentierungen vornimmt mit »nach und nach immer wagemutigeren Eingriffen [...] seine Silben skandiert, einzelne Phoneme isoliert, bis man schließlich die Schwelle der sprachlichen Zugehörigkeit, diese letzte Grenze der Konventionalität, überschreitet und die Präsenz des Buchstaben [...] erkennbar wird«. R. Barilli, *Viaggio all termine della parola: la ricerca intraverbale*, Feltrinelli, Mailand 1981, S. 8.

9 Man denke beispielsweise an Edoardo Sanguineti, Anhänger einer mit dem PO verbundenen marxistischen Richtung, oder an Nanni Balestrini, der sich am Rande der Linken politisch engagierte.

10 R. Luperini, *Il Novecento, apparati ideologici, ceto intellettuale, sistemi for-*

mali nella letteratura italiana contemporanea, II, Loescher, Turin 1981, S. 872.

11 In diesem Zusammenhang wird auch die Neueinschätzung, die der Dialekt vor kurzem erfuhr, nicht als nachahmende, dokumentarische Umschreibung neorealistischer Prägung verstanden, sondern der Dialekt wird als Instrument betrachtet, mit dessen Hilfe die »anderen« Möglichkeiten der poetischen Sprache erschlossen werden können. Zur Dialektrichtung siehe *Poeti dialettali del 900*, herausgegeben von F. Brevini, Einaudi, Turin 1987.
Anfang der achtziger Jahre entstand in Pesaro unter der Leitung von Gianni D'Elia die Zeitschrift *Lengua*, die sich ausschließlich mit der Dialektdichtung beschäftigte. In *Marka rivista di confine*, III (1982–1983), 6–7 und *Belfagor* XLIV (1989), 1 erschienen zwei interessante ergänzende Untersuchungen zum verstärkten Gebrauch des Dialektes in der Poesie. *Marka rivista di confine* wertet Interviews mit Dialektdichtern aus, in *Belfagor* führte F. Brevini die Untersuchung.

12 G. Manacorda, *La letteratura italiana d'oggi 1965–1985*, Editori Riuniti, Rom 1987, S. 221.

13 E. Mondello, *Gli anni delle riviste. Le riviste letterarie dal 1945 agli anni 80*, Milella, Lecce 1985, S. 57–69.

14 I. Vicentini, *La pratica del desiderio, i giovani poeti degli anni 80*, Caltanisetta, Sciascia 1986, S. 49.

15 Vorwort von *La parola innamorata*, herausgegeben von G. Pontiggia und E. Di Mauro, Feltrinelli, Mailand 1978, S. 9.

16 *Il pubblico della poesia*, a. a. O., S. 35.

17 Ebd., S. 41.

18 F. Doplicher, *I giorni dell'esilio*, Lacaita, Manduria 1985, S. 8.

19 Ebd.

20 V. Magrelli, *Ora serrata retinae*, Feltrinelli, Mailand 1980, S. 23.

21 Ebd., S. 47.

22 Ebd., S. 90.

23 Ebd., S. 89.

24 Ebd., S. 39.

25 Ebd., S. 50.

Übersetzung: Maria Schläfer

Notizbuch:

Die *Accademia della Crusca* und die italienische Sprache

Il più bel fior ne coglie
Petrarca, 73,36

Wer kennt sie nicht, die Grande Dame der italienischen Sprache, die den Fürsten Ludwig von Anhalt-Köthen 1617 zur Gründung der *Fruchtbringenden Gesellschaft* inspirierte, Vorbild für die nicht minder ehrwürdige, 1635 von Richelieu gegründete *Académie française*, Modell auch für die 1713 auf Geheiß des Königs Philipp V. ins Leben gerufene *Real Academia Española*, in deren Tradition sich noch vier Jahrhunderte später die *Deutsche Akademie für Sprache und Dichtung* einreiht?[1] Einen Vers Petrarcas hat sie sich aufs Panier geschrieben, und ihr Name, ihre Embleme und Impresen verweisen auf den metaphorischen Kreis der Pflanze, dessen eigentümlich landwirtschaftlich-technisches Gepräge ihren handwerklichen Charakter unterstreicht: die Gesellschaft der Kleie – *Accademia della Crusca* – angetreten, um in sprachlicher Hinsicht die »schönste Blume zu pflücken« oder die Kleie bzw. lutherisch: die Spreu vom Weizen zu trennen.[2]

Wo sollte sie sich anders befinden als in Florenz, der seit den Zeiten der *tre corone* (drei Kronen) vielbesungenen Wiege der italienischen Sprache? Sie hat – genauer gesagt – ihren Sitz in der Villa Medicea im Vorort Castello. Besucher tun gut daran, einen Stadtplan mit den Außenbezirken von Florenz zur Hand zu nehmen, am Bahnhof entweder in die Buslinie 2 oder 20 einzusteigen oder just dort einen ortskundigen Taxifahrer zu finden, der dann mit echter *gorgia toscana* (toskanischem Rachen) die Fahrtrichtung in »Hastello« präzisiert, oder besser noch direkt im Vorortbahnhof von Firenze-Rifredi auszusteigen und sich von dort auf kürzerem Weg mit dem Taxi chauffieren zu lassen. Zu Fuß ist man nämlich ziemlich lange unterwegs... Aber Vorsicht: die *Accademia* öffnet die Pforten ihrer Bibliothek in der Zeit von 8.30 bis 14.00 Uhr nur dem geladenen Gast; Touristenbesuche sind unerwünscht. Die Außenansicht der schönen Re-

Villa Medicea: Sitz der Accademia della Crusca

naissancevilla mit der prächtigen Zufahrtsallee und die englische Parkanlage sind jedoch allemal eine Anreise wert...

Die Italiener kennen ihre *Accademia* – sozusagen aus der Außenperspektive – nur zu gut. Wie es um sie, beispielsweise in pekuniärer Hinsicht, bestellt ist, erfahren sie bei der Zeitungslektüre; ansonsten, auch das wissen die meisten, »wacht« sie über die italienische Sprache... oder über das, was sie dafür hält. Hätte Indro Montanelli nicht am 8. November 1989 durch seinen Aufruf zur finanziellen Unterstützung der Akademie in der Tageszeitung *Il Giornale*[3] eine Welle der Sympathie und Solidarität ins Rollen gebracht, so wäre denn auch alles beim alten geblieben – oder vielleicht doch nicht so ganz: Die *Accademia* hätte sich entweder mit dürftiger staatlicher Unterstützung eher schlecht als recht über Wasser gehalten, alle Projekte zunächst einmal auf Eis gelegt und nur noch in der »Abgeschiedenheit der Forschung«[4] weitergearbeitet – oder aber einfach ihre Tore auf unabsehbare Zeit geschlossen.

Ein direkter Kontakt mit dem Nutznießer der Arbeit, dem italienischen Sprachbenutzer, war eigentlich gar nicht vorgesehen: zu tief saßen und sitzen die Vorbehalte der *Accademici* gegen jegliche institutionelle Einflußnahme. Giovanni Nencioni, seit 1975 Präsident der *Accademia*, bringt es in einem Aufsatz aus dem Jahre 1982 auf einen Nenner: Der Grund für das Scheitern des *Vocabolario dei Accademici della Crusca* (und damit auch der traditionellen Konzeption der Akademie als »Gralshüterin« der Sprache der Trecentisten) liegt im streng puristischen Zuschnitt: »Der springende Punkt ist, daß ein Wörterbuch, das sich nicht damit begnügt, erste Hilfestellung für den Benutzer zu leisten, sondern aus eigener Überzeugung oder im Interesse der Leser normativ sein will, Gefahr läuft, unzeitgemäße Texte zu produzieren – besonders dann, wenn es nicht ständig überarbeitet wird und keine präzisen Hinweise auf die Qualität oder die Verwendung der einzelnen Wörter enthält.«[5] In einem Interview mit Alfredo Todisco aus dem Jahre 1984 erhält dieser Gedanke noch plastischere Konturen: »Die Accademia della Crusca ist – wie alle Akademien heute – eine wissenschaftliche Institution, die sich der Erforschung der italienischen Sprache widmet, einer normativen Stellungnahme aber ihre Absage erteilt. Hierüber herrscht eine große Unsicherheit. Die Crusca spürt, daß die Sprache als nationales Gut verteidigt werden muß, fragt sich jedoch, mit welchen Mitteln dies geschehen soll. Jedes Akademiemitglied hat nämlich das Recht auf freie Meinung, und diese kann sich durchaus von der der anderen unterscheiden. So wie es der Akademie nie gelungen ist, eine eigene Grammatik zu schreiben, so fühlt sie sich, nachdem sie in der Vergangenheit so oft des Purismus, der Antiquiertheit und des Konservatismus beschuldigt wurde, in ihrem Handeln gelähmt. Aber es ist nicht so, daß die Akademie gar nichts tut [...].«[6]

Und nun *LA CRUSCA per voi!* – ins Leben gerufen unter dem Eindruck einer überwältigenden Resonanz auf einen Zeitungsaufruf: Nicht nur Lehrer, Schüler, Professoren, kulturelle Institutionen und Vereinigungen aus dem In- und Ausland haben ihre Hilfe angeboten, sondern auch Privatleute aus allen Teilen der Bevölkerung: Bankiers, Industrielle, Militärs, Angestellte, Arbeiter... Indro Montanelli konnte nach Abschluß der Spendenaktion am 28. März 1990 mit einer Rekordsumme von 753413024 Lire – dem Dreifachen des jährlich vom Staat bewilligten Budget – aufwarten.

Schon einmal, nach jenem verhängnisvollen 11. März 1923, als der faschistische Kultusminister Giovanni Gentile durch seinen Erlaß dafür gesorgt hatte, daß die seit langem kritisierten Arbeiten an der Neuauflage des Wörterbuchs abgebrochen wurden, hatten sich die Zeitungen für die Akademie stark gemacht. Damals war sogar ein *Consorzio nazionale* gegründet worden, um die Weiterarbeit am Wörterbuch durch private Mittel zu gewährleisten. Aber das Geld hatte dann doch nicht gereicht: 1942 wurde der gemeinnützige Verein aufgelöst.[7] Das Wörterbuch der Akademie, das in fünfter Auflage ([1]1612, [2]1623, [3]1691, [4]1729–1738, [5]1863–1923) erscheinen sollte, landete – lediglich bis zum Buchstaben o (*ozono*) gediehen – in den Archiven. Die Akademie sollte sich fortan ausschließlich wissenschaftlichen Themen widmen und die Publikation eines großen Wörterbuchs der italienischen Sprache der Initiative einzelner Wissenschaftler überlassen.

In den am 1. Oktober 1969 vom italienischen Staatspräsidenten verabschiedeten Statuten ist die heute gültige Dreiteilung der Akademie in ein *Centro di studi di filologia italiana*, ein *Centro di studi di lessicografia italiana* und ein *Centro di studi di grammatica italiana* verankert. Mit der Errichtung dieser Forschungszentren verpflichtet sich die Akademie, das wissenschaftliche Studium der italienischen Sprache zu fördern, kritische Editionen zu sprachgeschichtlich wichtigen Texten zu erstellen sowie die Vorarbeiten zu leisten für ein historisches Wörterbuch von Anbeginn der italienischen Sprache bis heute. Auf ihrem Programm steht auch eine historische Grammatik der italienischen Sprache. Das Grammatikzentrum stellt sich darüber hinaus in den Dienst des Studiums der historischen, der deskriptiven und der normativen italienischen Grammatik.[8]

Besonders rege wirkte die Akademie bisher auf den ersten beiden Gebieten: So sind etliche kritische Editionen und Konkordanzen entstanden[9], und die Arbeit an einem großen historischen Wörterbuch wurde aufgrund der Materialfülle in mehrere Projekte aufgeteilt. Augenblicklich bereitet die Akademie in Zusammenarbeit mit dem CNUCE (Centro Nazionale Universitario di Calcolo Elettronico) in Pisa die Herausgabe eines ersten Wörterbuchs vor, das Texte bis 1375 auf der Basis von 1 500 000 Lemmata verarbeitet[10]. Das Thema Grammatik, zu dem es zwar viele interne Einzeluntersuchungen gibt[11], überläßt sie dennoch lieber dem Wettstreit der Wissenschaftler, die sich zum Teil aus den Reihen der Akademie rekrutieren, so Luca Serianni mit seiner *Grammatica italiana* aus dem Jahre 1988 und Maria Corti mit der 1989 erschienenen Grammatik *Per filo e per segno*.

In dieser rein wissenschaftlichen Atmosphäre hat die konkrete Auseinandersetzung mit den Sprachbenutzern – so scheint es – überhaupt keinen Platz. Nicht umsonst leitet Giovanni Nencioni *LA CRUSCA per voi* mit einer wohl mehr an die wissenschaftliche Welt adressierten »Rechtfertigung« ein, in der er die Hinwendung zum Publikum in den größeren Kontext eines *Consultorio linguistico* einbettet. Mit der Gründung dieses »Sprachratgebers« greift er einen Vorschlag auf, den der *Accademico* Fredi Chiappelli auf einem 1983 zu Ehren des vierhundertsten Jahrestages der Akademie ausgerichteten Kongreß in Los Angeles unterbreitet hatte. Die parallel dazu angelegte Datenbank nimmt mit den Fragen aus *LA CRUSCA per voi* ihren Anfang. Von der Idee eines solchen »offenen Wörterbuchs« hatte Nencioni schon 1985 gesprochen.

Was soll – so fragt man sich – diese Zeitschrift, von der Maria Corti sagt, daß sie durch ihre Zweiteilung in »Themenschwerpunkte« und »Antworten auf Leserfragen« einen »direkten Kontakt mittels eines sehr originellen Service«[12] herstelle? Auf jeden Fall stellt sie mehr dar als den Anlaß, zu dem sie aus der Taufe gehoben wurde – mehr als eine bloße Danksagung an das italienische Volk, an schulische Institutionen und Sprachliebhaber.[13] Die Akademie unter der Ägide Giovanni Nencionis reagiert vielmehr auf die Vielzahl der Anfragen aus allen Teilen der Bevölkerung und stellt sich – diesmal unter anderen Vorzeichen – ihrer eigentlichen, nunmehr dezidiert gesellschaftlich verstandenen Aufgabe: ihrer Rolle als nationale Sprachinstanz, die sie jedoch nur mit großer Vorsicht und wissenschaftlicher Skep-

VOCABOLARIO
DEGLI
ACCADEMICI
DELLA
CRVSCA.

CON TRE INDICI DELLE VOCI,
locuzioni, e prouerbi Latini, e Greci, posti per entro l'Opera.

CON PRIVILEGIO DEL SOMMO PONTEFICE,
Del Re Cattolico, della Serenissima Repubblica di Venezia, e degli
altri Principi, e Potentati d'Italia,

E FVOR D'ITALIA, DELLA MAESTA CESAREA,
Del Re Cristianissimo, e del Serenis. Arciduca Alberto.

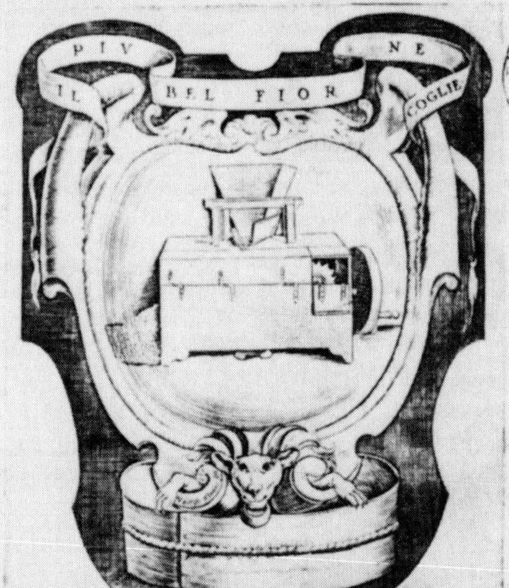

IN VENEZIA MDCXII.

Appresso Giouanni Alberti.

sis übernimmt: »Die *Accademici* wissen, daß Lehrer und Sprachteilhaber sichere und umsetzbare Regeln brauchen, aber sie sind sich auch bewußt, daß man die Sicherheit oft erst nach längerem Abwägen erreicht oder auch überhaupt nicht, nämlich dann, wenn die Sprache sich in einer Krise befindet, die sie nur im Laufe der Zeit überwinden kann« – so kommentiert Nencioni den Neuanfang und erläutert zugleich die für die Beantwortung der Sprachfragen gewählte Grundposition der *Accademici*: »Es erscheint angebracht, von der Geschichte der Phänomene auszugehen. Die Geschichte lehrt uns, menschlicher und unnachgiebiger mit unserem Wissen umzugehen, weil sie uns vor Augen führt, daß wir es zumindest zum Teil denen verdanken, die vor uns gelebt haben, wenn wir so geworden sind, wie wir sind.« Aus dem Blickwinkel der Geschichte will die Akademie in *LA CRUSCA per voi* stabile sprachliche Strukturen hinterfragen und begründen, Wandlungsprozesse, Übergänge und neuralgische Punkte aufdekken und dem Sprachbenutzer Lösungswege im konkreten Fall anbieten. Mit einem speziellen fachsprachlichen Service beabsichtigt sie zudem, für Wissenschaft, Industrie, Politik, Technik und Handel als Ratgeber und wissenschaftliche Vermittlungsinstanz bei der Prägung neuer Termini und Neologismen zu dienen.[14]

Wissenschaftlich und geschichtlich begründete Sprachpflege und Sprachplanung: das sind die Schlüsselbegriffe, die die *Accademici* bei ihrem Engagement leiten. Mit traditioneller Sprachpflege im Stile von *Sagt! – Sagt nicht!* hat die Aktivität der Crusca nichts gemein – das sieht man den Antworten auf den ersten Blick an. Eins nur ist auffällig: die *Accademici* stellen sich – in den einleitenden Artikeln, die sich auf die schulischen Belange beziehen (*Fachwörterbücher in der Schule*, Severina Parodi; *Der »Aufsatz« auf dem Prüfstand*, Francesco Sabatini) und bei umfassenderen Themen (*Die grammatische Norm*, Luca Serianni; *Die Herkunft des Italienischen*, Giovanni Nencioni), die beim Sprachbenutzer das Bewußtsein für sprachliche Belange wecken und vertiefen wollen. In den drei bis jetzt erschienenen Nummern haben verschiedene *Accademici* auf 42 Sprachfragen ihre Antworten gegeben. Bislang kommt der Großteil der Anfragen aus dem Umfeld der Schule: Ist der Konjunktiv tot? Wie ist der Unterschied zwischen *lui* und *egli* zu bewerten? Was ist von Sätzen ohne Verb zu halten? In welchen Kontexten ist der Gebrauch von *gli* anstelle von *loro* zulässig? etc. Nur in einem Fall fragt jemand, ob er das neu zu eröffnende Museum lieber »Museo dell'Ulivo« oder »Museo dell'Olivo« nennen solle. Terminologische Fragen

Die Bibliothek

werden zumeist telefonisch geklärt.

Die Hinwendung der *Accademici* zur Öffentlichkeit bringt auch die Tatsache wieder ins Bewußtsein, daß die italienische Sprachgemeinschaft – angesichts von etwa 77% der Bevölkerung, die in ihrem täglichen Leben auf den Dialekt zurückgreift und nicht das Hochitalienische benutzt[15] – immer noch auf der Suche nach einer gemeinsamen Standardsprache ist und deshalb eine Instanz braucht, die sich aktiv für die sprachliche Belange einsetzt.

In einem langfristig angelegten sprachplanerischen Projekt könnte es der direkte Austausch von Linguisten, Lehrern und Sprachbenutzern ermöglichen, daß wissenschaftliche Sprachbeschreibung nicht länger Spiegelfechterei bleibt, sondern eingebettet wird in die konkreten Belange der Sprachbenutzer, die zu einem bewußten mündlichen und schriftlichen Umgang mit verschiedenen Sprachregistern, vom Dialekt über umgangssprachliche Register zum Standard- und Hochitalienischen, hingeführt würden.[16] Gelänge dies der Akademie – und die Mitarbeit hochkarätiger Philologen wie Giovanni Nencioni, Maria Corti, Luca Serianni und Francesco Sabatini spricht dafür –, so hätte sie nach mehr als einem Jahrhundert der politischen, aber nicht sprachlichen Einigung Italiens einen nicht nur mutigen, sondern einen entscheidenden Schritt für die italienische Sprachkultur getan.

Maria Lieber

Anmerkungen

1 Der folgende Artikel entstand anläßlich des Erscheinens von *LA CRUSCA per voi. Foglio dell'Accademia della Crusca dedicato alle scuole e agli amatori della lingua.* Periodo semestrale 1, Ottobre 1990. Die zweite und dritte Nummer sind im April und im Oktober des Jahres 1991 erschienen.

2 Siehe auch Harald Weinrich, »Die Accademica della Crusca als Lehrmeisterin der Sprachkultur in Deutschland«, in: ders., *Wege der Sprachkultur*, Deutsche Verlagsanstalt, Stuttgart 1985, S. 85.

3 Vgl. *Il Giornale* vom 8. und 9. November 1989, 1. Februar 1990, 28. und 29. März 1990, 8. November 1990.

4 Giovanni Nencioni, »Giustificazione«, in: *LA CRUSCA per voi 1*, 1990, S. 1.

5 Ders., »L'Accademia della Crusca e la lingua italiana«, in: *The History of Linguistics in Italy*, herausgegeben von P. Ramat, W. J. Niederehe, K. Koerner, Benjamins, Amsterdam / Philadelphia 1986, S. 108.

6 Alfredo Todisco, *Ma che lingua parliamo.* Indagine sull'italiano di oggi, Longanesi, Mailand 1984, S. 78.

7 Vgl. *L'Accademia della Crusca*, Revisione di Severina Parodi e Giovanni Nencioni. Supervisione di Piero Fiorelli, Accademia della Crusca, Florenz 1987, S. 31.

8 Vgl. Severina Parodi, *Quattro secoli di Crusca*, 1583–1989, IV centenario dell'Accademia della Crusca, Accademia della Crusca, Florenz 1983, S. 234f.
9 Vgl. Giovanni Nencioni, *Saggi di lingua antica e moderna*, Rosenberg, Turin 1989, S. 390.
10 Ebd., S. 377ff.
11 Vgl. *L'Accademia della Crusca*, a. a. O., S. 46f.
12 Maria Corti, »Chiediamolo alla Crusca«, in: *La Repubblica* 29. 12. 1990.
13 Vgl. *Il Giornale*, 8. 11. 1990.
14 Vgl. Giovanni Nencioni, »Giustificazione«, a. a. O., S. 2.
15 Vgl. dazu die statistischen Erhebungen der Doxa-Umfrage von 1982 bei Günter Holtus, »Sprachliche Varietäten und Grammatikographie im Italienischen«, in: *Italienisch* 24 / 1990, S. 33; vgl. zudem: *Gesprochenes Italienisch in Geschichte und Gegenwart*, herausgegeben von G. Holtus und E. Radtke, Narr, Tübingen 1985.
Klaus Bochmann, »Italienisch: Diglossie und Polysemie / Diglossia e poliglossia, in: *Lexikon der Romanistischen Linguistik*, herausgegeben von G. Holtus, M. Metzeltin, C. Schmitt, Band IV: Italienisch, Korsisch, Sardisch, Niemeyer, Tübingen 1988, S. 269–286.
Peter Koch, »Italienisch: Gesprochene Sprache und geschriebene Sprache«, in: *Lexikon der Romanistischen Linguistik*, a. a. O., S. 189–206, Zarko Muljačic, »Italienisch: Sprachnormierung und Standardsprache«, in: *Lexikon der Romanistischen Linguistik*, a. a. O., S. 286–305.
16 Vgl. dazu: Günter Holtus, »Educazione linguistica (democratica)«, in: *Italienische Studien* 4 / 1981, S. 67–99.
Luca Serianni, »La norma grammaticale«, in: *LA CRUSCA per voi* 2 / 1991, S. 1–4.

Patrizia Valduga

In einem virtuosen Interview mit dem Schriftsteller und Kulturkritiker Guido Ceronetti stellte Patrizia Valduga einmal die tabuisierte Frage nach dem Nutzen der Lyrik. Der Nutzen, den er bevorzuge, gab Ceronetti zur Antwort, sei ein medizinischer, heilender. Ihm seien die Verse ein Arzneimittel, im Sinne von Constantino Kavafis, der auch die Poesie um Pharmaka bat. In diesem rituellen Bereich ist noch die Funktion anzutreffen, die Patrizia Valduga ihrer Verskunst zuschreibt. 1953 in Castelfranco / Veneto geboren, sorgte die junge Autorin, die in Padua und Venedig studiert hatte, schon mit ihrem literarischen Debüt für Aufregung in der Literaturszene Italiens. *Medicamenta* heißt ihr erster Gedichtband, 1982 beim Verlag Guanda in Mailand erschienen, ein Buch, das mit dem Preis »Viareggio opera prima« ausgezeichnet wurde. Erotische Erlebnisse kommen hier unverhüllt zum Ausdruck. Von Lust ist die Rede und von ihren Künsten. Aber nicht den Ereignissen dient das Wort, sondern deren ritueller

Evokation. Das Spiel der Erotik ist eine Vorspiegelung, die die Sprache der Lyrik zu fangen und zu bannen versucht. Erst das Ritual vermag der Wirklichkeit einen Sinn zu verleihen. Doch ist sich Patrizia Valduga bewußt, daß die Sprache der Tradition brüchig geworden ist. Keine Heilung verspricht sie, sondern Täuschungen. *Medicamenta*, das lateinische Wort, mit dem die Autorin ihre frühen Gedichte betitelt hat, steht hier also im mehrdeutigen Sinn: als Heilmittel, aber auch als Gift, als Zaubertrank, aber auch als Pharmakon, dessen Wirkung unbekannt bleibt. Programmatisch heißt es in einem Distichon: »l'animo che non sa curare i sensi / o l'animo curare con i sensi«. In deutscher Übersetzung: »heilen kann die Seele nicht die Sinnlichkeit / soll die Sinnlichkeit die Seele heilen«.

Gekonnt und kunstvoll erschienen die Verse von Patrizia Valduga in einer poetischen Landschaft, die sich von den Experimenten der sechziger und siebziger Jahre zu verabschieden begann. Das Sonett, der Achtzeiler, das preziöse Vokabular der barocken Dichtung – nicht zuletzt von Marino – tauchen hier wieder unverblümt auf. Ambiguitäten und Paronomasien liebt Patrizia Valduga ebenso wie Chiasmen und Figuren der Häufung. Dazu ein einziges Beispiel, der erste Vierzeiler aus einem Sonett, diesmal nur auf italienisch: »In nome di Dio aiutami! Ché tanto / amor non muta e muta mi trascino. / Ancora sete ho di te... soltanto / sola a te solo e col sole declino«.

Ostentativ jongliert Patrizia Valduga mit dem Erbgut der italienischen Lyrik. Kein Gedicht, das nicht auf Klänge und Formen der Tradition anspielen würde. Von Dante hat die Autorin die sonore Geschlossenheit des Endecasillabo. Von Marino das metonymische Spiel mit den Bildern. Vor allem ist es aber Petrarca, der große Versvirtuose, den diese Dichtung ständig beschwört. Im Namen des Petrarchismus knüpft Patrizia Valduga an eine Richtung der italienischen Lyrik an, die bis zum 18. Jahrhundert von entscheidender Bedeutung gewesen ist. Nicht alles läßt sich aber ins Zitat verwandeln. Es ist so, als versuche die Autorin jene lyrischen Erfahrungen fernzuhalten, die mit dem Begriff der Moderne zusammenhängen. Nicht *postmodern*, sondern *prä-* oder *vormodern* wirkt diese Lyrik.

Ein Jahr nach der Erstausgabe von *Medicamenta* gab die italienische Kulturzeitschrift *Sigma* eine der Lyrik und ihrer Geschichte in Italien gewidmete Sondernummer heraus. In scharf pointierten Beiträgen rechneten bedeutende Literaturkritiker wie Pier Vincenzo Mengaldo oder Gian Luigi Beccaria mit der Avantgarde der sechziger und siebziger Jahre ab.

Neoclassicismo, so ihr Resümee, sei die neue Parole, die es zu vertreten gelte.

Der Gedanke liegt nahe, eine Dichterin wie Patrizia Valduga unter dieser Kategorie einzuordnen. Und nichts mag neoklassischer erscheinen als die forcierte Sprache eines Sonetts oder einer Sestine. Dennoch widersetzt sich die Lyrik Patrizia Valdugas einer klaren Klassifizierung, denn ihre Kunst ist keine harmonische. Die Perfektion der Form ist hier nur selbstbewußte Täuschung, die als solche prekär und widersprüchlich erscheint. Immer wieder verschwindet die klassizistische Patina der Worte unter dem Drang der Gefühle und läßt Ausdrücke auftauchen, die der Gegenwart und ihrer Härte verpflichtet sind. Es ist nicht nur die spröde Umgangssprache, die in die Poesie einfließt. Jargonelemente schleichen sich wie Fremdkörper in die nur scheinbare Symmetrie der Petrarchismen ein. Besonders die Semantik der Reimwörter wirkt auffallend. So reimt sich schließlich »cuore« (Herz) mit »estintore« (Feuerlöscher) und »diletto« (Wonne) mit »letto« (Bett). Ein ironischer Ton macht sich bemerkbar und zerstört die hehren Ansprüche des großen Stils. Die Arbeit an der Tradition erweist sich als verschmitztes Spiel. Freilich verwendet Patrizia Valduga auch raffinierte Sprachmittel, die weit über die homogene Verskunst der Petrarchisten hinausreichen. So erinnert das oft rekurrierende Enjambement eher an Rilke als an Petrarca oder Tasso; und die Vorliebe für Alliterationen und phonetische Wortspiele weist noch auf die Experimente der frühen Dichtergeneration hin. Das Museum der Poesie, das Patrizia Valduga betreten hat, kann seine Risse und Spinngewebe nicht mehr verbergen. Der Verfall ist überall spürbar. Die Sprache der Tradition ist eine Sprache der Toten.

So kann man dem Schriftsteller Franco Cordelli recht geben, wenn er behauptet, die Lyrik Patrizia Valdugas stelle insofern ein Paradox dar, als sie noch als futuristisch zu bezeichnen sei, wenn man den Futurismus als Metapher für jede experimentelle Dichtung versteht. Der Stil Valdugas – so Cordelli – sei »ein rein archaischer Stil der Moderne«, ein »manischer Gebrauch der Wörter als Materialien, [...] als Überreste der Seele«.

In einer zweiten, erweiterten Ausgabe ist der Gedichtband *Medicamenta* vom Verlag Einaudi vor zwei Jahren wieder aufgelegt worden. Diese Neuauflage bestätigt die zentrale Rolle, die dem Erstlingswerk Patrizia Valdugas für die italienische Lyrik der achtziger Jahre zugeschrieben werden muß.

Die Übertragung der Gedichte John Donnes und die Begegnung

mit dem Theater Tadeusz Kantors stellen die beiden wichtigsten Erfahrungen dar, die die lyrische Welt der Autorin außerdem geprägt haben. Es ist wieder das rhythmische, rituelle Pulsieren der Worte, das hier im Vordergrund steht. Auch John Donnes barocke Thematik der Liebe als Erinnerung sowie seine lyrische Vorahnung des Todes kommen der Poetik der Autorin entgegen. So entstand ein zweiter Gedichtband, *La tentazione* [*Die Versuchung*], der 1985 beim Verlag Crocetti erschien. Wie schon *Medicamenta*, so ist auch *Die Versuchung* durch ein strenges Aufbauprinzip gekennzeichnet. Das Buch besteht aus zehn Gesängen in dantesken Terzinen. Es ist ein »Ragionamento«, ein Gespräch, das die weibliche Ich-Erzählerin über Liebe und Lust in einem nächtlichen Szenarium voller Visionen führt. In klassisch klingender Kadenz stellen die Schlußverse eine Anrufung an die Nacht dar: Angesichts der Vergänglichkeit des Körpers wird sie beschworen, das lyrische Ich aus dem Gefängnis der Sinne zu befreien: »Mia bella notte, i miei mali son tanti! // Prima che mi rinchiuda in una fossa / a farmi sugo della terra nera / non darmi a quelle mani, fa che possa // dei miei sensi non esser prigioniera, / apri tanto di me quanto nascondo, / oh salvami, poi che tutto s'annera! //.« (Meine schöne Nacht, ich habe vieles zu leiden! // Bevor Du mich in eine Grube einschließt / und mich zu Saft für die schwarze Erde werden läßt / überlaß mich nicht diesen Händen, gib / daß ich nicht die Gefangene meiner Sinne werde, / öffne alles das von mir, was ich verberge, / oh, rette mich, denn alles wird finster! //.)

Im Werk Patrizia Valdugas stellt *Die Versuchung* den Übergang zur einer dramatischen Lyrik dar. Zur Rezitation bestimmt erscheinen auch die Verse des letzten Buches der Autorin, *Donna di dolori* [*Frau aus Schmerzen*], das im Februar letzten Jahres bei Mondadori in der berühmten Lyrikreihe *Lo specchio* herausgekommen ist. Es handelt sich hier um einen Monolog, der die barocke Tradition des *Memento Mori* wiederaufnimmt. *Post mortem* kommt die Stimme der Ich-Erzählerin zum Ausdruck. »Die Frau« – gibt eine Art von Regieanweisung an – »ist eine Tote, begraben in einem zerfließenden Zustand«. Aus dieser Perspektive – die eine Perspektive des physischen Verfalls ist – entfaltet sich ein lyrisches *Lamento*, ein ironischer und doch ernstzunehmender Gesang, der aus Erinnerungsfragmenten besteht. Bei allem Verfall der Materie wird der Wert des Verstandes hervorgehoben. »Der Verstand, der bleibt«, behauptet das lyrische Ich. Figuren aus dem Leben passieren Revue, eine nach der anderen. Vom Grab her gesehen erscheinen sie als die eigentlichen Gespenster und werden in ihrer Lächerlichkeit geschildert. Die Worte des lyrischen Ich werden polemisch. Und doch bleibt das Verlangen nach Liebe, nach dem Geliebtwerden vorhanden. So werden die Lebenden noch angesprochen und gebeten, »kein Leid anzutun«. Auch die Kindheit wird geschildert und ihre ersten Leidenschaften. Es ist so, als läge das ganze Leben auf dem Seziertisch.

Wieder einmal verwendet Patrizia Valduga den eleganten und klangvollen Elfsilbler. Flexibilität erhält dieses Metrum durch den Wechsel der Stilebenen. Sogenannte »niedrige« Ausdrucksweisen fügen sich als bewußter Kontrast in das kunstvolle Gewebe des tragischen Tons ein.

Die Sprache der Toten kann also doch noch eine lebendige sein.

Luigi Reitani

Von der Frau im Krieg zur stummen Herzogin – Dacia Maraini und ihr Bucherfolg »La lunga vita di Marianna Ucrìa«

Der »Premio Campiello«, einer der begehrtesten Literaturpreise Italiens, wurde viermal in Folge an eine Schriftstellerin vergeben. Geheime Absprachen oder ein Komplott? fragte das Wochenmagazin *Espresso* daraufhin provokativ. Nein, antwortete Italiens Literaturpapst Enzo Siciliano, die interessanteste Literatur werde in Italien zur Zeit eben von Frauen geschrieben. Ein Buch hob Enzo Siciliano in seinem Plädoyer für die Frauenliteratur besonders hervor: den »Campiello«-Preisträger von 1990, *La lunga vita di Marianna Ucrìa* von Dacia Maraini (Mailand 1990).

Dacia Maraini, 1936 geboren und heute eine der profiliertesten Autorinnen Italiens, ist in Deutschland einer breiten Öffentlichkeit höchstens als ehemalige Lebensgefährtin von Alberto Moravia bekannt. Daß Dacia Maraini selbst neun Romane (der erste, *La vacanza* [Die Ferien], erschien 1962), unzählige Gedichte, Erzählungen, Theaterstücke und Drehbücher geschrieben hat, weiß hierzulande kaum jemand. Auch der Erfolg von *Die stumme Herzogin* (München 1991), der deutschen Übersetzung von *La lunga vita di Marianna Ucrìa*, hat an dieser Situation nicht viel geändert. In Italien ist Dacia Maraini hingegen eine Person des öffentlichen Lebens, ist sie vor allem ein fester Bestandteil der Fernsehkultur; kaum eine Talkshow, kaum eine Gesprächsrunde, in der die Autorin sich noch nicht mit ihren männlichen Kollegen gestritten hätte. Trotz ihrer vielen Auslandsaufenthalte ist die Ethnologentochter Dacia Maraini in den Medien ihrer Heimat regelmäßig präsent. Kein Wunder, daß der Terminkalender der Autorin prall gefüllt ist.

Um 15.10 Uhr sollte ich Dacia Maraini am Bahnhof in Florenz abholen, für 16.30 Uhr war ihr Vortrag zum Thema »Das Theater« angesetzt. »Sie können mich vom Bahnhof ins Hotel begleiten, wir haben über eine Stunde Zeit«, sagte mir Dacia Maraini tags zuvor am Telefon und glaubte, mir außergewöhnlich viel Zeit zu widmen. Natürlich hatte ihr Zug Verspätung, natürlich verpaßten wir uns auf dem Bahnsteig. Als wir endlich – getrennt – im Hotel ankamen, blieb uns gerade noch eine halbe Stunde. In einer halben Stunde erfahre ich gar nichts, dachte ich. In dieser halben Stunde und in der kurzen Fortsetzung des Interviews nach dem Vortrag erfuhr ich mehr, als ich mir normalerweise von einem mehrstündigen Interview erhoffen würde. Die Maraini ist ein Profi. Sie ist es gewohnt, in der Öffentlichkeit zu sprechen, Interviews zu geben. Wir sind kaum im Hotelzimmer, da schnappt sie sich mein Diktaphon, macht einen kurzen Soundcheck und hört sich meine erste Frage an. Sie überlegt kurz, höchstens ein paar Sekunden, dann schießt sie los. Sie antwortet prägnant, genau auf den Punkt und ist dabei so locker, so offen, als ob sie gerade ihrer besten Freundin von ihrem letzten Urlaub erzählte.

Nur wenige der Bücher Dacia Marainis sind ins Deutsche übersetzt worden; eines ihrer besten, der 1975 erschienene Roman *Donna in guerra* [*Frau im Krieg*], gibt es in einer englischen oder französischen, nicht aber in einer deutschen Fassung. *Donna in guerra* erzählt nicht nur die Geschichte von Vannina, einer jungen römischen Lehrerin, die sich im Laufe des Romans ihrer Abhängigkeit von der patriarchalischen Gesellschaft und, stellvertretend für diese, von ihrem Ehemann bewußt wird und sich aus dieser Abhängigkeit zu befreien beginnt, das Buch schildert darüber hinaus in geradezu emblematischer Weise die Anfänge des italienischen Feminismus.

Dacia Maraini selbst kämpfte in den siebziger Jahren in vorderster Front. Sie gehörte der feministischen Gruppe »Rivolta Femminile« (Aufstand der Frauen), später dem »Movimento Femminista Romano« (Römische feministische Bewegung) an. Außerdem gründete und leitete sie das Frauentheater »La Maddalena« und schrieb Artikel und Aufsätze über die sexuelle Befreiung der Frau. Heute wehrt sich die Autorin gegen das Etikett »feministisch«: »In der Literatur erscheint es mir als sehr limitierend, von einer feministischen Schriftstellerin zu sprechen, das ist so, als ob man eine Autorin auf einen bestimmten Sektor, eine bestimmte Gattung reduzierte, das schränkt mich zu sehr ein.« Wenn es aber darum geht, Position zu beziehen, setzt sich Dacia Maraini nach wie vor für die Belange der Frauen ein – und zwar auf ganz unterschiedliche Art und Weise. 1989 nahm sie z. B. aktiv an der Besetzung des römischen Frauenzentrums teil. Als im Herbst letzten Jahres ein chauvinistischer Kritiker den amerikanischen Film *Thelma and Louise* verriß, schrieb Dacia Maraini sofort eine Gegenrezension für den *Espresso*.

Ende letzten Jahres erschien im *Corriere della Sera* ihr anschließend vieldiskutierter Artikel über Vergewaltigung, ein Thema, das der Autorin sehr wichtig ist. Als ich Dacia Maraini darauf anspreche, überlegt sie nicht eine Sekunde, sondern beginnt sofort zu reden: Vergewaltigung ist »eine kulturelle Tatsache. Wir leben in der Kultur der Vergewaltigung. Diese Kultur geht davon aus, daß die männliche Sexualität aktiv und die weibliche passiv sein muß. Dieses Konzept führt in seiner äußersten Konsequenz zur Vergewaltigung. Wenn der eine aktiv und die andere passiv ist, ist das Höchstmaß an Aktivität und das Höchstmaß an Passivität die Vergewaltigung. Wir dürfen uns nicht wundern, wenn Männer vergewaltigen, da diese Idee ein fester Bestandteil unserer westlichen Kultur ist«.

Um Vergewaltigung geht es auch in Dacia Marainis letztem Roman, *Die stumme Herzogin*. Marianna Ucrìa, die Protagonistin, lebt im 18. Jahrhundert auf einem herrschaftlichen Gut in Sizilien. Wie alle Mädchen ihres Standes würde auch Marianna Ucrìa entweder mit einem reichen Adeligen verheiratet oder ins Kloster verbannt, wäre sie nicht taubstumm. Was eigentlich ein Handicap ist, wird für Marianna zunächst zu einer Chance, zu einer Möglichkeit, geistige Freiheit zu erlangen: Damit sie überhaupt mit ihren Mitmenschen kommunizieren kann, bringt ihr Vater, zu dem Marianna ein besonders intensives Verhältnis hat, ihr das Lesen und Schreiben bei. So hat die Taubstumme ein Privileg, das den meisten ihrer zwar gesunden, aber ungebildeten Geschlechtsgenossinnen vorenthalten bleibt.

Aber all ihre Bildung nützt Marianna nichts. Denn gegen ihren Willen wird sie mit ihrem kauzigen, ältlichen Onkel verheiratet. Damit beginnt für die Taubstumme eine schwere Zeit. Ständig muß sie sich dem Sextyrannen hingeben, muß mehrere Kinder gebären, die alle ohne Liebe und Zärtlichkeit gezeugt wurden, muß das Leben einer Sklavin führen. Erst als ihr Onkel-Ehemann stirbt, gelingt es der schon nicht mehr jungen Frau, ein Leben in Freiheit zu führen. Sie reist und lernt die Welt kennen, sie unterhält eine geistig anregende Beziehung zu Don Camaleò, dem Amtsrichter von Palermo, der – erfolglos – um ihre Hand anhält, sie geht ein Verhältnis mit dem schönen, um Jahre jüngeren Saro ein, der auf dem elterlichen Gut arbeitet, und erfährt so zum erstenmal in ihrem Leben Wärme und Zärtlichkeit. Gleichzeitig erfährt sie die Ursache ihres Gebrechens, allerdings ohne daß jemand ihr davon berichtet. Auf geheimnisvolle Weise gelingt es Marianna, die Gedanken ihres Bruders zu lesen, und so bekommt sie heraus, daß sie als kleines Kind von ihrem Onkel und späteren Ehemann vergewaltigt wurde und sich daraufhin durch ihre Taubstummheit vor der Welt zu schützen versuchte.

Dies ist die böse Pointe eines ansonsten braven Buches. Über 200 Seiten lang ergeht sich Dacia Maraini in minuziösen Schilderungen der sizilianischen Landschaft, des Anwesens der Ucrìas, der Kleidung der Personen. Das

Buch mag sprachlich anspruchsvoll sein, inhaltlich wirkt es über weite Strecken wie ein erzählter Kostümfilm. Von der feministischen Power, die Bücher wie *Donna in guerra* oder *Lettere a Marina* [*Briefe an Marina*] – die Geschichte einer lesbischen Beziehung – bestimmt hatte, ist in der *Stummen Herzogin* nichts mehr zu spüren. Im Gegensatz zu den Protagonistinnen aus den Romanen der siebziger und frühen achtziger Jahre gelingt es Marianna Ucrìa nicht, sich aus eigener Kraft zu befreien: Zuerst muß der brutale Ehemann sterben, bevor sich die Heldin emanzipieren darf – der zufällige Tod des bösen Mannes als Deus ex machina der Frauenbefreiung.

Außerdem bleibt zu fragen, warum Dacia Maraini das heutzutage leider immer noch brandaktuelle Thema Vergewaltigung in der Familie ausgerechnet in einem historischen Roman abhandeln mußte. Die Autorin glaubt nicht, daß die Wahl des Genres die Aussage des Buches schwächt: »Ich habe viele Briefe zu diesem Buch erhalten, und in allen Briefen heißt es: Dies ist ein aktuelles Buch. Viele Leserinnen erzählten mir, sie hätten sich in der Hauptfigur wiedererkannt. Außerdem habe ich das Buch im Präsens geschrieben, es besteht also eine seltsame Verbindung zwischen dem 18. Jahrhundert, das ich in allen Einzelheiten rekonstruiert habe, und heute.« In Italien wurde der monatelang auf der Bestsellerliste stehende Roman *La lunga vita di Marianna Ucrìa*, den Dacia Maraini mittlerweile auch auf die Bühne gebracht hat, als »opera di maturità«, als Werk der Reife bezeichnet. Es ist aber nicht zu übersehen, daß die vielgepriesene literarische Reife auf Kosten einer (politischen) Direktheit geht, die die früheren Werke Dacia Marainis fast schon zu Klassikern des italienischen Feminismus machte.

Dacia Maraini mag reif und abgeklärt sein, jedoch ist sie kein bißchen müde. Sie wirkt nicht nur zehn Jahre jünger, als sie in Wirklichkeit ist, die Strapazen ihres Tages in Florenz (Interview, Vortrag, Fortsetzung des Interviews, ein weiteres Interview, ein weiterer Vortrag, dazwischen keine Zeit, sich auszuruhen, ja kaum Zeit, etwas zu essen) scheinen spurlos an ihr vorüberzugehen. Während der Veranstaltung innerhalb der von der Florentiner Frauenbuchhandlung mitorganisierten Reihe »Genere femminile / genere letterario« (Frauenliteratur und literarische Gattungen) spricht sie eine ganze Stunde – ohne Manuskript, ohne Notizen. Sie gibt einen Abriß über die Geschichte des Theaters von der Antike bis heute unter besonderer Berücksichtigung der Rolle der Frau auf, vor und hinter der Bühne. Den Frauen der »Libreria delle Donne« ist der Vortrag, wie sie mir später sagen, nicht anspruchsvoll genug; ich halte ihn für eine gelungene Mischung aus Populärwissenschaft, feministischer Propaganda und Show.

Als eine Frau aus dem Publikum in der anschließenden Diskussion Dacia Maraini nach ihrer Meinung zu Tinto Brass' neuestem Film *Così fan tutte* fragt, lacht die Autorin verschmitzt und macht sich über Herrn Brass' Frauenbild lustig: Während heute in den großen Städten der westlichen Industrieländer ganz verschiedene Frauentypen von der androgynen Garçonne bis zur Peitsche schlagenden Domina in Mode seien, hänge Tinto Brass immer noch dem mittelalterlich-bäuerlichen Ideal der wohlernährten, großbusigen Frau nach. Die Maraini spricht von der Brasschen »donna cibo« und unterstützt ihre Ausführungen mit eindeutigen ausladenden Gesten. Der Saal lacht, Dacia Maraini nutzt ihren komödiantischen Erfolg jedoch nicht aus, sondern drängt zur nächsten Frage. La Maraini hat einen Sinn für Effekte – sowohl in ihren Büchern als auch bei ihren zahlreichen Auftritten in der Öffentlichkeit. Aber sie gibt sich nicht mit Effekthascherei zufrieden, zu wichtig sind ihr die Anliegen der Frauen – auch heute noch, auch wenn sie den Begriff »Feminismus« mittlerweile als störendes Etikett empfindet.

Barbara Heinzius

Zum Tod des Philosophen Ernesto Grassi

Am 20. 12. 1991 starb in München der frühere Leiter des Instituts für Geistesgeschichte des Humanismus an der Ludwig-Maximilians-Universität, Ernesto Grassi, im Alter von 89 Jahren. Grassi war gebürtiger Mailänder und kam nach abgeschlossenem Philosophiestudium in seiner Vaterstadt schon Mitte der zwanziger Jahre nach Deutschland, wo er eine weitere philosophische Ausbildung anstrebte. Er studierte vor allem bei Martin Heidegger und war gleichzeitig als Lektor für italienische Sprache und Literatur an der Universität Freiburg tätig. Nach seiner Habilitation in Rom wurde er Honorarprofessor, ebenfalls in Freiburg, und ab 1939 Leiter eines Instituts für italienische Geistesgeschichte in Berlin, das aber bald den rigorosen kulturpolitischen Eingriffen der Nationalsozialisten zum Opfer fiel. Nach Aufenthalten in Zürich und Florenz nahm Grassi 1948 die Stelle eines Professors für Philosophie in München an und wurde Leiter des vorhin genannten Instituts. Bei einem nicht philosophisch geschulten Publikum wurde er vor allem bekannt durch die Herausgabe von *Rowohlts Deutscher Enzyklopädie*. Es handelte sich dabei nicht um ein Lexikon, sondern um eine Serie von über 200 in Taschenbuchform herausgegebenen Monographien.

In ihnen beschrieben Fachgelehrte aller Disziplinen ein wissenschaftliches Thema in allgemeinverständlicher Weise. Einige Titel wurden geradezu zu Standardwerken; z. B. W. Heisenberg, *Das Naturbild der heutigen Physik*, H. Friedrich, *Die Struktur der modernen Lyrik*, N. Abbagnano, *Philosophie des menschlichen Konflikts*. Grassis größte wissenschaftliche Anstrengungen galten jedoch der Vermittlung italienischen Wissens und italienischer Wissenschaft im deutschsprachigen Raum und umgekehrt von Wissen und Wissenschaft des deutschsprachigen Kulturkreises in Italien. Diesem Ziel dienten nicht nur die zahlreichen Artikel über die damalige Entwicklung der deutschsprachigen Philosophie, die Grassi ab Ende der zwanziger Jahre in italienischen Zeitschriften publizierte; er sorgte auch mit beträchtlichem organisatorischen Aufwand dafür, daß nördlich der Alpen vor allem die Werke der italienischen Humanisten bekannt wurden. Schon in den ersten Buchreihen, die er in der Kriegs- und Nachkriegszeit herausgab, erschienen Textausgaben und Übersetzungen von Werken Giordano Brunos und Giambattista Vicos. Mit der im Wilhelm Fink Verlag München erscheinenden Reihe *Humanistische Bibliothek* stand dann eine Serie zur Verfügung, die zahlreiche weitere Textausgaben (u. a. von Werken Francesco Petrarcas und Coluccio Salutatis) und systematische Studien vereinigte.

Grassis Interesse am italienischen Humanismus geht sicherlich auf seine Studien in Italien zurück, auf eine Zeit also, in der etwa Croce und Gentile ihre zahlreichen Arbeiten zu dieser geistesgeschichtlichen Epoche herausbrachten. Im Deutschland der zwanziger und dreißiger Jahre hingegen wurde dieses Feld nur von wenigen (z. B. Erich Auerbach) bearbeitet. Viel zu sehr war das Hegelsche Urteil verbreitet, der Humanismus biete statt Originalen Übersetzungen und statt Philosophie Bildung, sei also philosophisch unbedeutend. Auch Heidegger teilte diese Ansicht. Ohne seine Auffassung durch Quellenstudien abzusichern, ordnete er den Humanismus der Metaphysik zu, die er als »seinsvergessend« charakterisierte. Damit war aber jeglicher Rückgriff auf den Humanismus als Philosophie entwertet.

Durch Heideggers Pauschalurteil fühlte Grassi sich herausgefordert. In umfangreichen Untersuchungen suchte er die Theorie zu begründen, daß viele Denker des italienischen Humanismus eine Sprachauffassung vertreten, nach der die sprachlichen Äußerungen des Menschen stets der Bewältigung der verschiedenen, immer neuen Situationen entspringen, in die er jeweils gerät. Diese sucht er auf theoretische oder auf praktische Weise, in jedem Fall aber sprachlich zu erfassen. Mit dem Mittel der Sprache eröffnet er sich auch die Antworten oder Lösungen, mit denen er dem ihm tagtäglich begegnenden Unbekannten, Unvertrauten begegnet. Sprache wird also dieser Theorie zufolge nicht als ein Instrument verstanden, das der begrifflich exakten Erfassung der Wirklichkeit dient, so daß die Wissenschaftssprache zur Norm von »richtig gebrauchter« Sprache wird; vielmehr sind die verschiedenen Situationen, in die der Mensch in seinem Leben immer wieder geraten kann, das »Ursprüngliche«, das den jeweiligen Gebrauch der Sprache bestimmt. Diese etwa den Sprachtheorien Leonardo Brunis, aber auch noch Giambattista Vicos zugrundeliegende Favorisierung der »faktischen« Sprache macht auch das Interesse der Humanisten an den philologischen Studien verständlich: Die Lernenden sollen mit den Weisen konfrontiert werden, wie Menschen im täglichen Leben sich die Sprache zunutze machen, um angemessen auf dessen Herausforderungen reagieren zu können. Ob Grassi mit seinen Beobachtungen zum Sprachverständnis der Humanisten Heideggers Einwände legitim zurückweisen kann, soll dahingestellt bleiben. Fest steht jedoch, daß er mit einer modernen philosophischen Begrifflichkeit die Anliegen humanistischer Denker zu aktualisieren sucht und auf diese Weise für die Gegenwart eine Alternative zu den verbreiteten Rationalismen aller Art aufzeigen kann. Seine wichtigsten Monographien aus neuerer Zeit sind: *Macht des Bildes: Ohnmacht der rationalen Sprache* (München ^{2}1979); *Die Macht der Phantasie. Zur Geschichte abendländischen Denkens* (Frankfurt 1979); *Einführung in philosophische Probleme des Humanismus* (Darmstadt 1986).[1]

Anmerkung

1 Eine von E. Hidalgo-Serna erstellte Bibliographie von Grassis Schriften findet sich in: E. Grassi, *La metafora inaudita,* Palermo 1990, 147–163. In monographischer Form wurde seine Philosophie dargestellt bei E. Bons, *Der Philosoph Ernesto Grassi: Integratives Denken, Antirationalismus, Vico-Interpretation,* München 1990.

Eberhard Bons

Leopardi in Deutschland

Es ist äußerst selten, daß einem nichtdeutschen Dichter die Ehre einer Ausstellung in Deutschland zuteil wird. Ebendiese Ehre widerfuhr Giacomo Leopardi in diesem Jahr in Berlin. Am 17. September 1992 wurde in der Staatsbibliothek zu Berlin, gegenüber von Mies van der Rohes Nationalgalerie und Hans Scharouns Philharmonie, eine Ausstellung unter dem Titel *Giacomo Leopardi – Leben, Orte, Werke* eröffnet, die dem deutschen Publikum sechs Wochen lang einen klassischen Autor der italienischen Literatur vorstellte. Leopardi ist hierzulande nahezu unbekannt geblieben, und dies trotz mehrerer Ausgaben seiner Gedichte und Schriften, die in jüngster Zeit in Übersetzungen von Hanno Helbling, Alice Vollenweider, Michael Engelhard, Helmut Endrulat, Sigrid Siemund und Franca Janowski erschienen sind. Und doch bindet ihn manches an Deutschland, seine Bewunderung für die deutsche Wissenschaft des 19. Jahrhunderts etwa, Arthur Schopenhauers Diktum vom »Geistesverwandten Leopardi« und nicht zuletzt die Tatsache, daß die Universitäten von Bonn und Berlin auf den begabten Altphilologen Leopardi aufmerksam geworden waren und ihn gern als Professor in das damalige Preußen berufen hätten – eine Ehrung, die Leopardi allerdings aus gesundheitlichen Gründen ablehnen mußte.

Die Berliner Leopardi-Ausstellung war ein Kind der großen Ausstellung, die 1987/88 im Rahmen der italienischen Leopardi-Feiern zwischen 1987, dem Jahr der 150. Wiederkehr des Todestages, und 1998, dem Jahr der 200. Wiederkehr des Geburtstages von Leopardi, in Neapel gezeigt wurde. Sie war vorher in Madrid und Chicago zu sehen und wurde in Berlin begleitet von einem von Gaetano Macchiaroli konzipierten Katalog in deutscher Sprache und einer kleinen Auswahl von Originalausgaben aus Berliner Beständen. Vor allem aber stand sie in Verbindung mit der zweiten Jahrestagung der 1989 gegründeten Deutschen Leopardi-Gesellschaft, die vom 17. bis zum 20. September 1992 in Berlin stattfand und deutsche und italienische Gelehrte und Freunde Leopardis zu Vorträgen und in Arbeitsgruppen vereinte. Die Deutsche Leopardi-Gesellschaft, die auch über ein eigenes Organ verfügt *(Ginestra)*, nimmt die ehrwürdige Tradition der Deutschen Dante-Gesellschaft, aber auch der wiedervereinigten Deutschen Shakespeare-Gesellschaft auf, die deutschsprachigen Verehrern großer Autoren fremder Zunge in jenem Geiste zu versammeln, dem als erster Goethe und die Brüder Schlegel gehuldigt haben – dem der Weltliteratur. Die Gesellschaft ist einzigartig außerhalb Italiens und erfreut sich der Förderung und Unterstützung durch das Centro Nazionale degli Studi Leopardiani in Recanati, dem Geburtsort Leopardis (Auskünfte: Prof. Dr. Hans Ludwig Scheel, Am Rischbacher Rech, 6670 St. Ingbert).

Die Berliner Tagung stand unter dem Titel »Leopardi in seiner

Zeit«. Sie wollte das enge Feld rein philologischer Forschung verlassen, das besonders in Italien aus Leopardi vorrangig einen Autor für Schulbücher und Literaturgeschichten hat werden lassen. Erst in jüngster Zeit wendet man sich Leopardi verstärkt auch als einem Denker zu, der den Beginn der Moderne im 19. Jahrhundert miterlebt, scharfsichtig kommentiert und prophetisch gedeutet hat, vor allem in seinen *Operette morali* und in der *Palinodia al Marchese Gino Capponi*. Das Buch *Il nulla e la poesia* (Mailand 1990) des Philosophen Emanuele Severino hat uns die Augen für den Vor-Denker unseres technischen Zeitalters geöffnet, der Leopardi war. Sein Denken macht ihn zum Ahnherrn Friedrich Nietzsches und des postmodernen Zweifels am Fortschrittsglauben. Hier wollte die Zweite Jahrestagung der Deutschen Leopardi-Gesellschaft ansetzen. Eine weitgespannte Thematik sollte auch die nichtliterarischen Aspekte im Werk des italienischen Nationaldichters freilegen, seine Position in den politischen, gesellschaftskritischen, geschichtsphilosophischen und religiösen Debatten der Zeit. Der denkende Zeitgenosse ist im übrigen aufgefordert, sich in Leopardis Gedankentagebuch zu vertiefen, den *Zibaldone*, den uns Giuseppe Pacella soeben in einer dreibändigen kritischen Ausgabe mit umfangreichem Anhang und diversen Registern wieder zugänglich gemacht hat (Garzanti, Mailand 1991).

Sebastian Neumeister

Rezensionen

Sibilla Aleramo, *Dialogo con Psiche,* Novecento, Palermo 1991

Am 28. Dezember 1908 erschüttert ein schweres Erdbeben die Meerenge von Messina und richtet große Schäden in den sizilianischen und kalabresischen Küstendörfern an. Man spricht von 100 000 Opfern, 60 000 davon allein in Messina.

Am 29. Dezember reisen die Schriftstellerin Sibilla Aleramo und ihr Lebensgefährte Giovanni Cena dorthin. Wer das Paar kannte, war von dieser plötzlichen Entscheidung kaum überrascht. Seit sieben Jahren unterhielten die beiden eine intensive Beziehung, in der das soziale Engagement eine wichtige Rolle spielte.

Giovanni Cena wurde 1870 in einem kleinen piemontesischen Dorf geboren und hatte einige Romane und Gedichtbände veröffentlicht; seit 1900 war er Direktor der bekannten römischen Zeitschrift *Nuova Antologia (Neue Anthologie)*. Doch wichtiger als das literarische Schaffen waren ihm von Anfang an soziale Belange. Seine wichtigste Aufgabe war eine großangelegte Alphabetisierungskampagne bei der von Malaria und Armut geplagten Bevölkerung des römischen Umlandes. Sibilla Aleramo beteiligte sich an diesem Werk, das aus einer edelmütigen, humanitär geprägten sozialistischen Idee entstanden war und sich bis 1908 in einen großen Erfolg verwandelt hatte (in 21 Schulen wurden durch ihren Einsatz mehr als tausend Schüler jeder Altersgruppe unterrichtet). Die 1876 ebenfalls im Piemont geborene Schriftstellerin verfügte über ein ausgeprägtes Gespür für soziale Mißstände, das durch die Begegnung mit Cena noch verstärkt wurde und sie zur Mitarbeit an dieser Aufgabe führte. Seit ihrer gemeinsamen Zeit mit dem Schriftsteller trug sie auch ihr Pseudonym. Es war Cena selbst, der sie in Sibilla Aleramo »verwandelte«. Als er sie kennenlernte, war sie Signora Rina Faccio Pierangeli, die eine unglückliche Ehe hinter sich hatte, aus der sie einen Sohn mitbrachte. Er führte sie auf den Weg, der sie bald in Italien und im Ausland berühmt werden ließ. In den Jahren des Zusammenlebens mit Cena schrieb die Schriftstellerin ihren ersten Roman, *Una Donna* [*Eine Frau*], der 1906 veröffentlicht und innerhalb kurzer Zeit in acht Sprachen übersetzt wurde. Die starke autobiographische Komponente ihres Erstlingswerkes wird durch eine bemerkenswerte Sensibilität in sozialen Fragen bereichert. So enthält ihr Roman nicht nur eine detaillierte Beschreibung ihrer schwierigen persönlichen Geschichte, sondern auch und vor allem zu einer scharfen Kritik an den Lebensumständen der Frauen in Süditalien.

Wenn man diese Vorgeschichte kennt, wird die sofortige Abreise des Paares in das vom Erdbeben betroffene Gebiet um so verständlicher. Außerdem wollten sie erfahren, wie es ihrem Freund, dem Historiker und Abgeordneten der sozialistischen Partei, Gaetano Salvemini ging, der mit seiner Familie in Messina lebte.

Von seiner ersten Reise kehrte das Paar am 7. Januar 1909 zurück. Im Oktober desselben Jahres fuhren sie erneut zusammen mit Gaetano Salvemini und Giuseppina Lamaire in das Erdbebengebiet. Diesmal wollten sie die Situation in den süditalienischen Schulen zehn Monate nach dem Erdbeben untersuchen.

Bei Giovanni Cena legen Reportagen, die er für *Nuova Antologia* schrieb, Zeugnis von diesen Reisen ab. Es handelt sich dabei um eingehende Beschreibungen der katastrophalen Situation in den Dörfern nach dem Erdbeben, doch vor allem werden die Politiker, die gar nicht oder viel zu spät eingegriffen hatten, scharf verurteilt.

Sibilla Aleramo hingegen hinterläßt nur einen einzigen unveröffentlichten Text, *Dialogo con Psiche* [*Dialog mit Psyche*], der vielleicht nie zur Herausgabe bestimmt war. Er besteht aus zwei Teilen: Den ersten schrieb sie am 9. Januar 1909, direkt nach der Rückkehr aus Sizilien, den zweiten im Mai 1910 nach ihrem erneuten Aufenthalt dort.

Die Schriftstellerin zeigte eine grundsätzlich andere Einstellung als ihr Begleiter Cena gegenüber der Naturkatastrophe, die das Paar, wenn auch einige Tage danach, erlebt hatte. So schreibt sie selbst 1943: »Cena war betroffen und ganz gefangengenommen von den sozialen Bedingungen, dem Mangel an Hilfe und Organisation, diesem fast gänzlich sich selbst überlassenen Elend. Mich hingegen entsetzte die kosmische Tragödie, dieses Schicksal, das jegliche menschliche Vorstellungskraft überstieg, vom ersten Augenblick an so, daß ich mich verzweifelt in stiller Betrachtung zurückzog, denn ich fühlte, wie plötzlich das ganze Gebäude naiven Vertrauens, in dem ich bis jetzt Zuflucht gefunden hatte, dieses naive und gleichzeitig stolze Vertrauen darauf, daß das Leben im Grunde gut ist, brüchig wurde und einstürzte.«

Im Lichte dieser Worte und beim Lesen des Textes über die beiden Begegnungen mit Psyche – jener Figur der griechischen Mythologie, die Zeus zur unsterblichen Braut Amors machte und die Aleramo in Gestalt einer weißen griechischen Statue gegenübersteht, die bis vor kurzem im archäologischen Museum von Neapel ausgestellt war – sieht der Leser die grundlegende ideologische Linie von Sibilla Aleramo Form annehmen, die sie beständig vertritt: Es ist der Versuch, Kunst und literarisches Schaffen mit dem Leben in Einklang zu bringen. Ausgangspunkt ist auch hier, wie in all ihren Schriften, angefangen bei *Una Donna*, das autobiographische Erlebnis, ihr waches Bewußtsein gegenüber den Momenten des eigenen inneren Erlebens, das durch den Filter einer ausgeprägt lyrischen Sprache zu einer mythischen Verwandlung und dramatischen Beschwörung führt.

Grund für die erste Begegnung mit Psyche ist die Schilderung der starken Empfindungen der Schriftstellerin angesichts des Schreckens und der menschlichen Tragödien, die durch die Naturkatastrophe ausgelöst wurden, vereint mit der verzweifelten Hoffnung, in der weißen Statue der Psyche ein »festes Standbild« wiederzufinden, an das man sich in diesem Augenblick großer Ohnmacht wenden kann: »Ich finde dich wieder, Schwester! Ich kam heute nacht an, und im Getöse des Meeres und im Geschrei der Menge hielt mich eine einzige Sehnsucht aufrecht, hielt mich wach, die Sehnsucht zu laufen, um dich wiederzusehen! Und hier bist du nun, Schwester! Du bist ruhig, du bist weiß, du bist unverändert [...].«

Den Grund für die zweite Begegnung mit Psyche muß man dagegen in einer Art von »innerem Erdbeben« suchen, von dem Aleramo damals erschüttert wurde. Nach beinahe zehn Jahren begann die Schriftstellerin, erschöpft von der langen Hingabe an den fordernden Geist des Mannes, sich unter großen Schwierigkeiten aus der komplizierten Beziehung zu Giovanni Cena zu lösen. Und an wen konnte sie sich wenden, wenn nicht wiederum an Psyche, die Symbolfigur der Herzen, die leichte Beute für Liebesfreud und Liebesleid sind, in dem verzweifelten Versuch, sich selbst »wiederzufinden«, nachdem sie so lange für einen anderen Menschen gelebt hatte und »sich selbst um des Seelenfriedens eines anderen willens vernachlässigt hatte«? Und Psyche: »Es gibt kein anderes Geheimnis, Kreatur [...]. Wenn du im eigenen Spiegel das Bild eines größeren Lebens als deines eigenen findest [...], dann bist du gerettet«, denn: »Dies ist die Stärke der Menschen, sich Bilder zu schaffen, an die man sich in den Stunden der Ohnmacht halten kann. Dank dieser Stärke lebe ich, und du bist heute gekommen, um mich zu sehen, kleine müde Schwester [...]«.

Und an diesem Punkt tritt unmißverständlich zutage, wer die beiden sind, die hier miteinander reden: nicht einfach eine Frau und die Statue der Psyche, ein Mensch und ein Gott, sondern

die »Frau« ist die Frau Sibilla Aleramo und Psyche nichts weiter als ihr Spiegelbild.

Im *Dialog mit Psyche* wird, wie schon angedeutet und vielleicht stärker als an jeder anderen Stelle, der Entschluß deutlich, den Aleramo für sich selbst getroffen hatte, nämlich das eigene Leben zum Inhalt ihres literarischen Schaffens zu machen. Hier deutlicher als in anderen Texten, da offensichtlich wird, wie Sibilla Aleramo beinahe direkt versucht, ihre sozialen und privaten Erlebnisse literarisch umzusetzen und dabei als einziges Mittel eine sehr lyrische Sprache benutzt. Dieses Werk entstand darüber hinaus während einer Schaffenspause von mehr als zehn Jahren, in der Sibilla Aleramo, abgesehen von einigen Beiträgen in Zeitungen und Zeitschriften, nicht schrieb.

Die Herausgeberin Bruna Conti ergänzte den bis dahin unveröffentlichten Text durch eine Art Tagebuch, das Aleramo während ihrer beiden Aufenthalte im Erdbebengebiet geführt hatte, und ein kleines Gedicht, das unter gleichem Titel 1935 in dem Gedichtband *Sì alla terra* [*Ja zur Erde*] herauskam. Der Band erweist sich also als doppelt interessant, zum einen als Zeugnis eines historischen Ereignisses, zum anderen als eine Art literarischer Brückenschlag zwischen der Sibilla Aleramo aus der Zeit von *Una donna* 1906 und der von Sibilla Aleramo von *Il passaggio* [*Die Reise*], das erst 1919 veröffentlicht wurde und eine neue, lange und fruchtbare Schaffensperiode der Schriftstellerin einleitete. Obwohl sich die starke individuelle und lyrische Komponente einerseits und die ausgeprägte Sensibilität für soziale und menschliche Probleme andererseits auch weiterhin wie rote Fäden durch ihr Werk zogen, die manchmal parallel verlaufen, sich bisweilen auch kreuzen, sollte Aleramo in ihren folgenden Werken doch auch andere Komponenten stärker in den Vordergrund rücken. Sie neigte immer mehr dazu, ihre persönlichen Erlebnisse literarisch und biographisch zu mythologisieren und ihre literarische Berufung zu unterstreichen.

Orietta Angelucci von Bogdandy

Fruttero & Lucentini, *Ein Hoch auf die Dummheit. Porträts, Pamphlete, Parodien.* Aus dem Italienischen von Pieke Biermann, Piper, München 1992

Der Band sammelt Artikel des Turiner Autorenduos aus der Tageszeitung *La Stampa*, genauer: Feuilletons der »dritten Seite«, die in Italien traditionsgemäß diversen aktuellen Themen gewidmet ist. Fruttero & Lucentini haben aus 360 Glossen, die sie in fünfzehn Jahren geschrieben hatten, in Italien schon 1985 und 1988 zwei Bände zusammengestellt, aus denen jetzt Texte ausgewählt wurden. Selbst Artikel aus den siebziger Jahren büßen keinerlei Aktualität ein.

Mit einer Sicht auf die Dinge, die das Ungewöhnliche im Gewohnten entdeckt, Spott, Sarkasmus und Ironie hochleben läßt, wird der verklärte Touristenblick und die zur Routine erstarrte alltägliche Wahrnehmung der italienischen Gesellschaft entschleiert. Der rote Faden dieses bohrenden Blickes ist, wie es Fruttero & Lucentini im Vorwort zur deutschen Ausgabe hervorheben, die Offenlegung der allseits herrschenden Dummheit.

Das erste Kapitel »Reisen bildet« macht schnell klar, daß den einstigen Bildungsreisen im Land der großen Kulturtradition heutzutage alles entgegensteht. Seien es die ignoranten Touristenmassen, die dem Elitereisenden die Sammlung vor Brunelleschi, Botticelli oder Giotto unmöglich machen, seien es die öffentlichen Verkehrsmittel, die einem jegliche Reiselust vergällen können. Nicht ohne Grund also haben die Italiener seit den achtziger Jahren angefangen, dem eigenen überfüllten Land den Rücken zu kehren und das Ausland zu entdecken.

Ob Fast-Food-Restaurants auf der römischen Piazza di Spagna, die verdammte italienische Bürokratie, die oft grotesken Folgen der Abschaffung der Irrenanstalten und anachronistische Zustände in den Klassenzimmern – die Widersprüche italienischen Daseins bieten dem scharfen Blick der Autoren reichlich Stoff. Natürlich mokieren sich zwei so gebildete Autoren auch über die wenig paradiesischen Zustände in den Massenmedien. Da das Fernsehen in derartig vielen Bereichen die Schamgrenze überschritten hat, muß man sich nach gesamtgesellschaftlichen Verknüpfungen fragen. »Ob man nicht vielleicht doch einen Zusammenhang sehen muß zwischen der Unverfrorenheit des Frührentners, des Krankfeierers, des falschen Schwerbeschädigten, des Bombenlegers, des Camorra-Killers, des Funktionärs, des Staatssekretärs und all den Deosprays und WCs, die einem so penetrant und dreist exhibitionistisch vorgeführt werden? Ist zwischen dem arroganten Gesicht eines Ministers und dem arroganten Po, der vor oder nach ihm über den Bildschirm flimmert, eine Wechselwirkung denkbar?«

Kein gutes Haar wird am Typus des heutigen Journalisten gelassen, für den »die Menschheit sich darstellt als grenzenloser Wettbewerb, als unerschöpfliche Kollektion von persönlichen Angelegenheiten, Gesichtern, Akzenten, Gesten, Gewohnheiten, Stilen und Marotten«. Und dessen »leidenschaftliche Aufmerksamkeit für all das sich auch in den Artikelchen niederschlägt, die er schreibt«.

Kurz: es hat sich – nach Fruttero & Lucentini – in großen Bereichen der Zivilisation offenbar unaufhaltsam Dummheit breitgemacht. Das Sagen hat der Einfaltspinsel. Beim Lesen dieser geistreichen Glossen regt sich in einem kaum Widerspruch. Der Sarkasmus erscheint als legitime Form, um mit diesen Einsichten leben zu können.

So brillant wie die kurzen Texte geschrieben (und übersetzt) sind, kann diese sezierende und bissige Sicht der Autoren auf die italienische Gegenwartsgesellschaft nur fesseln. Mögen sich die europäischen Nationen auch schrittweise immer ähnlicher werden, Italien bietet Absurditäten des Alltags am laufenden Band, wie sie anderswo nur hin und wieder als etwas Ausgefallenes auftreten.

Regine Igel

In Afrika ist immer August. 60 Schulaufsätze neapolitanischer Kinder, herausgegeben von Marcello D'Orta. Aus dem Italienischen von Linde Birk, Diogenes, Zürich 1991.

Wer den italienischen Süden verstehen will, für den ist dieses kleine Buch ein Muß. Mehr noch als alle allgemeinen soziologischen oder politischen Abhandlungen vermitteln diese Schulaufsätze die nicht nur kindliche Alltagswelt im Italien südlich von Rom, das im Norden, mit rassistischen Untertönen, gerne als »schon zu Afrika gehörend« denunziert wird. Konkret liegt dieses »Afrika« an der Peripherie Neapels.

Man liest vom ständigen Familienstreit, der »die Hühner unter die Betten jagt«, der Angst vor Drogen, »zu vielen« Leuten in der Familie, vom Berufswunsch, »Schrottmann« zu werden, von mit Müll vollgestellten Gassen und von Kinderarbeit.

Marcello D'Orta wurde, als der Band 1989 in Italien Auflagenrekorde erreichte, mit seinen Grundschülern in alle großen Fernsehsender eingeladen. Nachdem mehr als 500 000 Exemplare verkauft waren, mischten sich lautstark die Eltern ein. Sie wollten an den Tantiemen beteiligt werden, schließlich seien ihre Kinder die Autoren. D'Orta kam arg in die Bredouille, erklärte zum einen, daß er Montagen vorgenommen und in die Texte eingegriffen habe. Zum anderen behauptete er, daß hinter den Eltern nur die Camorra stehe, die ihn ausnehmen wolle. Man machte ihm den Vorwurf, mit der Veröffentlichung Vorurteile gegen den Süden zu schüren. Schließlich, was hätte man auch schon nachweisen können, versandete die ganze Angelegenheit...

Eine Kostprobe aus dem Buch:

»Der 8. März ist der Internationale Frauentag. Sprich über die Lebensbedingungen der Frau.

Ich dencke (und glaube), daß die Frau gleich sein muß wie der Mann, weil es nicht gerecht ist, daß sie nicht gleich ist. Am 8. März muß die Frau gleich sein, wie der Mann!

An dem Tag bringen alle Männer den Frauen Mimosen, und auch den andern Menschen, aber ich kenne keinen Mann, wo am 8. März einer Frau einen Fußtritt gegeben hat. Das hat mir mein Vatter erzelt. Mein Vatter fährt jetzt Straßenbahnen, aber früher war er bei der Feuerwehr. Da war es mal so, daß eine Frau vom 8. März sich vom Dach runterstürzen wollte, und da haben sie die Feuerwehr geholt. Mein Vatter war der, wo auf die Häuser gestiegen ist, um die Leute nicht von den Blocks runterfallen zu lassen. Er stieg hinauf, und wie er vor der Verrückten stand, sagte er zu ihr: ›Du willst dich wohl runterstürzen, damit wir Ärger kriegen?‹

Da hat die noch ein bißchen gedacht, soll sie sich jetzt runterstürzen oder ins Wohnzimmer zurück und hat dann gedacht, sie soll sich runterstürzen. Aber auch mein Vatter hat sich auf sie gestürzt und sie gepackt.

Wie sie runtergekommen sind, hat ein Freund von meinem Vatter, wo auch bei der Feuerwehr ist (aber unten), der Verrückten einen Tritt gegeben wegen der Angst, wo er gekriegt hat.

Ich, wenn ich dieser Herr gewesen wäre, hätte ich ihr den Tritt nicht an dem Tag gegeben, wo der 8. März war, an einem andern Tag schon.«

Regine Igel

Carlo Ginzburg, *Der Richter und der Historiker. Überlegungen zum Fall Sofri.* Aus dem Italienischen von Walter Kögler, Wagenbach 1991.

Es schien alles so klar, als 1988 die italienischen Zeitungen meldeten, daß sich ein gewisser Leonardo Marino bei der Polizei gemeldet hatte, um nach 16 Jahren zu gestehen, daß er 1972 als Mitglied der linksextremen Gruppe Lotta Continua den nie aufgeklärten Mord an Polizeikommissar Calabresi begangen habe. Also sollte sich wenigstens einer der vielen mysteriös gebliebenen Fälle aus den »Bleijahren« durch die späte Reue des einstigen Fiat-Arbeiters und heutigen Crêpes-Verkäufers Marino aufklären.

Aber es kam anders, weil eben auch dieser politische Mordfall sehr viel mehrschichtiger ist als auf den ersten Blick angenommen, weil er, wie in Italien laut vermutet wird, »stinkt«. Und das heißt, daß hier die Geheimdienste ihre Finger mit im Spiel haben.

Marino legte nicht nur sein Geständnis ab, sondern er belastete noch drei andere, zwei als Auftraggeber, einen als direkten Mittäter. Die beschuldigten ehemaligen Führer von Lotta Continua, Adriano Sofri und Giorgio Pietrostefani, heute Universitätsdozent und Manager, sowie Ovidio Bompressi, leugneten ihre Schuld. Ohne jegliche polizeiliche Ermittlungen, ohne Beweise, allein durch die Aussage Marinos wurden die drei, und auch Marino, dann 1990/91 in Erster und Zweiter Instanz zu hohen Freiheitsstrafen verurteilt. Die endgültige Entscheidung des Obersten Gerichtshofes steht noch aus.

Carlo Ginzburg, Professor für Geschichte in Bologna, Sohn Natalia Ginzburgs und Freund Adriano Sofris, hat in dem Buch *Der Richter und der Historiker. Überlegungen zum Fall Sofri* die Unglaubhaftigkeit der Version Marinos anhand des Tathergangs nachgewiesen. Er stellt den Kern der Aussage Marinos, den reuigen, freiwilligen Gang zur Polizei, in Zweifel und nimmt dagegen an, daß er auf der Grundlage des Pentitogesetzes (pentito = Reuiger), d.h. um bei Belastung anderer Haftminderung zu bekommen, zur Aussage gegen seine ehemaligen Genossen veranlaßt wurde.

Minuziös werden die Aussagen Marinos in den Protokollen der Verhöre und Prozeßakten und die Widersprüche in der Prozeßführung untersucht. Es drängt sich der Verdacht eines Komplottes auf, für den es jedoch keine Beweise gibt. Doch wann sind bei den zahlreichen Komplotten, Verschwörungen, Intrigen, die von Geheimdiensten und mächtigen politischen Kräften in den letzten zwanzig Jahren in Italien angezettelt wurden, schon einmal Spuren hinterlassen worden?

So ist das Buch Ginzburgs einzureihen in die zahlreichen Veröffentlichungen der »Dietrologia«, der Erkundung der Hintergründe von merkwürdigen politischen Vorgängen. In der italienischen Öffentlichkeit ein meist denunziatorisch gebrauchter Begriff, der nach der Ermordung Aldo Moros (1978), ebenfalls einem Komplott, kreiert wurde.

Ginzburg ist sich der Unschuld Adriano Sofris, der als Hauptverdächtiger des Mordes angeklagt ist, sicher. Als Historiker weist er nach, daß sich in dem Prozeß Methoden der Inquisition des 16. und 17. Jahrhunderts wiederfinden. Der Richter agiert »nicht als Richter, sondern als Historiker, als Geschichtenerzähler, als Inquisitor und als einer, der *seine* Wahrheit – eine mögliche Wahrheit – wider alle anderen Wahrheiten, wider alle Fährnisse, Zweifel und Gegenevidenzen verteidigt«. So aus dem Vorwort von Thomas Schmid, das, da Ginzburg streng juristisch-historisch bleibt, den gesellschaftlichen Kontext des Falles erläutert.

Ginzburg ist jedoch nicht ganz

überzeugend. Schließlich ist Marino zu elf Jahren verurteilt worden, und man wird letztendlich – trotz des Mißtrauens gegenüber der italienischen Justiz und dem Wissen um die zahlreichen Komplotte – die Frage nach seiner Motivation und damit nach seiner Glaubhaftigkeit doch nicht ganz los. Oder sollte es so sein, daß 1988 die polizeilichen Ermittlungen auf Marino gestoßen sind und ihm dann die Sühne-Version und die Behauptung der Mitschuld seiner Ex-Genossen diktiert haben? Mit der juristisch abgesicherten Möglichkeit des Strafnachlasses für die »pentiti« wäre dies denkbar. Hier läge dann das Komplott. Doch warum sollten ein Adriano Sofri, und die anderen Angeklagten, immer vorausgesetzt, daß sie nicht schuldig sind, gerade jetzt Anfang der neunziger Jahre hinter Gitter gebracht werden?

Wie auch immer, das Buch ist in jedem Falle ein Lehrstück italienischer Verhältnisse.

Regine Igel

Leo A. Müller, *Gladio – das Erbe des Kalten Krieges, Der Nato-Geheimbund und sein deutscher Vorläufer.* Mit einem Beitrag von Werner Raith, Rowohlt, Reinbek 1991.

Als im letzten Herbst in Italien aufgedeckt wurde, daß schon bald nach Ende des Zweiten Weltkrieges geheime »Verteidigungsorganisationen für den Kriegsfall«, wie sie offiziell hießen, aufgebaut wurden und bis heute rege sind, schlug dies hohe Wellen. In fast allen Nato-Staaten wurden nach dem Krieg militärische und politische Geheimorganisationen aktiv. Ihre Aufgabe war es, die Kräfteverschiebungen zugunsten der Linken zu kontrollieren, aber auch – wie man inzwischen weiß – das Erstarken der Linken aus dem Untergrund heraus aktiv zu verhindern. In Italien waren diese illegalen, auch als geheime politische Polizei gekennzeichneten Verbände außerhalb jeglicher parlamentarisch - demokratischer Kontrolle und unter der Ägide amerikanischer Geheimdienste tätig.

Die italienische Öffentlichkeit ist besonders sensibel gegenüber den subversiven Tätigkeiten verdeckter Organisationen. Nicht nur, daß 1981 die geheime und illegale Freimaurerloge P2 mit ihrer politischen Unterwanderungsstrategie und ihrer Mitgliederliste, auf der hohe Militärs, Minister, Richter, Bankiers und Industrielle standen, aufflog. Darüber hinaus ist schon seit Jahren immer wieder davon die Rede, daß bei den Bombenanschlägen der sechziger und frühen achtziger Jahre keineswegs nur vereinzelte Rechtsterroristen, sondern auch Geheimdienste ihre Finger mit im Spiel hatten. Für die zahlreichen

Toten bei diesen Attentaten und für die mit ihnen zusammenhängenden, ebenso zahlreichen politischen Morde sind bis heute keine Schuldigen gefunden worden. Die Ausführungen Werner Raiths über die Debatte und die Ermittlungen in Italien, wo Gladio vor allem wegen der Stärke der Kommunistischen Partei besonders rege war, sind in dem Band von zentraler Bedeutung.

Der Überblick über die Reaktionen aller westeuropäischen Staaten auf die Aufdeckung von nur anders benannten Gladio-Organisationen (in Deutschland »stay-behind«) zeigt, daß nahezu alle Regierungen verdunkeln und vertuschen und daß sehr zögernd etwas zur Sache geäußert wird. Die Angelegenheit, schon als »größter Nato-Skandal« bezeichnet, soll so bedeckt wie möglich gehalten werden.

Die Strategien der CIA, Drahtzieherin des Gladio-Netzwerkes, werden, soweit sie publik wurden, im Buch unter die Lupe genommen. In der Bundesrepublik operierten in den fünfziger Jahren neben den vom Bundesnachrichtendienst geduldeten verfassungsfeindlichen, sich aus Ex-Nazis zusammensetzenden Gladio-Vorläufern mehr als ein halbes Dutzend verschiedener amerikanischer Nachrichtendienste – sogar ohne das Wissen der bundesdeutschen Behörden.

Daß es keineswegs nur um Vorbereitungen auf den kriegerischen Angriff durch die Sowjetunion ging, wie heute immer noch behauptet wird, beweist das »Demagnetize«-Programm aus den sechziger Jahren. Das Oberkommando des US-Generalstabs arbeitete es für den Kampf gegen »die Gefahr einer Einnistung des Kommunismus in Frankreich und Italien« aus. Es setzte unter anderem auf die Korrumpierung einflußreicher Politiker und ließ die CIA allein in Italien bis Ende der siebziger Jahre 60 Millionen Dollar investieren. In Griechenland, der Türkei und Italien entwickelten die Gladio-Aktivisten ein bedrohliches, staatszersetzendes Eigenleben. Die schrittweisen Enthülllungen liefern vielschichtigen und explosiven Stoff, wie er für Politthriller nicht besser hätte erfunden werden können.

Das Buch bildet den längst überfälligen Auftakt zur Aufdeckung dieses dunklen Kapitels der Gegenwartsgeschichte. Ob je alles erhellt werden kann, muß fraglich bleiben, schließlich werden die geheimdienstlichen Täter kaum Dokumente und Akten hinterlassen haben. Und wer weiß schon, wann das Erbe des Kalten Krieges aufgebraucht sein wird?

Regine Igel

Italienisch-europäische Kulturbeziehungen im Zeitalter des Barock, herausgegeben von Brigitte Winklehner, Stauffenberg, Tübingen 1991.

Zu diesem Thema fand 1989 in Salzburg ein Kolloquium statt, dessen 22 Beiträge nun, von der Initiatorin der Tagung herausgegeben, in Buchform vorliegen.

Die Lektüre des Gesamtbandes, dem es eher um die Ausleuchtung der Epoche als um die Auseinandersetzung mit dem Stilbegriff »Barock« geht, vermittelt einen instruktiven Einblick in Literatur und Literaturbeziehungen des Barock. Die Einzelstudien sind fünf großen Rubriken zugeordnet: 1. »Fächerübergreifende Studien«; 2. »Allgemeine Darstellungen« sowie in drei weitere, den Rezeptionsräumen entsprechend: 3. »Italien – Deutschland / Österreich«; 4. »Italien – Frankreich«; 5. »Italien – Spanien / Portugal«. Erfreulich ist die Erweiterung der Perspektive über die kanonischen Barockliteraturen hinaus auf den »mitteleuropäischen Raum« der Balkanstaaten, die der Beitrag von Zoran Konstantinovic erschließt. Im Hinblick auf die untersuchten literarischen Gattungen ist dem Band eine große Reichweite zu bescheinigen: Moralistik (August Buck); Fürstenspiegel (Peter Brockmeier); Reiseliteratur (Klaus Heitmann); Pastorales Drama (Achim Aurnhammer); Lyrik (Horst Heintze; Margot Kruse; Reinhard Klesczewski; Jürgen Grimm; Ulrich Schulz-Buschhaus); erzählende Literatur (Wolfram Krömer); Poetik (Winfried Engler; Aníbal Pinto De Castro) und Epos (Dieter Messner) werden meist aus rezeptionsgeschichtlicher bzw. übersetzungswissenschaftlicher Perspektive (Frank-Rutger Hausmann; vgl. auch die Beiträge von Heintze und Aurnhammer) exemplarisch behandelt. Eine umfassende Kommentierung ist im vorgegebenen Rahmen nicht möglich; es sollen eher einige Aspekte und Ergebnisse aufgezeigt werden.

Auch wenn die einzelnen Beiträge zumeist Fallstudien sind, von einem Text bzw. Autor ausgehen und so für sich gesehen recht spezialisierte Fragestellungen verfolgen, ergibt die Lektüre des Ganzen in Umrissen jedoch Einblick in die Vielfalt von Rezeptionswegen und -formen, schärft den Blick für die Bedeutung von Vermittlerfiguren.

Als solche werden zum einen die zahlreichen Italienreisenden vorgestellt, die im direkten Kontakt mit dem barocken Italien dessen Kunst und Literatur kennenlernten und diese dann, adaptiert an die Bedingungen ihrer Heimatländer, dort vermittelten, wie dies exemplarisch an dem Salzburger Fürsterzbischof Wolf Dietrich von Raitenau (Rudolf Baehr), dichtenden Mitgliedern des Wiener

Hofes (Erika Kanduth) oder an Heinrich Schütz (Gerhard Croll) aufgezeigt wird. Als Vermittler werden beispielsweise auch italienische Tanzmeister dargestellt (Sibylle Dahms), die ihre Kunst und die dahinter stehenden gesellschaftlich-ethischen Ideale an die europäischen Höfe trugen. Eine besondere Bedeutung kommt den Übersetzern als Kulturvermittlern zu (und damit der literarischen Übersetzung generell), weil diese nicht allein die italienischen Texte übertrugen, sondern mit ihren Übersetzungen zugleich das Themen-, Formen- und Gattungsreservoir ihrer Literaturen erneuerten oder modifizierten. So wundert es nicht, daß in zahlreichen Artikeln auf die Bedeutung von Übersetzungen hingewiesen wird, jener Sonderform von Rezeption insofern, als sich in ihr Rezeption und Textproduktion treffen und in ihnen zugleich die Normen und Konstellationen des rezipierenden Landes in vielfältiger Art zum Ausdruck kommen. Von großer Bedeutung sind natürlich die Autoren selbst, deren Status ebenfalls Thema einer Studie ist (Pasquale Tuscano): Sie schaffen eine gesamteuropäische Barockliteratur, die sich bei aller ästhetischen Originalität der einzelnen Texte durch ein dichtes Netz intertextueller Bezüge kennzeichnet.

Die keineswegs homogenen Ergebnisse der jeweiligen »Länderabschnitte« geben Einblick in die Modalitäten jenes Bereichs, den die Rezeptionsforschung als Sonderbereich wertet, d. h. in die internationale Rezeption: Die historischen, ästhetisch-literarischen sowie ideologischen Gegebenheiten des Rezeptionslandes bestimmen die unterschiedliche Rezeption des Barock in Europa. So wird am Beispiel Frankreich, dessen Beitrag zum Barock in der Literatur der »préciosité sowie in der Pastoraldichtung besteht, verdeutlicht, daß die sich parallel formierende Klassik der »barocken Verführung« (Dieter Kremers) einerseits nicht ganz widerstehen konnte und mochte, daß sie andererseits Elemente der poetischen Theorie und Praxis des italienischen Barock sehr wohl rezipierte: Diese dienten gleichsam als Antiphrase, als Bezugspunkt, die zur Entwicklung der divergierenden Vorstellungen der Klassik beitrugen. In Deutschland verläuft die Rezeption unter anderen Vorzeichen: Im Land der Reformation wurden beispielsweise Metapher und Analogie weniger als stilistisch-rhetorischer Schmuck konzeptistisch eingesetzt, sondern eher didaktisch im Rahmen einer an Theologie und Transzendenz orientierten Dichtung verstanden (Arturo Larcati).

Es wäre sicherlich verfehlt, an ein Unternehmen wie das vorliegende mit der Erwartung heranzugehen, darin eine vollständige

Ausleuchtung des komplexen kulturgeschichtlichen Phänomens »Barock« zu erwarten. So trifft man in den Beiträgen vertraute »Paare« wie etwa Marino und Gracián, Marino und Lope de Vega an, findet vertraute Ergebnisse und Positionen der Barockforschung vor. So fehlt selten der Hinweis auf »die Geburt des Barock aus dem Geiste der Gegenreformation«, auf die Autoren, die die Schlüsseltexte der Epoche verfaßt haben: Machiavelli, Castiglione, Tasso und Marino. Neben diesem Blick auf Vertrautes dokumentiert dieser Band jedoch auch die Suche nach neuen Bezügen, etwa im Hinblick auf Marino und La Fontaine, Mme de Scudéry oder Marot. Die komparatistische Perspektive der meisten Studien – die Romanistik ist, auch wenn manche Komparatisten (und Romanisten) es nicht gerne hören, eine komparatistisch angelegte Philologie – stellt das Spannungsfeld von einem einerseits universellen europäischen Stil im Zeichen von Renaissance und Barock, einer universellen Rhetorik, und andererseits der Eigenständigkeit der unterschiedlichen Rezeptionen im Hinblick auf die jeweiligen Nationalliteraturen wie die Autoren dar.

Es sind jedoch auch Vorbehalte anzumelden, die allerdings weniger die Einzelbeiträge als die Konzeption des Bandes betreffen. Auch wenn einige Studien auf den nach wie vor problematischen und nicht unumstrittenen Barockbegriff oder divergierende Ansätze im Hinblick auf die Interpretation jener Epoche eingehen, vermißt man doch einen »Leitartikel«, der dies systematisch aufarbeitet. Auch hätten grundsätzliche Ausführungen zum historischen Rahmen, in dem sich die Kulturbeziehungen entwickeln und gestalten, zu deren vertieftem Verständnis sicherlich beigetragen. Im vorliegenden Band, der im Titel immerhin von »Kulturbeziehungen« spricht und damit hohe Erwartungen weckt, drängen literatur- und rezeptionswissenschaftliche Themenstellungen andere Bereiche wie etwa Malerei, Bildhauerei und Architektur ins Abseits, die doch zentrale Elemente der barocken Kultur sind. Nur ansatzweise ist in den Beiträgen zur Musik und Tanzkunst der Anspruch, nicht allein Literatur-, sondern weitergehend »Kulturbeziehungen« zu erörtern, eingelöst. Kritisch sei weiterhin angemerkt, daß man sich eine kurze Dokumentation der Diskussionen zu den Vorträgen oder aber einen diese darstellenden Beitrag gewünscht hätte; so bleiben die z. T. unterschiedlichen methodischen Ansätze und Interpretationen im Raume stehen. Dieser letzte Einwand ist, das soll auch betont werden, nicht allein dem vorliegenden Werk, sondern vielen Sammelbänden dieser Art gegenüber vorzubringen. Angesichts der Materialfülle, die dieser Band zweifelsohne vereinigt, wäre ein Namenregister mehr als wünschenswert gewesen.

Gilt in vielerlei Hinsicht: »alle Wege führen nach Rom«, so gilt für die Literatur jener Zeit, daß alle Wege von Italien ausgehen und nach Europa führen. Eine »invitation au voyage« durch die literarischen Landschaften des barocken Europa ist der vorliegende Band allemal.

Elisabeth Arend-Schwarz

Gianfranco Bettetini, *La simulazione visiva*, Bompiani, Mailand 1991.

Die Furcht vor der Ankunft des Antichrists und dem Weltuntergang im Jahre 999 hat auf den ersten Blick wenig gemeinsam mit dem Computer. Bei der Lektüre italienischer Veröffentlichungen zu neuen Kommunikationsformen entwickeln sich jedoch überraschende Zusammenhänge. Titel wie *Videoculture di fine secolo* [*Videokultur des Fin de Siècle*] oder *Ombre sintetiche* [*Synthetische Schatten*] oder *La Simulazione visiva* [*Die visuelle Verstellung*] markieren kulturelles Unbehagen und Untergangsstimmung. Läßt sich die ängstliche Tendenz vor dem neuen Jahrtausend im Jahre 999 auf die kurze Formel der Angst vor der Ankunft des Antichrists reduzieren, so bietet sich heute, an der Schwelle zum dritten Jahrtausend, der Begriff »Simulation« an. Er bündelt die Ängste vor den Neuerungen der Computertechnik, der Bilderflut des Fernsehens und den Veränderungen der Kommunikationstechnik. Ein Kommunikationswissenschaftler an der Università Cattolica von Mailand, Gianfranco Bettetini, hat der Simulation eine Publikation, *La simulazione visiva*, gewidmet. Der Untertitel lautet *Betrug, Fiktion, Poesie und Computergrafik* und deutet das Bedeutungsspektrum an, das diesem Begriff zukommen soll. Bettetini möchte ein weites Feld bearbeiten und führt schon im Untertitel positive Aspekte des Begriffs ein. Es geht also um Verstellung und Untergang ebenso wie um Darstellung und Morgenröte einer neuen Zeit, der Zeit der Computergrafik. Simulation ist nach Bettetini ein Begriff, der hervorragend die Jahrtausende währende Abstraktionsarbeit des Menschen charakterisiert. Simulieren bedeutet für Bettetini Nachahmen, Darstellen und Reproduzieren. Damit ist dem Begriff der schlechte Geruch genommen, der ihm traditionell in der Ethik anhaftet. Mit dieser Definitionsgeste streicht Bettetini aber auch den apokalyptischen Wind aus den Segeln eines französischen Simulationstheoretikers. Bettetini wendet sich gegen die Visionen von Jean Baudrillard.

Baudrillard hat wie kein anderer in den achtziger Jahren die Dämonisierung der Medientechniken Video, Fernsehen und Computergrafik beschleunigt und damit publizistische Erfolge gefeiert. Simulation ist der Begriff, der für Baudrillard unsere Epoche bezeichnet, in der die Medien die Realität so weit verstellt haben, daß sie unter den Simulationen verschwunden ist. Folgt man Baudrillard, dann hat sich das Subjekt in den Zeichen- und Bildfluten aufgelöst und hat sich unter die Herrschaft der sogenannten Kommunikationsprothesen begeben, bei denen der Computer für den Menschen denkt und die Kamera für ihn sieht. Beschwört der französische Sozialist und Katholik mit dem Wort Simulation den Untergang der Kultur, so versucht der Italiener Bettetini diese Beschwörung durch Gegenzauber zu entkräften. Dazu bedient er sich in den drei Teilen seines Buches unterschiedlicher Strategien. Bettetini ist geschult im semiotischen Vokabular, kennt historische Entwicklungen und ist informiert über heutige Medientechniken. Es gelingt ihm damit etwas, aber leider nicht alles gut. Er möchte zeigen, daß der Umgang mit Medientechniken sich begrifflich exakt fassen läßt. Der erste Teil beansprucht eine »semiopragmatische Begründung des Konzepts der ›Simulation‹« (fondazione semio-pragmatica del concetto di »simulazione«). Es wimmelt von verschiedenen Simulationstypen wie »bezeichnende Simulation« (simulazione significante), die »bezeichnete Simulation« (simulazione significata), der »angemessenen« (adequata) und »unangemessenen« (inadequata) Simulation, der »bezeichnenden Simulation ohne Objektreferenz« (simulazione significante senza referente oggettuale) usw. Das trägt zwar theoretisch zur Klassifizierung einiger moderner Phänomene bei, ermöglicht aber kein strukturelles Verständnis. Die Untersuchung geht von dem Gedanken aus, daß kein Kommunikationsvorgang ohne zugrunde liegendes Gegenstandsmodell möglich ist. Bettetini kann damit aber nicht die Faszination und die Macht von gefälschten Fernsehnachrichten erfassen. Seine Spekulationen bleiben abstrakt und scheuen die Analyse von modernen Täuschungsdebakeln wie dem der Golfkriegsberichterstattung und der rumänischen Revolution. Das sind Phänomene der visuellen Verstellung der Wahrheit durch moderne Kommunikationstechniken. Das Untertitelstichwort Betrug kündigte eine Behandlung dieses Problems an. In bezug auf den Betrug wird der Leser jedoch betrogen. Es geht Bettetini zwar um den Beweis, daß die Welt der Telekommunikation nicht so schrecklich und irrational ist, wie es die Apokalyptiker meinen. Aus

Liebe zur begrifflichen Exaktheit bleibt Bettetinis Auseinandersetzung mit den Phänomenen des televisuellen Betrugs dann aber unbefriedigend.

Ähnlich muß das Urteil über den Versuch lauten, den Bettetini im dritten Teil seines Buches unternimmt. Er untersucht dort die sogenannte Interaktivität der Computergrafik. Damit werden Programme bezeichnet, die dem Nutzer eine Vielzahl von Möglichkeiten bieten, Bilder auf dem Bildschirm zu erstellen. Interaktiv heißt das deshalb, weil dem Nutzer jederzeit Befehle gestattet werden, die das Bild verändern können. Bettetini arbeitet heraus, daß die sogenannte Dialogsituation beschränkt ist und von der Leistung des Computers abhängt. Das, was unmittelbar einsichtig ist, formuliert Bettetini umständlich im Rahmen einer semiotischen Theorie. Es klingt plausibel, wenn Bettetini dann die Meldungen des Programms in kommentierende und erzählende unterteilt. Es ist plausibel, aber nicht mehr. Den komplexen mathematischen Formulierungen, auf denen die Programme aufbauen, wird das nicht gerecht und fördert ebensowenig eine Auseinandersetzung mit dem Sachverhalt. Es dient vielleicht nur dazu, dem Diskursanalytiker den Computer schmackhaft zu machen. Auf diesem Niveau trägt die Semiotik nichts zur Klärung des Begriffes Simulation bei.

Bettetini möchte aber nicht nur semiotisch das Konzept der Simulation erörtern. Ein anderes erklärtes Ziel des Buches ist es, das Verhältnis von Abstraktion und Bildlichkeit zu untersuchen. Das kann Bettetini deshalb in eine Veröffentlichung über Simulation eingliedern, weil er Simulieren als Grundlage der menschlichen Zeichentätigkeit definiert. So kann auch die menschliche Bildproduktion untersucht werden. Diese Gewichtung führt dazu, daß Bettetini einen wichtigen Zusammenhang vernachlässigt. Seit den fünfziger Jahren arbeiten Sozialwissenschaftler und Ingenieure mit der Technik der Simulation, verstanden als computergestützte Modellbildung. Dies hat zu einer Flut von technischen Aufsätzen mit dem Titelstichwort »Simulation« geführt. Zu vermuten ist, daß Baudrillards These von der Welt der Simulation hier ihren Ursprung genommen hat. Bettetini vernachlässigt dies ausdrücklich und konzentriert sich auf das Verhältnis von Bildlichkeit und Abstraktion. Das ist eine legitime Einschränkung, wenn auch bedauerlich, weil so ein wichtiger Aspekt moderner Vorstellungstechnik verstellt wird.

Das »epistemologische Ereignis der Computer Graphics« (eine Formulierung, die Bettetini von Phillipe Queau übernommen hat) motiviert Bettetinis Konzentration auf die visuelle Simulation.

Die Tatsache, daß mathematische Gleichungen den Bildern auf den Computerbildschirmen zugrunde liegen, verführe dazu, eine Ehe zwischen Mathematik und Malerei anzunehmen. Bettetini verwahrt sich zu Recht gegen diese Euphorie, indem er auf zwei Punkte hinweist. Erstens ist der Nutzer der Computerprogramme weit von den Abstraktionsleistungen der Programmierer entfernt, wenn er mit Hilfe eines Grafikprogramms vorgefertigte Bildelemente kombiniert. Zweitens läßt sich die Entwicklung des Bildbegriffs seit der Erfindung der Zentralperspektive als ständiges Arbeiten an der Grenze zwischen rationaler Organisation und assoziativer Bildlichkeit verstehen.

Hier zeigt sich auch die Qualität von Bettetinis Veröffentlichung. Er ist in der Lage, eine historische Entwicklung auf die heutige Mediendiskussion hin zu fokussieren. Dabei wird deutlich, daß es schon oft in der Geschichte verwirrende Neuerungen gab, die unser Verhältnis zu Wahrheit und Verstellung irritierten. Er erinnert an die sogenannten anamorphotischen Bilder von Niceron, Maignan und Holbein. Steht man solchen Bildern frontal gegenüber, blickt man auf verschwommene Linien. Bewegt sich der Betrachter, so bewegt sich auch das Bild, und auf einmal erkennt man Totenköpfe, ein Bildnis von Descartes oder den Evangelisten Johannes auf einem Baum. Diese Bilder leben von der Bewegung, der Aktivität des Betrachters. Möglich wurden diese Täuschungskünste, die Bettetini auch Simulationen nennt, erst durch die Zentralperspektive und die Erweiterung der Geometrie. Bettetinis Spektrum ist so gesehen faszinierend. Er ist bewandert in anamorphotischen Theorien und Computergrafikprogrammen, weiß um einige Möglichkeiten des heutigen Maschinenparks mit ihren neuronalen Netzen, Simililary Machines und Pixar-Prozessoren. So kann er auch mit Hilfe des Konzepts der Simulation einen Bogen zwischen Jahrhunderten spannen. Leider fallen aus den Schwingen der Jahrhunderte nur einige Federn. Es ist selten, daß Bettetini zu den Quellen gelangt. Die Anamorphitiker hat Bettetini mit Hilfe von Baltrusaitis aufgearbeitet. Was er über Künstliche Intelligenz weiß, verdankt er dem Kritiker der Künstlichen Intelligenz, Herbert L. Dreyfuss, und nicht den einschlägigen Theoretikern Alan Turing oder Herbert A. Simon. Was Bettetini an Textmaterial zusammenträgt und mit semiotischer Ordnungspolitik verwaltet, ist immerhin ausreichend, um die apokalyptische Sicht Baudrillards zu relativieren. Die Faszination und Verlockung der visuellen Simulation läßt sich so jedoch nicht erklären und damit auch nicht der Erfolg des Begriffs Simulation am Ende dieses Jahrhunderts.

Nils Röller

Luca Serianni, *Il primo ottocento: d'all'età giacobina all'unità,* Il Mulino, Bologna 1989. *Il secondo ottocento: dall'unità alla prima guerra mondiale,* ebd., 1990.

Die neue Reihe des Mulino Verlags, die von Francesco Bruni herausgegeben wird und sich mit der italienischen Sprachgeschichte beschäftigt, beabsichtigt, Wissenschaftlern und insbesondere Studenten ein Werk in die Hand zu geben, das bei nicht allzu starker Spezialisierung einen guten allgemeinen Überblick bietet.

Diese Reihe wird mit zwei Bänden von Luca Serianni über das 19. Jahrhundert eröffnet. Der erste Band reicht von der jacobinischen Zeit bis zur Einigung Italiens, der zweite von der Einheit bis zum Ersten Weltkrieg (diese zeitliche Unterteilung wurde von der *Storia della lingua italiana* von Bruno Migliorini übernommen). Jeder Band enthält eine umfassende geschichtliche Übersicht und einen anthologischen Teil, der eine reiche und gezielte Auswahl bietet und so dem Leser erlaubt, Texte zu lesen, die im ersten Teil des Buches nicht genügend berücksichtigt wurden. Den Schlußteil jedes Bandes bildet ein Kapitel mit Anwendungen und Übungen, die besonders Studenten zu empfehlen sind.

Serianni hat auch all jene Beiträge gesammelt, die nach Migliorinis *Storia* erschienen sind und die nicht nur rein linguistische Probleme betreffen, sondern kulturelle und gesellschaftliche Aspekte ansprechen. So erinnern die Kapitel über das Schulwesen, den Journalismus und die Verbreitung der italienischen Sprache an die *Storia linguistica dell'Italia unita* von Tullio De Mauro. Die erste Hälfte des 19. Jahrhunderts, zwischen der Krise des Kosmopolitismus und den Vorschlägen Manzonis, ist einerseits geprägt von einer Rückbesinnung auf die Nationalsprache, andererseits von sprachlicher Demokratisierung und sprachlichem Fortschritt (zunehmende Alphabetisierung, Verbreitung der Zeitungen, Ausweitung des Italienischen im schriftlichen und mündlichen Gebrauch).

Die ersten Abschnitte befassen sich eingehender mit der Sprachgeschichte, die Kapitel VI–IX konzentrieren sich stärker auf die Literaturgeschichte, die aus sprachwissenschaftlicher Sicht behandelt wird.

Die besonders heterogene Prosa der ersten Hälfte des 19. Jahrhunderts wird exemplarisch anhand von Skizzen zu Botta, Guerrazzi, Bresciani, Tommaseo, Carcano und Grossi erläutert. Neben den *Promessi Sposi* nehmen drei Werke breiten Raum ein, die nach Meinung des Autors die wichtigsten literarischen Produkte dieser Zeit darstellen: Foscolos *Ultime lettere di Jacobo Ortis, Le mie Prigioni* von Pellico und die *Operette Morali* von Leopardi. Bezüglich der Lyrik beschäftigt sich Serianni mit relativ unbekannten Namen wie Dall' Ongaro, Parzanese und Paduala, außerdem behandelt er die »Einzelfälle« Leopardi und Giusti und die Tragödien Manzonis. Schließlich hat er einige Seiten über die Komödie geschrieben und ein ganzes Kapitel über die einflußreiche Persönlichkeit von Alessandro Manzoni (innerhalb der gleichen Reihe wird von Giovanni Nencioni ein spezieller Band über Manzoni erscheinen). Es fehlt ein Kapitel über die Dialektliteratur, da der Autor dieses komplexe Thema für einen selbständigen Bereich der Regionalliteratur hält.

Die zweite Hälfte des 19. Jahrhunderts, die Serianni nach den gleichen Kriterien untersucht, zeichnet sich durch eine ambivalente Situation aus, die sich politisch durch das gleichzeitige Vorhandensein zentripetraler und zentrifugaler Bewegungen im vereinigten Italien erklären läßt. Linguistisch gesehen wird die »Peripherie« immer vitaler, je mehr sich die italienische Gemeinsprache durchsetzt.

Wie bereits gesagt, liegt der besondere Wert dieser Bücher in den Anthologien, denen der Autor viel Platz einräumt, um den Leser mit einem breiten Textspektrum zu konfrontieren. Hierbei wird auch der nichtliterarischen Sprache Aufmerksamkeit geschenkt. In der ersten Anthologie fällt außer den Versen von Leopardi das Nebeneinander von Ausschnitten aus der *Gazetta di Milano* und aus den Memoiren eines Schusters von Montepulciano auf; in der zweiten findet man den Aufsatz eines Schülers von Borgocollefegato neben Versen aus den *Myricae* von Pascoli oder aus dem *Alcyone* von D'Annunzio.

Diese Auswahl erlaubt es, die wichtigsten Ergebnisse der theoretischen Betrachtungen zu ergänzen und sie in die Komplexität der Sprache des 19. Jahrhunderts zu integrieren. So wird die sprachliche Vielfalt dieser Epoche in ihrem ganzen Facettenreichtum präsentiert. In den beiden Bibliographien finden sich ausführliche Hinweise auf Literatur für vertiefende Studien.

Sergio Lubello

Francesco Tateo, *La letteratura umanistica* (Strumenti letterari – 4), Palumbo, Palermo 1989.

Mit dem Thema des vierten Bandes seiner Reihe »Strumenti letterari« hat der Verlag Palumbo eine mutige Wahl getroffen, indem er sich einer komplexen und immer noch kontrovers diskutierten Frage zuwendet, die häufig von der »ernsthaften« italienischen Literaturwissenschaft zu Unrecht nur am Rande behandelt wird. Es geht um die sogenannte humanistische Literatur – hier kompetent und flüssig dargestellt von Francesco Tateo, zur Zeit einer der größten Experten auf diesem Gebiet in Italien –, der man nach den Diskussionen und Neueinschätzungen der letzten Jahre heute mehr denn je zuvor eine Schlüsselrolle bei der Entstehung der Renaissance und der gesamten modernen europäischen Kultur zuschreibt. Diese Schlüsselrolle ist jedoch alles andere als eindeutig und klar umrissen; deshalb erscheinen die Fragen, die dem Leser in diesem Band vorgestellt werden, um so dringlicher.

Die gehaltvolle und anregende Darstellung Tateos rückt überwiegend noch offene Fragen in den Vordergrund, verweist auf Probleme, zeigt die wichtigsten Forschungstendenzen auf und zeichnet erste Umrisse eines Gesamtbildes statt einer ausgearbeiteten Synthese. Da das Buch auf spezielle Probleme ausgerichtet ist, wendet es sich nicht an Leser, denen das Thema noch völlig fremd ist, sondern an solche mit spezieller Vorbildung im Bereich der italienischen Renaissanceforschung, die in der letzten Zeit nicht nur in Italien, sondern auch im Ausland eine bedeutende Entwicklung erfuhr. Der Band *Letteratura umanistica* [*Humanistische Literatur*] stellt nicht einfach Fakten dar, sondern bezieht durch die Interpretation charakteristischer literarischer Phänomene Stellung in einer Grundsatzdiskussion, die seit Jahren über den gesamten Bereich der Renaissancekultur geführt wird.

Dies wird an bestimmten grundsätzlichen Entscheidungen deutlich, die der Autor sowohl bei der Wahl der Gegenstände (behandelt wird ausschließlich die in Italien entstandene lateinische Literatur des 16. Jahrhunderts) als auch im historischen Teil trifft. Erörtert werden nur wenige zentrale Fragen, etwa der Eigenart der neuen Kultur, ihre neue Sprache, das politische Engagement sowie das Verhältnis der lateinischen Hochsprache zum Vulgärlatein. Der anthologische Teil des Bandes ist thematisch folgendermaßen gegliedert: der Schriftsteller und die Gesellschaft, das System der Künste, die Theorie der Geschichtsschreibung, die Poesie, wiederkehrende Formen und Motive. Dank der Komplexität und der Konsequenz dieser Auswahl gelingt es Tateo, ein sehr überzeugendes Bild einer Epoche zu entwerfen, der man heute berechtigterweise eine eigene Identität zugesteht und die man nicht mehr nur als »Übergangszeit« betrachtet, was lange als ihr einziges Charakteristikum galt. Gleichwohl fällt es immer noch schwer, die »humanistische Literatur« eindeutig zu klassifizieren, bewegt sie sich doch zwischen Vulgärlatein und Latein, Poesie und Philosophie, Rhetorikübungen und publizistischer Tätigkeit, Mittelalter und Renaissance. Das Hauptproblem besteht gerade darin, diese zeitlich begrenzten und ständig sich wandelnden Bezugsfelder genauer abzugrenzen und zu situieren.

Deshalb unterteilt Tateo sein Buch in zwei deutlich voneinander abgesetzte Bereiche. Im ersten Teil bietet er einen Überblick über die Forschung zur humanistischen Literatur und ihre Methoden. Die ersten Kapitel geben einen kurzen historischen Abriß der Humanismusforschung vom 18. Jahrhundert bis heute. Dabei wird der Leser nicht nur auf nützliche, wenn auch häufig bereits veraltete Untersuchungen hingewiesen, er hat auch die Möglichkeit, Methoden und Ergebnisse miteinander zu vergleichen. Die letzten Kapitel des ersten Teiles beschäftigen sich dagegen mit Problemen, deren Lösung heute besonders dringlich erscheint. Enttäuschend wirkt dabei, daß von den Texten selbst, ihren intertextuellen Bezügen, nur selten die Rede ist. Der Autor bleibt zuweilen recht allgemein und abstrakt, orientiert sich ganz und gar nicht am humanistischen Stilideal, zum Beispiel in seinen Ausführungen zum Verhältnis von Humanismus und Vulgärlatein, die recht vage bleiben. Fragwürdig erscheint heute auch der Versuch, die humanistische Bewegung im Kontext einer hypothetischen sozialen und kulturellen Entwicklung Italiens positiv oder negativ zu bewerten. Nuanciert werden dagegen die regionalen Varianten und die sozialen und politischen Bedingungen der humanistischen Bewegung dargestellt.

Den zweiten Teil des Buches bildet eine Textauswahl in italienischer Übersetzung, getreu dem Grundsatz des Autors, daß der beste Zugang zur Literatur immer der direkte sei, das heißt also die Lektüre der Texte. Die Auswahl der Texte – präzise, wenn auch offensichtlich subjektiv vorgenommen, wie das in jeder Anthologie der Fall ist – versucht nicht, das Gesamtwerk einzelner Autoren vorzustellen, sondern hält sich an die schon erwähnten thematischen Kriterien. Auf diese Weise kann natürlich kein Gesamtbild einzelner Autoren vermittelt werden, aber der Leser findet ein breites Spektrum an Schriftstellern vertreten, von Mussato über Petrarca und Boccaccio bis hin zu Panormita, Beroaldo und Decembrio. Einige wichtige Autoren bleiben allerdings unerwähnt, wie z. B. Salutati oder Ficino.

Zweifellos handelt es sich bei der *Letteratura umanistica* um ein interessantes und nützliches Buch, zumal wenn man bedenkt, daß gegenwärtig in der Humanismusforschung eher Einzelstudien zur Erweiterung unserer Faktenkenntnis im Vordergrund stehen und daß große, richtungsweisende Überblicksdarstellungen selten zu finden sind.

Piotr Salwa
Übersetzung: Heike Botermann

Biagio Marin, *Der Wind der Ewigkeit wird stärker. Gedichte.* Gradesisch und in einer Übersetzung von Riccardo Caldura, Maria Fehringer, Peter Waterhouse. Rowohlt, Reinbek 1991.

Wer sich ins Territorium des Übersetzens begibt, unternimmt eine Reise, bei der ihm keine Maßnahmen helfen können, welche er auch getroffen haben mag. Denn die Sprache, die er verläßt, nachdem er sie mühsam erreicht hat, wird zu schwanken beginnen, und die andere, die sogenannte »eigene«, kann auch kein sicherer Hafen sein. »Die Grenzen meiner Sprache«, meinte Ludwig Wittgenstein, »bedeuten die Grenzen meiner Welt« – und der Übersetzer, dieser Reisende zwischen den Welten der Sprachen, stößt täglich daran.

Es war eine Inselsprache, die Sprache, in der Biagio Marin siebzig Jahre lang seinen Gesang vortrug. Nicht, daß seine Poesie dem Dialekt von Grado völlig entspräche. Es handelt sich auch nicht um eine Stimme aus dem Volk, und wer sich einen farbigen Lokalkolorit erwartet, der wird sehr bald enttäuscht sein. Einen »Idiolekt« nennen die Linguisten solche Erscheinungen und meinen damit die Eigentümlichkeit einer Sprache, die eher einem privaten Gebrauch als der pragmatischen Kommunikation zu genügen scheint. Eine Inselsprache, sage ich, und meine damit, daß aus einer Insel, aus einer privaten Bildkonstellation, ein lyrisches Subjekt wird. Es war der Dichter Gottfried Benn, der in einem frühen Gedicht die Absicht aussprach, »ein Ufer, eine Buch, / ein Hafen schöner Schiffe [zu] werden«. Eine Insel zu sein – das heißt etwas ganz anderes als die Sehnsucht nach einer Insel, die uns alle plagt. Eine kosmische Konstruktion wird heraufbeschworen, in der sich das Ich widerspiegeln kann. Grado: eine Welt, ein ganzer Kosmos, in den das Leben und die Sprache des Dichters eingegangen sind. Und keine Grenzen sind dichter als die, die durch das Meer gezogen werden. »Sie haben recht«, schrieb Biagio Marin an Pier Paolo Pasolini am 2. Januar 1953, »wenn Sie [...] behaupten, daß die räumlichen Grenzen meiner poetischen Welt auch innere Grenzen sind.«

Eine Übersetzung der Gedichte Biagio Marins soll eine Reise nach Grado sein. Es sind sonore Klänge, die auf weit offenen Vokalen aufbauen. Es ist das Melos des einfachen Vierzeilers, mit seinen immer wiederkehrenden Reimen. Es ist die kristallklare Syntax, die fast keine Nebensätze kennt, eine syntaktisch-metrische Einheit, die nicht zu durchbrechen ist. Es ist ein Vokabular, das vom Licht geprägt ist. Das Licht stellt einen Hauptbegriff dar, der immer wieder metonymisch variiert wird. Es sind kurze, knappe Formulierungen, die das Entbehrliche ganz ausschließen, denn die Wahrheit ist karg. Zwischen Reduktion und Variation steht diese Sprache und verlangt ein aufmerksames Ohr. Einer solchen Textqualität wird die deutsche Übersetzung von Riccardo Caldura, Maria Fehringer und Peter Waterhouse in höchstem Maße gerecht. Keine »Normalisierung«, keine Abrundung der semantischen Ebene wird verfolgt, wie so oft bei Übersetzungen aus einem italienischen Dialekt, und sei es auch in die Nationalsprache. Vor allem ist ein Rhythmus vorhanden, der die *cantabilità* des Gedichtes gewährleisten soll. Leicht wird mit Reimen gespielt, deren unreine Art an die Virtuosität der Romantiker erinnert. Unbewußt schließen sich diese Nachdichtungen an eine Tradition deutscher Lieder an, die noch im lyrischen Werk Paul Celans nachklingt. Und wie oft arbeiten die Übersetzer mit dem wehmütigen, romantischen deutschen W-Klang! Doch findet in der deutschen Sprache kaum Platz, was von der Last der Rhetorik beschwert ist. Wesentlichkeit ist leicht. Und nicht selten besteht der deutsche Vers aus einem einzigen Wort, das die Prägnanz des Gradeser Ausdrucks wiedergeben muß. So wird »le rogie canta salmi« mit dem Kompositum »Wasserpsalmen« übersetzt und »le saduta di menta« mit »Minzen-Luft«. Lapidar erscheinen solche elliptischen Konstruktionen, zu denen die Übersetzer immer wieder greifen. Die stilistischen Möglichkeiten der modernen deutschen Lyrik, mit ihren zusammengesetzten Wörtern, der Bruchstückhaftigkeit der Verse, der Gebrauch der infiniten Formen des Verbs, erschließen einen ästhetischen Horizont, in dem die Gedichte Biagio Marins in ihrem strahlenden Licht erscheinen. Es sind »Statische Gedichte«, um wieder auf eine Definition von Gottfried Benn zurückzugreifen, die zur reinen Aufzählung der Naturelemente tendieren: »alles nur Duft / selbst die Steine: / und die leise, / leise verführende Luft«.

Freilich war auch diese Arbeit ein Umweg, wie es gute Übersetzungen sein müssen. Denn nichts ist naiver als die Vorstellung einer Nachdichtung, die sich auf die rein semantische Dimension der einzelnen Wörter beschränkt, als bestünde der Sinn des ganzen Gedichtes nicht in der Beziehung der Worte zur metrisch-rhythmischen Form. Ich finde eine Übertragung höchst gelungen, die den Mut hat, »al mondo a fin de zugno« mit »ins Juniland« wiederzugeben und »me infuturo« mit »ich werde neue Welt«. Erstaunt war ich, als ich merkte, daß sich das wunderschöne Spiel der Alliterationen in dem Schlußvers »la vita va via« in den nicht minder faszinierenden Satz »das Lebendige lichtet« verwandelt hatte, wobei der Kreuzreim noch beibehalten wurde. Eine genauere Untersuchung könnte zeigen, daß Marins Grundbegriffe auf deutsch genauso ein sprachliches System bilden, wie sie es auf gradesisch tun, wenn auch »im svolo« – also »im Flieg« – verblüffenderweise dem »Leichten« gleichgestellt ist. Manchen Kritikern mag diese Kunst der Verwandlung – worin auch die Kunst der Über-Setzung besteht – zu kühn erscheinen. Aber es ist schön, daß nun auch deutschsprachige Leser die Insel von Biagio Marin besuchen können.

Luigi Reitani

Zu den Autoren

Orietta Angelucci von Bogdandy, geb. 1958 in Rom, studierte Psychologie in Rom und Berlin und arbeitete zwei Jahre lang als DAAD-Stipendiatin am Osteuropa-Institut der Freien Universität Berlin. Von 1986 bis 1990 war sie Mitarbeiterin am Institut für Sozialpsychologie der Universitäten Rom und Siena. Gegenwärtig arbeitet sie als Dozentin für italienische Sprache und Literatur bei der Società Dante Alighieri in Berlin.

Elisabeth Arend-Schwarz, geb. 1955 in Saarbrücken. – Studium der Geschichte und Romanistik an den Universitäten Freiburg i. Br. und Reims. Arbeitete von 1984 bis 1988 als Assistentin am Romanischen Seminar der Universität Aachen. Seit 1989 ist sie tätig am DFG-Forschungsprojekt »Übersetzungsbibliographie – Italienische Literatur in deutscher Sprache«. Publikationen zur französischen und italienischen Literatur des 19. und 20. Jahrhunderts.

Eberhard Bons, geb. 1958. – Studium der Philosophie, Theologie und Romanistik in Mainz, Rom und Tübingen. 1988 Promotion über die Philosophie Ernesto Grassis an der Universität Mainz. Veröffentlichungen u. a. über italienische Literatur des 20. Jahrhunderts. Wissenschaftlicher Assistent an der Universität Trier.

Lucia Borghese, geb. 1947 in Florenz. – Dozentin für Germanistik an der Universität Genua und seit 1990 an der Universität Florenz. Buchveröffentlichungen: *Invito alla lettura di Heinrich Böll* (1980, Neuausgabe 1990); *Karl Hillebrand eretico d'Europa* (1986). Übersetzerin von Christian Morgensterns *Galgenliedern* und Mitherausgeberin einer Auswahl von Gedichten Morgensterns im Band: *Ch. Morgenstern, Fatti lunari* (1990). Aufsätze u. a. über H. Böll, M. Frisch, Ch. Morgenstern, die Brüder Grimm, A. Gramsci.

Alida Fliri lehrt Germanistik an der Universität Pavia. Zahlreiche Publikationen zur Reiseliteratur und zur deutschsprachigen Literatur.

Carlo Fruttero, geb. 1926 in Turin. – Lektor, Journalist, Übersetzer und freier Schriftsteller. Schrieb – vor allem zusammen mit Franco

Lucentini – zahlreiche Romane, Essays und Erzählungen, u. a. *Die Sonntagsfrau* (1974); *Wie weit ist die Nacht* (1981); *Der Palio der toten Reiter* (1986); *Der Liebhaber ohne festen Wohnsitz* (1988); *Die Wahrheit über den Fall D.* (1991).

Rita Gandolfi, geb. 1944 in Messina. – Studium der Philosophie an der Universität Florenz. Mitbegründerin des Verlages Colportage. Sie leitet gegenwärtig eine Antiquariatsbuchhandlung in Florenz.

Valentina Giuliani, geb. 1964 in Pisa. – Studium der Literaturwissenschaft. 1989 Promotion mit einer germanistischen Arbeit über die Rezeption Rainer Maria Rilkes im gegenwärtigen Italien an der Unversität Florenz. Hospitierte beim Hueber Verlag in München und arbeitet gegenwärtig bei einem deutsch-italienischen Verlag an einem speziellen Programm »Deutsch als Fremdsprache«.

Barbara Heinzius, geb. 1961 in Saarburg (Trier). – Studium der Soziologie, italienischen Philologie und neueren deutschen Literaturwissenschaft an der Universität des Saarlandes. Zur Zeit Dissertation über Dacia Maraini.

Regine Igel, geb. 1948 in Bad Harzburg. – Studium der Germanistik und Soziologie. Lebt als Korrespondentin für Rundfunk und Fernsehen in Ligurien.

Jürgen Klinsmann, geb. 1964 in Göppingen. – Fußballspieler in der Nationalelf. Spielte zunächst beim VfB Stuttgart, zur Zeit des Interviews bei Inter-Mailand.

Maria Lieber, geb. 1956 in Sögel (Emsland). – Studium der Romanistik und Germanistik in Aachen. 1985 Promotion zum Thema: *Maurice Grevisse und die französische Grammatik. Zur Geschichte eines Phänomens*. 1985 bis 1989 Lektorin des DAAD in Padua. Seit 1989 Wissenschaftliche Angestellte am Romanischen Seminar der Universität Aachen. Publikationen zur französischen, italienischen, spanischen und katalanischen Sprachwissenschaft.

Sergio Lubello, geb. 1968 in Lecce. – Studium der italienischen Sprachgeschichte in Pisa. Laurea 1990 mit einer Arbeit über den Briefwechsel Ascoli-D'Ovidio. Stipendiat der Universität des Saarlandes im Wintersemester 1990/91 und Sommersemester 1991.

Franco Lucentini, geb. 1920 in Rom. – Lektor, Journalist, Übersetzer und freier Schriftsteller. Siehe auch: Carlo Fruttero.

Daniela Marcheschi, geb. 1953 in Lucca. – Lehrt Literaturwissenschaft (insbesondere zeitgenössische Literatur) an der Università Internazionale Coluccio Salutati in Pescia. Sie veröffentlichte Aufsätze und Studien zu Autoren der zeitgenössischen italienischen Literatur und zum Werk Carlo Collodis: *Collodi ritrovato* (1990) und *Il teatro di Carlo Collodi* (Vorwort zu einer Neuausgabe von Collodis Theaterstück *Gli amici di casa*, 1990).

Piero Meucci, geb. 1949. – Studium der Philosophie. Seit 1974 arbeitet er als Journalist, zunächst als Deutschlandkorrespondent der Nachrichtenagentur *ANSA*, gegenwärtig für die Wochenausgabe *MONDO ECONOMICO* der Zeitung *IL SOLE – 24 ORE*. Aufgrund seines besonderen Interesses an der deutschen Kultur Mitglied zahlreicher deutsch-italienischer Vereinigungen. Veröffentlichte unter anderem: *Giornalismo e Cultura* (1986).

Sebastian Neumeister, geb. 1938 in Chemnitz, Sachsen. – Professor für romanische Literaturen an der Freien Universität Berlin. Veröffentlichungen u. a.: *Das Spiel mit der höfischen Liebe* (1969); *Der Dichter als Dandy* (1973); *Mythos und Repräsentation* (1978).

Fabrizia Ramondino, geb. 1936 in Neapel. – Sie lebte in Spanien, Frankreich und Deutschland. Bisher wurden veröffentlicht: *Napoli, i disoccupati organizzati. I protagonisti raccontano* (1977, dt.: 1986); *Althénopis* (1981), 1981 ausgezeichnet mit dem Premio Napoli und 1984 mit dem Premio Lombardi-Satirani; *Storie di Patio* (1983, dt.: 1987), ausgezeichnet mit dem Premio Penne 1984; *Un giorno e mezzo* (1988, dt.: 1989); *Dadapolis* (1989, dt.: 1991); *Star di casa* (1991); *Taccuino tedesco* (1987).

Luigi Reitani, geb. 1959 in Cerignola (Foggia). – Studium der Germanistik und Romanistik in Bari und Wien. Publikationen zur österreichischen Literatur sowie Übersetzungen ins Italienische (Friedrich Schiller, Arthur Schnitzler, Uwe Johnson, Thomas Bernhard, Elfriede Jelinek). Arbeitet am Institut für Germanistik der Universität Udine. Lebt in Udine und Wien.

Nils Röller, geb. 1966 in Wilhelmshaven. – Studium der Philosophie, Italianistik und Medienwissenschaft.

Piotr Salwa, geb. 1950 in Czestochowa (Polen). – Lehrt gegenwärtig italienische Literatur an der Universität Warschau. Mehrere Gastaufenthalte und Gastprofessuren an ausländischen Universitäten. Zahlreiche Publikationen zur italienischen Literatur der Renaissance. Übersetzungen aus dem Italienischen ins Polnische.

Hans Ludwig Scheel, geb. 1918 in Rostock. – Studium der Romanistik, der Klassischen Philologie und Philosophie. Zuletzt an der Universität des Saarlandes. Emeritiert. Zur Zeit Vorsitzender der Deutschen Leopardi-Gesellschaft. Veröffentlichungen u. a. zu Dante, Leopardi, Pirandello.

Franco Sepe, geb. 1955 in Fondi. – Seit 1979 lebt er in Berlin. Er ist Lehrbeauftragter der Freien Universität Berlin und Mitarbeiter verschiedener Tageszeitungen und Zeitschriften, für die er Theaterkritiken, literarische Artikel und Interviews schreibt. Veröffentlicht wurden: *Elegiette berlinesi* (1987); *L'incontro e Berlinturcomedea* (Sipario, Nr. 501, September 1990).

Erhard Stölting, geb. 1942 in Freiburg i. Br. – Promotion 1974 mit einer wissenschaftssoziologischen Arbeit, Habilitation 1982 in Erlangen mit einer Arbeit über die deutsche Soziologie der zwanziger Jahre. Seit 1985 Professor für Soziologie an der FU Berlin.

ZIBALDONE Zeitschrift für italienische Kultur der Gegenwart erscheint zweimal jährlich.
Einzelheft DM 14,80 (inkl. 7% MWSt.), Abonnement für zwei Hefte DM 29,60 (inkl. 7% MWSt und Porto).
Anzeigen an den R. Piper GmbH & Co. KG Verlag, Georgenstraße 4, 8000 München 40, Telefon 089/3818010, FAX 089/338704, z. Hd. Elisabeth Philippi.

Manuskripte nur an die Herausgeber: Prof. Dr. Helene Harth, Institut für Romanistik, Universität Potsdam, Hochschulkomplex 2 / Golm, O-1574 Potsdam / Golm; Prof. Dr. Titus Heydenreich, Institut für Romanistik der Universität Erlangen-Nürnberg, Bismarckstraße 1, 8520 Erlangen.
Unverlangt eingesandte Manuskripte werden in der Regel nicht kommentiert und nur zurückgesandt, wenn Rückporto beiliegt.

Umschlag: Federico Luci
Gesamtherstellung: Clausen & Bosse, Leck

Sofern nicht anders angegeben, handelt es sich bei allen Beiträgen um Erstveröffentlichungen.

Zibaldone 20
Rotbuch Taschenbuch 2000

ZIBALDONE

Zeitschrift für italienische Kultur der Gegenwart

Herausgegeben von
Helene Harth und Titus Heydenreich

No. 20
September
1995

Schwerpunkt:
Wein – Genießen auf italienisch

Rotbuch Verlag

Umschlaggestaltung: MetaDesign, Berlin
Herstellung: Das Herstellungsbüro, Hamburg
Satz und Lithographie: H & G Herstellung, Hamburg
Druck: Fuldaer Verlagsanstalt
Printed in Germany 1995

ISBN 3-88022-919-8
ISSN 0930-8997

Inhalt

ZIBALDONE 20

Beim Gedanken an italienische Weine rümpften Feinschmecker vor nicht allzu langer Zeit noch die Nase. Auf den Karten der Nobelrestaurants suchte man sie vergebens. Inzwischen haben sie Karriere gemacht und sind zu Stars avanciert. Wer auf sich hält, trinkt Prosecco, Rosso di Montalcino und ersteht selbst in Kaufhäusern Grappa in bizarr geformten Flaschen zu Höchstpreisen. Man glaubt es dem Schriftsteller Giorgio Manganelli unbesehen, daß die Kultur des Weines und des Öles mit den Göttern verwandt ist.

Zibaldone 20 ist den verschiedenen Aspekten dieser erstaunlichen Karriere gewidmet. Die Schriftstellerin Gina Lagorio erzählt von der alltäglichen Weinkultur ihrer Kindheit in den piemontesischen Bergen. Der Wein wird zum Leitfaden für Streifzüge durch die italienische Geschichte. Die Enträtselung seiner Namen beschert Begegnungen mit weinseligen Mönchen und traubenverzehrenden Hunden. Geist und erlesener Grappa verbünden sich bei der Verleihung eines von der alten Grappa-Dynastie Nonino gestifteten Kulturpreises. Kurz, wir versprechen dem Leser: Nach dem Genuß dieses Heftes wird er wissen, was er trinkt.

Wir danken Albrecht Buschmann für die redaktionelle Arbeit und Gabriele Penquitt für die Herstellung des Manuskripts.

Die Herausgeber

Ignazio Toscani

Vom Geist des Weines

»Panta rei«, »alles fließt«, sagt Luciano de Crescenzo über das Wesen seiner italienischen Landsleute. Natürlich meint er damit auch den Wein. Eine fürwahr erfreuliche Erkenntnis, welche die Beschränkung der folgenden Überlegungen allein auf italienische Weine weniger bedenklich erscheinen läßt. Andererseits ist solch eine Begrenzung mehr als notwendig, denn in keinem anderen Land ist die Geschichte seit Urzeiten derart vom Wein durchtränkt. Nicht nur Landwirtschaft, Politik, Gastronomie und Diätetik sind vom Wein geprägt, sondern auch die Kultur: vom Brauchtum bis zur Ethik, von der Literatur bis zur Musik. Denn die Italiener sehen im Wein nicht nur seinen materiellen Aspekt. In den unergründlichen, geheimnisvollen Verquickungen seiner Geschichte vermittelt er in ihren Augen zwischen dem Irdischen und dem Ewigen, zwischen der Physik und der Theologie. *Vino* gleich *ambrosia* gleich *nettare*: Seine unverderbliche Vitalität und seine überschwengliche Kraft wurden stets von den Italienern gesucht und genossen.

Beim Wein zeigen sich die Italiener als aufrichtige Verehrer des Aristoteles, indem sie seine qualitative Wesensform als die Grundstruktur seiner materiellen Wirklichkeit ansehen. Güte soll stets vor Menge gehen. Auf Produktionsmaximierung orientierte Winzer werden als Banausen, Panscher gar als Häretiker betrachtet. Daneben dämpft der Wein den notorischen Individualismus der Italiener. Stets erscheint der Wein in Kontexten, in denen Alleinsein durch Zusammensein ersetzt wird. Ein Italiener, der allein trinkt, leidet, und zwar in jeder Hinsicht. Bei kollektiven Ritualen fungiert der Wein als Instrument einer religiösen und profanen Liturgie. Unzählige Gedächtnisriten – religiöse Feierlichkeiten, geschäftliche Abschlüsse, Familienfeste – werden mit Wein vollzogen und begossen.

Der Aperitif, das gemeinsame Anstoßen, das Trinken zur Mahlzeit und der Abschiedstrunk markieren die einzelnen Phasen der *convivialità*. So verwandelt ein Glas Wein das profane Moment der Gesellschaft, das sich in individuellem Nützlichkeitsdenken, im Streben nach materiellem Vorteil oder in der Hektik des Alltags äußert, in das sakrale Moment einer Gemeinschaft, die Werten wie Freizügigkeit, Spontaneität, Gedenken und Beschenken huldigt.

Obwohl der Wein als Träger materieller und ideeller Werte gepriesen wird, ist er zugleich seit jeher auch Gegenstand herber Kritik: Den Italienern gilt er gleichermaßen als Verderber von Starken und Schwachen, er ist Stimulans wie Hemmnis von intellektueller Klarheit und Willenskraft. Der Wein wird als Gut und als Übel, als Bruder und Feind, als Lebensbegleiter und als Todesbote betrachtet. Demnach scheint die besondere Aura, die den Wein umgibt, in seinem Paradoxon zu liegen, in der Widersprüchlichkeit, die ihm innewohnt.

Eine Art kartesianischer Dualismus zwischen Geist und Materie scheint aufzuflackern, sobald man versucht, den Wein in der Komplexität seiner historischen Manifestation zu erfassen. Kann man den Wein als Kulturgut überhaupt phänomenologisch beschreiben? Offenbar ist der Wein kein lineares Sujet. Er will in der ganzen Komplexität seiner räumlichen Verbreitung, seiner funktionalen Vielfalt und seiner Verwurzelung in der Geschichte des Landes erfaßt werden. Diesem Ziel sind die folgenden Seiten gewidmet.

Die Heraldik des Weines

Die dominanten Bedeutungsmerkmale der italienischen Weinkultur sind widersprüchlich. Den Italienern offenbart sich der Wein immer in dialektischem Zusammenhang. Seine im Verlauf der Geschichte bald spaltende, bald verbindende Kraft wurde von Päpsten und Mönchen, von Königen und Untertanen, von Heerführern und Landsknechten, von Politikern und Redlichen, von Dichtern und Schreiberlingen gleichermaßen geschätzt. Zahlreiche künstlerische Erzeugnisse haben in der Tat ihren Ursprung im Wein. Seiner Wirkung bewußt, funkelt er zunächst rötlich oder weißlich im Glas, um dann allmählich in seine künstlerische Ausformung zu fließen. So hat es den Anschein, als ob der Wein fähig sei, eine Art multimedialer Transsubstantation zu vollziehen.

Der Begriff der Wandlung verweist sogleich auf den Bereich des Religiösen. Hier ist der Wein seit Jahrtausenden unerläßlicher Bestandteil des Meßopfers. Zugleich ist er aber auch im profanen klerikalen Bereich stark präsent, da im Laufe der Jahrhunderte sowohl hohe Prälaten als auch einfache Mönche zu Kennern, Mäzenen und Stiftern des Weines wurden. Besonders am Herzen lag den Geistlichen die immerwährende Sorge um ausreichenden Nachschub. Am 17. Juni 1614, im Monat des endgültigen Um- bzw. Abfüllens des Weines, verkündete Papst Paul V. im *Rituale Romanum* fünf therapeutisch differenzierte *benedictiones vini.* Ebenso fortschrittlich war sein Vorgänger Paul III., der sich durch seine soziale Ader auszeichnete. Dank der Schaffung einer regelrechten ABM-Stelle wurde sein treuer Diener Lancerio zum Sommelier mit besonderen Aufgaben ernannt: Ihm oblag die beneidenswerte Pflicht, für jede Stunde des Tages einen passenden Wein zu empfehlen. Auch Sixtus X. war bei seinem Arzt Andrea Bacci in guten Händen, welcher speziell den ligurischen Winzern geradezu magische Kräfte zusprach: Diese könnten sogar Steine zum Blühen bringen. Exzellente Weine wie der *Campochiesa* oder der *Cinqueterre* bewahren auch heute noch den Ruf der bereits bei Boccaccio erwähnten kostbaren kirchlichen Pfründe in Ligurien.

Die niederen Kleriker gelten in der italienischen Weinkultur seit jeher als fachkundige und gewissenhafte Kellermeister. Im Trentino wird den Mönchen vor allem als Hütern jener Südtiroler Weingärten, in denen noch liebevoll der echte *Kalterer See* angebaut wird, tiefste Verehrung zuteil. Eine devote Haltung läßt sich im Trentino auch in profanen Weinpinten beobachten, wo der samtig rote *Teroldego* tunlichst leise geschlürft wird. Lévy-Bruhl würde darin sofort die rollenbezogene Imitation der Konzilsväter wiedererkennen, die von 1545 bis 1563 in der tridentinischen Hauptstadt tagten und dabei vornehmlich *Teroldego* in beachtlichen Mengen verkosteten. Wie von manch anderem blieben die Protestanten auch von diesem Genuß ausgeschlossen. Die Folgen sind hinlänglich bekannt.

Den Niedergeschlagenen jedweder Art verabreiche man Rotwein; Weißwein den Schwärmern, den Besessenen, den finsteren Geistern. (Giorgio Manganelli)

Die Beziehung des Menschen zu Gott ist stets auch mit dem Gebot der Reinlichkeit verbunden. Davon zeugen die kunstvollen *acquasantiere* [Weihwasserbecken] der italienischen Kirchen, die Gelegenheit zu einer symbolischen Reinigung bieten. Ob Papst Gregor XIV. als überzeugter Gegenreformator zur täglichen Reinigung ein wirksameres Mittel als Wasser brauchte, ist nicht bezeugt; fest steht aber, daß er testamentarisch verfügte, seinen Leichnam vor der Bestattung mit *Orvieto*-Wein zu waschen.

Angesichts dieses religiösen Glaubens an die Kräfte des Weines erstaunt es nicht, daß in Italien selbst die geographische Orientierung im Zeichen des Weines erfolgt. In Venetien erklären Einheimische den Weg zu einem gesuchten Ort anhand markant gelegener Wirtshäuser und nicht etwa durch Hinweise auf Wegmarkierungen oder gar offizielle Beschilderungen. Ebenfalls prägend für die Toponomastik waren im alten Venedig die *malvasie*, heute *bácari* genannten Schankstätten, deren Erhaltung eigentlich Aufgabe der Unesco wäre und in denen zumeist weißer *Prosecco* oder aber roter *Cabernet* gesüffelt wird. Als weiteres Zeichen der »praktischen Toleranz« der venezianischen Republik hatten im 18. Jahrhundert viele *malvasie* keine Türen, weshalb sie, zur Freude aller, nie schließen konnten.

Zur Geschichte des folgenden Jahrhunderts gehört der kluge Einfall eines gewissen John Woodhouse. Mit seiner in der sizilianischen Hafenstadt Marsala kreierten Mischung aus fünf Jahre gelagertem Weißwein, dem *passito*, dem Saft von getrockneten Trauben und etwas Brandy gelang ihm bald die Eroberung des britischen und skandinavischen Marktes. Legendär wurde eine Lieferung von fünfhundert Fässern Marsala-Weins an die Flotte von Admiral Nelson. Wenige aber wissen, daß am 11. Mai 1860 britische Kriegsschiffe vor Marsala kreuzten: zum Schutz der dort lagernden Bestände der Woodhouse Company, aber auch, um die (bösen) Bourbonen daran zu hindern, auf die (lieben) Garibaldiner zu schießen, bevor diese ungestört gelandet waren. Bei der anschließenden Verbrüderung zwischen Angreifern und Verteidigern – denn nie hat es in der italienischen Geschichte echte Sieger und echte Verlierer gegeben – dürften der helle *Mamertino* oder der kräftig rote *Faro* reichlich geflossen sein.

Zur Geschichte des Weines gehört freilich auch die Schaffung einer ganz eigenen Ikonographie. In diesem Zusammenhang können die Piemonteser ihre geheime Vorliebe für die Monarchie nicht verleugnen. Anders als die streitsüchtigen Toskaner, die sich mit einem schwarzen Hahn identifizieren, zieren die Piemonteser ihren aristokratischen *Barolo* mit einem goldenen Löwen, der sich auf blauem Feld bäumt, ein historischer Turm ragt auf dem Etikett des eher volksnahen *Barbaresco.*

Von der Heilkraft des Weines

Bei der allmählichen Entwicklung Italiens vom Königreich zur Republik wußten die künftigen Herrscher des Landes, die Herzöge von Savoyen, den edlen *Carema* zu schätzen. Bekanntermaßen nährte das erlauchte Haus gelegentlich auch Trotzköpfe unter seinem Dach. Emmanuele Filiberto, der Streitsüchtige von Saint Quentin, der auf die Franzosen gar nicht gut zu sprechen war – schließlich hatten sie sich seine Weingüter unter den Nagel gerissen –, blieb zum Beispiel dem im Vergleich zum *Carema* weitaus robusteren *Gattinara* bis zu seinem späten Ableben treu. Der Unglücksrabe Carlo Alberto, dem die Mächte der europäischen Restauration die voreilige Verkündung einer bürgerlichen Verfassung nie verzeihen konnten, demonstrierte seine liberale Haltung, indem er den Geschmack des noch ›gängigeren‹ *Freisa* schätzte. Mag Carlo Alberto in der Politik auch Pech gehabt haben, in Sachen Wein hatte er einen guten Riecher: Seine einstigen Weinberge sind heute Eigentum und Stolz der Firma Cinzano.

Zahlreiche aristokratische Besitzer und Weine finden sich auch in der Toskana, seit zu Beginn des 18. Jahrhunderts das Großherzogtum in bald zu Ruhm gelangende Weinanbaugebiete namens *Chianti, Carmignano* und *Val d'Arno* aufgeteilt wurde. Bei dieser Teilung erwiesen sich die Habsburg-Lothringer zweifelsohne als weitsichtige, aufgeklärte Herrscher. Als Verbindungsglied zum modernen Italien wirkte in der Toskana später der Baron Bettino Ricasoli, Minister des Königs, welcher in seinen toskanischen Weinbergen regelrechte *formule di governo* einführte, die jedoch kaum Ähnlichkeit mit seinen Maßnahmen als Regierungsmitglied hatten. Denn im Weinanbau erwiesen sich seine Anregungen als weitaus vernünftiger und einträglicher als in der Politik.

Mit der Wahl ihrer Weinnamen erwecken die Lombarden den Eindruck, daß sie alle sehr gelehrt und Anhänger des überaus trübsinnigen Dichters Dante waren. Im Einklang mit dem strafenden toskanischen Dichter wecken die Namen der lombardischen Weine manch schauderhafte Assoziation wie etwa ›lästig-verdrießlich‹ bei *Clastidio,* ›klumpig-knottelig‹ beim *Grumello,* ›heiß-brennend‹ beim *Inferno* und beim *Buttafuoco,* ›steinig-holperig‹ beim *Sassella* oder gar ›fröstelnd-peinigend‹ beim *Valgella.* Im übrigen schmekken sie aber, ihren Namen zum Trotz, allesamt ausgezeichnet.

In Kampanien kommt die Vorstellung des Weines als *Panazee,* als Allheilmittel, besonders zur Geltung, was aus Sprüchen wie »Vino fa buon sangue« [Wein macht gutes Blut] hervorgeht. Die für ihre experimentell-induktiven Forschungsmethoden berühmte medizinische Schule von Salerno (11.–13. Jahrhundert) empfahl, gegen die Restbeschwerden übertriebenen Weingenusses ein weiteres Quantum Wein einzunehmen. In Norditalien war während der k.-u.-k.-Zeit im Gebiet des Carso der *Terrano*-Wein als Aufbaumittel in den Apotheken erhältlich. Im nicht weit entfernt gelegenen Venetien empfiehlt die praktische Medizin noch heute den roten *Merlot* gegen Anämie und Müdigkeit (8 Gläser zu 1/10 Liter täglich). Der weiße *Traminer* wirkt vorzüglich gegen Grippe und Erkältung (gleiche Dosierung). Ein Glas *Ribolla gialla* nach den Mahlzeiten hilft gegen Dyspepsie und sonstige Verdauungsstörungen. Die gleiche Menge *Pinot grigio* soll hingegen Bronchitis lindern. Ein Glas prikkelnden *Verdisos* empfiehlt sich während der Rekonvaleszenz von Infarktgeschädigten. Blutspendern wird schließlich zur Neubildung des Blutes roter *Raboso* empfohlen.

In der italienischen Weinkultur gehört das Nebeneinander heilender und gesundheitsschädigender Wirkungen des edlen Rebensaftes zu den festen Topoi. Im negativen Bereich darf darum die düstere Gestalt von Cesare Lombroso nicht fehlen. Seine im Jahre 1880 vorgelegten Diagramme und Klassifikationen aller pathologischen, auf übertriebenen Weingenuß zurückzuführenden Leiden wirken noch deprimierender als Giovanni Vergas Roman *I Malavoglia*. Seine peinlich genaue Beschreibung vom Alkoholismus verursachter Halluzinationen ist in der europäischen Kultur nur noch den Dämonen von Hieronymus Bosch oder Füssli vergleichbar.

Wein und Gastronomie

Das Bild des Weines wendet sich erst wieder bei dem Dichter Arturo Graf ins Positive, den man wegen seiner subtilen Ausführungen als den Repräsentanten einer modernen Wein-Psychologie bezeichnen könnte. Anfang der 40er Jahre trat dann an die Stelle der Psychologie die faschistische Pädagogik. Der *Fascio Femminile*, die faschistische Frauenvereinigung, versuchte, das in bezug auf Wein allzu einseitige Farbempfinden der Italiener im Sinne der neuen Ideologie umzuformen. Man gab eine Reihe von faschistischen Rezepten heraus, in denen höchst kuriose Speisen empfohlen wurden, die vom bürgerlichen *cappone al vino nero* [Kapaun in schwarzem Wein] bis zum proletarischen *cavolo stufato al vino nero* [Kohl in schwarzem Wein] reichten. Der Versuch der Autorinnen, das Gleichheitsprinzip durch eine angeblich demokratische Verwendung des Weines vorzutäuschen, schlug fehl: Der vorsätzliche Mißbrauch einer Weinfarbe, die jeden anständigen italienischen Kenner erschaudern läßt, beschleunigte das nahe Ende des Regimes.

Man mag behaupten, daß der Mensch aus der Geschichte nichts lernt. Dies trifft allerdings nicht für die Italiener zu, welche im Januar 1995 mit Entschlossenheit gerichtlich gegen einen Wirt in Südtirol vorgingen, der sich erdreistet hatte, Weinflaschen mit dem Abbild Mussolinis zu verkaufen. Stein des Anstoßes war dabei weniger das nostalgische Porträt als der Umstand, daß das Etikett unmißverständlich die Absicht signalisierte, wieder einmal »vino nero« in Umlauf zu bringen. Der Wirt wurde freigesprochen. Wahrscheinlich waren die Richter der Ansicht, daß die prompte nationale Entrüstung über den erneuten Farbmißbrauch Strafe genug sei.

Der Mißbrauch des Weines ist ein Definitionsproblem und damit ein sprachliches. Es muß in Metaphern bewältigt werden. Der Zustand der Trunkenheit etwa wird von den Italienern mit Hilfe kurioser weiblicher Termini gradweise erfaßt, angefangen von der leichten *chiarina* [Sichttrübung] über *viola* [violett; dt.: blau] und *sbornia* [Ausrutscher] bis *scimmia* [Affe i.S.v. Stumpfsinn] und schließlich *piomba* [Bleischwere]. Gleichermaßen progressionsorientierte Metaphern definieren auch die Alkoholsünder, die so bezeichnende Namen wie *spugna* [Schwamm], *imbuto* [Trichter], *gorna* [Regenrinne], *tombino* [Gully] oder gar *gora* [strömender Fluß] erhalten. Im Bereich der Stilistik unübertroffen bleibt immer noch Francesco Redi, der nach mehreren Wettversuchen mit seinem Trinkkumpanen Lorenzo Magalotti – beide waren im übrigen an praktischer Medizin stark interessiert – über 960 Verse brauchte, um einen leichten Schwips zu beschreiben.

Der Anblick von seltsam anmutenden *stazioni di sparo,* von Schießvorrichtungen zur Vorbeugung gegen Hagelschlag inmitten der Weinberge, leitet über zur Welt des Militärs, in der die Versorgung mit Wein sowohl strengen Reglementierungen als auch heimlichen Do-it-yourself-Praktiken unterliegt. Das italienische *Regio Esercito* [Königliches Heer] sah zum Beispiel jährlich eine Verteilung von 250 Rationen à 0,25 Liter an die Soldaten vor. Bei den Pionieren erhöhte sich die Quote auf 350 Rationen jährlich. Aus nie geklärten Gründen wurde allerdings die *Regia Marina* [Königliche Marine] bevorzugt, für die eine Ration von 0,33 Litern täglich vorgesehen war. Ein Lebensmittel sehen im Wein vor allem die *alpini,* die italienischen Gebirgsjäger, offenbar weil sie zwischen Wein und Blut eine Art Osmose vermuten. Während des Zweiten Weltkrieges nahm eine piemontesische *alpini*-Einheit an der russischen Front jeglichen Ideologie-, Führungs- und Munitionsmangel tapfer hin. Erst nach der Meldung, der Wein sei alle, hallte ein pessimistisches »suma mort« [Es ist aus] durch die unbesiegten Reihen. Kürzlich soll ein in Rom feiernder *alpino*-Veteran bei einem hungrig wartenden Kameraden einen Tobsuchtsanfall ausgelöst haben, als er ihm mitteilte, er habe von den mühsam zusammengelegten 20 000 Lire 19 500 Lire für Wein und 500 Lire für Brot ausgegeben. Seinem Kameraden erschien der Kauf des vielen Brotes unverständlich. Am

Wein sparen wollte auch Galileo Galilei nicht: »Non curare punto risparmio di spesa« [Er denke nicht daran, dabei zu geizen], pflegte der ansonsten als asketisch geltende Begründer der modernen Physik über den Wein zu sagen. Was offensichtlich nicht ohne Wirkung blieb. Denn in den interessanten galileischen Anleitungen zum *ammostare*, zum Gären der Trauben, behauptet der Erfinder der Fallgesetze wohl etwas leichtfertig, im Gärungsfaß seien die oberen Trauben schwerer als die unteren.

Wein und Gastronomie sind in Italien untrennbar miteinander verbunden. Dante verstand sich zum Beispiel als versierter Koch, als er im 23. Gesang des Purgatorio ein Rezept für die Zubereitung von Aal in *Vernaccia*-Wein gab, allerdings ohne genaue Angaben zur erforderlichen Salzmenge, die bei allen Gerichten mit dem würzigen *Vernaccia* äußerst wichtig ist. Als Ausgleich dafür machten ältere Kommentatoren der *Commedia* in den Fußnoten auf die unerläßliche Beigabe von Pfefferkörnern und Lorbeerblättern aufmerksam. Bei Pellegrino Artusi, dem italienischen Bocuse des 19. Jahrhunderts, verwandelt sich die Kochkunst mit erlesenen Weinen zum bewegenden Dirigieren eines Orchesters. Ansonsten ist das italienische Alphabet der mit Wein zubereiteten Speisen von A wie *arrosto*, mit Wein abgeschmeckter Braten, über B wie *brasato*, in Wein marinierter Braten, bis zu Z wie *zabaione* absolut vollständig.

Wein und Un-Wein

In der italienischen Dichtung scheint die stets ambivalente Wirkung des Weins zwischen Melancholie und Überschwang gerade bei zwei modernen Autoren ihren vollendeten Ausdruck gefunden zu haben. Für Giovanni Pascoli hatte die Ermordung seines Vaters, des Gutsverwalters der Torlonia-Ländereien, tragische Folgen. Zusammen mit seiner Familie mußte er die »Torre« verlassen und lange Zeit fern von seiner geliebten Romagna dahinkümmern. Als feinfühliger Dichter vergaß Pascoli aber nie den dortigen Wein und die damit verbundene ländliche Kultur. In *Myricae* stellt der Wein den unerläßlichen Bestandteil einer verträumten, als arkadisch empfundenen einfachen Bauernwelt dar. Das Moment des Bukolisch-Beschaulichen tritt auch in den profunderen *Canti di Castelvecchio* auf, in denen der Wein stets Anlaß zu nostalgischer Besinnung bedeutet. Dabei scheinen Wein und menschliche Natur eine harmonische Verbindung einzugehen: »... Tua carne è il pane / Ma tuo sangue è il vino / Che odore sa l'odore di pan fresco / E che cantare fa cantar di tino...« [Dein Fleisch ist das Brot / Aber Dein Blut ist der Wein / wie duftig duftet das frische Brot / und klangvoll hallt das Weinfaß].

Ganz anders als Pascoli verhält sich hingegen sein Lehrer Giosuè Carducci, der in Sachen Wein seiner toskanischen Herkunft stets treu blieb. Mehr Klassizist als Naturalist, legte er sich bereits in jungen Jahren das bezeichnende Pseudonym Enotrio Romano zu, unter dem er dann in goliardischen Kreisen mit sinnigen Sprüchen wie »Ave color vini clari / Ave sapor sine pari« [Sei gegrüßt, oh helle Farbe des Weins / sei gegrüßt, oh du Geschmack ohnegleichen] auftrat. Auch in späteren Jahren offenbarte sich Carduccis Neigung zum Wein: beim obligaten Gang vom Café zum *vinaio,* beim Improvisieren von begeisterten, dem Wein gewidmeten Distichen und beim Singen selbstkomponierter, dem Wein huldigender *stornelli.* Seine Äußerungen sind freilich nicht ohne Widerspruch. Einmal behauptet er kategorisch: »Io scrivo sempre a digiuno« [Ich schreibe immer in nüchternem Zustand]. An anderer Stelle dagegen: »Io dal bicchier le rime / chieggo e gli auguri« [Vom Glas erwarte ich die Reime und Verheißung].

Auch die Oper huldigt dem Wein. In Donizettis *Elisir d'amore* [Liebeselexier] päppelt sich Nemorino mit einem kräftigen *Borgogna* auf. In Mascagnis *Cavalleria Rusticana* lassen heitere Sprüche wie »Viva il vino spumeggiante / nel bicchiere scintillante« [Es lebe der perlende Wein im glänzenden Glas] die Spannung des bevorstehenden Duells vergessen. Rossini stellt die Vielseitigkeit der italienischen Künstler unter Beweis, indem er sich nicht nur als Gastronom, sondern auch als Kenner des weißen *Ansonica* und des roten *Montecarlo* bewährt. In Verdis *Rigoletto* bringt sich Gilda in einer Weinkneipe um; im *Otello* trübt der Wein die Sinne Cassios. Als wahrer Dramaturg wirkt der Wein schließlich in Verdis *La Traviata,* wo er einem hoffnungslos darniederliegenden schwindsüchtigen weiblichen Geschöpf die Kraft verleiht, eine lange Folge schriller Töne von sich zu geben. Hierbei trinkt ihr ebenso angeheiterter Partner tüchtig mit.

Schließlich erhebt sich die Frage, inwieweit der Wein in Italien geschlechtsdiskriminierend wirkt. In letzter Zeit gibt das ISTAT, das statistische Bundesamt, den jährlichen Weinverbrauch pro Kopf mit durchschnittlich 110 Litern an. Zieht man davon Kinder unter sechs Jahren und die wenigen Abstinenzler ab, läßt sich ein derartig hoher Konsum nur durch weibliche Mithilfe erklären. Dabei trinken die Frauen, denen diesbezüglich in der italienischen Öffentlichkeit Zurückhaltung anempfohlen ist, traditionell nur in den heimischen vier Wänden. In letzter Zeit allerdings pichelt ein zunehmend autonomes, joviales Frauenvolk, vor allem im Friaul, wohlgelaunt in aller Öffentlichkeit. Anstelle des von Männern geschätzten kräftigen *Tocai* bevorzugen die friaulischen Frauen den edleren *Pinot bianco.* Vorläuferinnen solch selbstbestimmten Trinkens waren etwa Maria Giovanna, Gattin von König Karl Emanuel II., die den Weinen aus Alba, insbesondere dem *Dolcetto* huldigte, den sie auch den großen Herrschern Europas von Charles III. bis zu Ludwig XIV. empfahl. Während ihrer Erziehungszeit im Kloster soll sich Katharina von Medici stark zum *Trebbiano* hingezogen gefühlt haben; zu ihren Lieblingsgenüssen zählten auch *biscottaglie* und *berlingozzi,* eine Art Patisserie, die sie mit allen erdenklichen Variationen von *Vinsanto* begoß und schließlich nach Frankreich exportierte, wo die große Sehnsucht nach solchen Genüssen sie zur Erfindung des Cognac verleitet haben soll. Im 19. Jahrhundert verhalf Giulia Falletti di Barolo ihrem Verehrer Camillo Benso von Cavour, dem »politischen Schöpfer Italiens«, zu erfolgreichen Geschäften mit dem Wein, der ihren Namen trug, und damit zu einer Leistung, die der Staatsgründung keineswegs nachsteht.

Die bisherigen Ausführungen haben gezeigt, daß in Italien die vom Wein produzierten Gegensätze stets dazu tendieren, einander aufzuheben. Folgerichtig müßte sich auch der Wein selbst durch sein eigenes Gegenteil auflösen. Dies darf aber tunlichst nicht aus Wasser bestehen. Aus ethischen Gründen muß der Wein seinen Gegenpol im Un-Wein finden. Und den gibt es tatsächlich in Gestalt des *Clin-*

ton. Er wird aus den winzigen Trauben eines nicht-veredelten Rebstockes gewonnen, dessen Eigenschaften nicht von der EG-Klassifizierung bzw. -Reglementierung erfaßt sind. Deshalb darf der *Clinton* eigentlich weder angebaut noch vertrieben werden. Von Wein-Fundamentalisten wird der *Clinton* sogar als »toxisch« deklariert. Seine Gewinnung weckt Erinnerungen an arkane Praktiken. Eher erschreckend sind denn auch seine Eigenschaften: Von intensiv rubinroter Farbe, erinnert der *Clinton* im Geruch stark an Himbeeren. Sein Geschmack zeichnet sich durch eine anfangs angenehm anregende Herbheit aus, die gleich darauf durch einen samtigen Körper ausgeglichen wird. Sein Bukett beschwört die Erinnerung an zarten Mandelduft. Genossen wird er meist im Herbst oder im Winter, selbstverständlich kühl, eben wegen seiner immanenten Gegensätze. Seinen ausschließlichen Weincharakter legt der *Clinton* insbesondere im späten Frühling ab, wenn er sich als Beigabe zu Erdbeeren und einer Prise Zucker in ein vorzügliches Dessert verwandelt.

Den echten Weinkenner erkennt man daran, daß er bei der Erwähnung des Un-Weins *Clinton* zunächst zusammenzuckt, dann aber, wenn er ihn träumerisch schlürft, in seinem Blick die ganze Skala der Genußnuancen erkennen läßt. In Italien ist der *Clinton* zumeist bei angeblich nicht informierten Winzern oder bei gefälligen Wirten zu finden. Zum Glück ist die *polizia per la repressione frodi*, die für die Lebensmittelkontrolle zuständige Polizei, fast immer über den Standort der Übeltäter informiert: selbstverständlich, um selbst dort einkaufen zu können.

Christa Klauke

Vom Aschenputtel zum Kultobjekt

Die Erfolgsgeschichte des italienischen Weines

Welches Ansehen italienischer Wein in Deutschland genießt, zeigt ein einfaches Gedankenspiel. Wer – sagen wir – vor 15 Jahren zum Essen mit italienischen Weinen einlud, signalisierte folgendes: Es sollte unkompliziert zugehen, die Atmosphäre leger sein, der Wein nicht im Mittelpunkt stehen; man war nicht bereit, viel Geld auszugeben. Ganz anders heute: Der Betreffende liegt mit seiner Auswahl im Trend, signalisiert Kommunikationsfreude, Großzügigkeit und Qualitätsbewußtsein. Bei aller Lockerheit zeigt er sich, unabhängig vom tatsächlichen Preis des Weines, als anspruchsvoll bei seiner Wahl.

Es überrascht deshalb nicht, daß Weine aus Italien seit Ende der 80er Jahre auf dem deutschen Markt ungemein erfolgreich sind. Ob im Fachhandel, im Lebensmittelhandel oder beim Discounter, sie sind nicht nur präsent, sie sind die Umsatzrenner. Das waren sie auf der Billigschiene schon vor 20, 25 Jahren, neu aber ist, daß sie in Deutschland beim anspruchsvollen Verbraucher und dessen Einkaufsquellen so gut vertreten sind. Ausnahme ist die deutsche Spitzengastronomie. Hier haben sich die Grappe durchgesetzt, nicht jedoch die hochwertigen Weine.

Italien steht an erster Stelle bei den deutschen Weinimporten, umgekehrt ist Deutschland der wichtigste Exportmarkt für italienische Weine. Das war zwar schon Ende der 70er Jahre so, nur verkauften sie sich damals in erster Linie über den Preis. Seit Ende der 70er Jahre sind die Importe fast ständig gestiegen – und die Preise, und dies weit oberhalb der Inflationsrate. Ein Zeichen dafür, daß immer mehr hochwertige Weine nachgefragt werden. Preise über 20 DM für einen Chianti Riserva sind normal, ebenso 30 bis 60 DM für einen Barolo oder einen Brunello. Und das nicht bei einigen wenigen

27

1927

spezialisierten Händlern, sondern bis hin zu den Weinabteilungen der Kaufhäuser.

Nicht nur die Qualität ist vorbildlich, sondern auch die Präsentation. Die Italiener waren wohl die ersten, die der Ausstattung ein besonderes Augenmerk widmeten. Das gilt zunächst einmal für die Etiketten, die früher handgestrickt und teils ausgesprochen häßlich waren und dann abgelöst wurden von sehr geschmackvollen, oft von Designern entworfenen Exemplaren. Aber auch die Korken sind bei den führenden Erzeugern im internationalen Vergleich wohl im Schnitt die besten, und gleiches gilt für die Flaschen.

Der Erfolg wäre übrigens deutlich später gekommen, hätte es nicht eine bestimmte Gruppe von Weinhändlern gegeben, die zu Beginn der 80er Jahre verstärkt mit dem Import begannen. Es waren Personen mit überwiegend akademischem Abschluß, die sich statt des studierten Berufes dem Weinhandel widmeten. Sie wollten die neuen italienischen Weine führen, waren offen für Entdeckungen. Als Außenseiter auf dem deutschen Markt hatten sie keine Vorurteile gegenüber den unbekannten italienischen Qualitätsweinen. Erst nach und nach entdeckte der klassische Importhandel diese neue Weinwirklichkeit. Doch alle diese Anstrengungen konnten nur deshalb erfolgreich sein, weil sich der italienische Weinbau in den vergangenen zwei Jahrzehnten grundlegend geändert hatte.

Der Wandel

Kein Weinland, dem auch nur einige Bedeutung zukommt, hat innerhalb so kurzer Zeit einen so tiefgreifenden Wandel vollzogen wie Italien. Die oft jahrhundertealte Tradition französischer oder auch deutscher Weine sucht man in Italien vergebens. Sicher, einige Namen wie etwa der des Chianti sind alt – nicht jedoch die von Erzeugern. Es gab auch schon im 19. Jahrhundert Anregungen zu Verbesserungen, aber es waren Einzelfälle. Und spätere Anstrengungen wurden durch die sich ausbreitende Massenproduktion in den 50er Jahren zunichte gemacht. Faktisch war noch vor dreißig Jahren Qualitätswein unbekannt, oder besser: Es gab ihn kaum. Wein war mehr

Nahrungsmittel denn Getränk und schon gar nicht eins, dem man besondere Aufmerksamkeit schenkte. Er wurde entweder selbst erzeugt oder in großen Glasballons, den *damigiane*, bei Winzern der Gegend gekauft. Auf Flasche vermarktet wurde er meist nur von Handelshäusern, es dominierte der offen verkaufte Wein. Entsprechend wenig Aufmerksamkeit schenkten die meisten Winzer der Qualität. Auch der Export, der heute so wichtig ist, spielte kaum eine Rolle, und wenn, dann ging es meist um Massenprodukte.

Ganz anders heute. Sicherlich, Massenweine bestenfalls genügender Qualität gibt es weiterhin, doch die plumpen, fehlerhaften, oxydierten Weine der Vergangenheit gibt es kaum noch. Auf beiden Seiten, bei den Erzeugern wie bei den Käufern, hat sich ein Qualitätsbewußtsein entwickelt. Immer mehr Käufer fragen bewußt nicht nur nach einem bestimmten Typus, also etwa nach Chianti oder Soave, sondern nach dem Wein eines bestimmten Erzeugers, aus einer ganz bestimmten Lage und eines bestimmten Jahrgangs.

Eine nicht unbedeutende Rolle bei dieser allgemeinen Geschmacksverfeinerung spielt übrigens die Gastronomie: Denn jedes Restaurant, das etwas auf sich hält, führt heute eine gut sortierte Weinkarte. Hier bekam man die Anregungen, die die wenig kritische Weinpresse und der sich erst in den letzten Jahren etablierende Fachhandel nicht hatten vermitteln können.

Toskana: das Labor, in dem alles begann

Die erste Region, in der sich das italienische Weinwunder auf breiter Ebene bemerkbar machte, war die Toskana, genauer gesagt, das Gebiet des Chianti Classico. Hier gab es einen radikalen Bruch mit der Vergangenheit. Alle Elemente des neuen Weinbaus wurden konsequent angewandt. Nicht mehr die schiere Menge war interessant, sondern ein individueller Wein, der die Eigenschaften der Reben und des Bodens zum Ausdruck bringt, war das Ziel. Niedrige Hektarerträge und Sauberkeit im Keller waren die wesentlichen Voraussetzungen. Konsequenz auch im Verkauf: An der Ausstattung wurde nicht gespart, schließlich sollte sie das Neue symbolisieren.

Daß die Entwicklung in der Toskana begann, ist nicht weiter verwunderlich, denn es waren vor allem Personen von außerhalb des Anbaugebiets, teils auch aus dem Ausland, die sich hier, angezogen vom kulturellen Flair, ein kleineres Gut kauften. Die meisten waren zuvor in anderen Bereichen wirtschaftlich erfolgreich und verfügten dementsprechend nicht nur über die finanziellen Mittel, sondern waren zielstrebig und phantasievoll zugleich. Damit floß das notwendige Kapital in die Region. Qualität, die sich vermarkten ließ, war angestrebt, nicht der Verkauf billiger Massenware. Veränderungen brauchen Zeit und setzen Investitionen voraus. Aber Geld und Ideen, so wichtig sie auch sein mochten, reichten allein nicht, hinzukommen mußte das nötige Fachwissen, das die neuen Inhaber nicht hatten. Entsprechend wurden Fachleute engagiert: Beratende Önologen wie Bernabei, Castelli oder Fiore prägen heute das Bild des toskanischen Weinbaus.

Obwohl man den Chianti grundlegend verändern und verbessern wollte – Vorreiter des neuen Stils waren zunächst die Vini da tavola. Denn hier konnten neue Ideen in die Tat umgesetzt werden, ohne daß gesetzliche Produktionsstatuten ein Hemmnis bildeten, ob es nun um die Rebzusammensetzung ging oder den Ausbau im Barrique. Es wäre aber verkürzt, diese Entwicklung – wie es häufig geschieht – damit zu erklären, daß das damalige Statut einen hohen Weißweinanteil vorsah. So streng wurde es nämlich nicht ausgelegt; Verstöße wurden selten verfolgt. Der erste Tignanello etwa unterschied sich hierin nicht von dem Chianti Classico Riserva von Castello di Uzzano. Mit solchen hochwertigen Tafelweinen, die natürlich unter Phantasienamen verkauft wurden, profilierten sich die Winzer. Die Angebotspalette wurde erweitert, und dem ersten roten Tafelwein folgte bald ein weißer, vorzugsweise ebenfalls im Barrique ausgebaut.

Die gleiche Aufmerksamkeit wird heute dem hochwertigen Chianti geschenkt. Die Erträge sind bei den führenden Gütern niedrig, die Vinifikation sorgfältig. Der Stil hat sich geändert, ist internationaler geworden. Die Weine sind runder, kräftiger, und nicht wenige Riserve werden für einige Zeit im Barrique ausgebaut. Der einstige Mischsatz aus den einheimischen roten Reben Sangiovese und Canaiolo mit Zugabe der weißen Malvasia und Trebbiano ist in der Spitzengruppe entweder einem reinsortigen Sangiovese gewichen, oder man mischt Sangiovese mit internationalen Rebsorten wie Cabernet und Merlot. So manches Gut bietet inzwischen mehrere Chianti an, neben der Annata und der »normalen« Riserva noch eine Riserva aus einer Einzellage.

Der Ruf des Chianti ist inzwischen so hoch, daß die hochwertigen Tafelweine ihre Funktion als Flaggschiff verloren haben. Außerdem sind sie so zahlreich geworden, daß kaum noch jemand sie korrekt zuordnen kann. Mehrere Winzer wollen deshalb ihren Tafelwein künftig als Chianti Riserva, also als DOCG-Wein, vermarkten – was mit dem flexiblen neuen Statut für einen Gutteil der roten Vini da tavola im Chianti von der Rebzusammensetzung und dem Ausbau her möglich sein wird.

Wenn von Chianti die Rede ist, meint man zumeist die Gegend des Chianti Classico. Hier sind die renommiertesten Güter zu finden, ob nun Castello di Ama oder Vecchie Terre di Montefili, San Giusto a Rentenanno oder Badia a Coltibuono – und viele andere mehr. Nur ein weiteres Anbaugebiet hat sich einen Namen schaffen können, nämlich Chianti Rufina mit Selvapiana und Marchesi di Frescobaldi.

Deutlich anders sieht die Situation bei einem anderen wichtigen Wein der Toskana aus, dem Brunello di Montalcino. Er existiert faktisch erst seit dem Beginn der 80er Jahre. Das Renommee war zwar schon seit Jahrzehnten hoch, beruhte aber nur auf einem Gut, Biondi-Santi. Spielte beim Kauf eines Gutes im Chianti Classico häufig die Idee des Landsitzes eine Rolle, wo der Ehrgeiz, einen guten Wein zu machen, erst später hinzukam, stand im Brunello-Gebiet aufgrund des hohen Preises des Weines die vielversprechende Investition im Vordergrund. Innerhalb weniger Jahre stieg die Produktion steil an. Nicht einmal 300 000 Flaschen waren es 1967, rund sieben Millionen sind es heute. Da der Preis stets hoch war, spielten und spielen die Vini da tavola nur eine untergeordnete Rolle.

Der Brunello war übrigens der erste Rote der Toskana, der nur aus Sangiovese bestand. Kreiert wurde er 1870 von Ferruccio Biondi Santi, dessen Gut dann für ein Jahrhundert dominierte. Heute lassen sich leicht zwei Dutzend sehr guter bis hervorragender Erzeuger aufzählen, Großbetriebe wie Banfi und Castelgiocondo, mittlere wie Altesino, Caparzo und Poggio Antico und ebenso kleine wie Case Basse, Cerbaiona oder Talenti.

In gewisser Weise haben sich Chianti und Brunello angenähert. Zielt die Änderung beim Chianti Riserva darauf ab, aus ihm einen langlebigen Roten zu machen, so ist das Bestreben beim Brunello, ihn etwas früher trinkreif zu bekommen. Denn bisher verläßt er zumeist erst nach vier Jahren die Kellerei. Bei aller Annäherung: Der Brunello ist weiterhin der robustere, langlebigere Wein mit mehr Statur.

Erst langsam aus dem Schatten von Chianti und Brunello tritt der Vino Nobile di Montepulciano, wie der Chianti ursprünglich ein Mischsatz aus roten und weißen Trauben, in dem der Sangiovese, dort Prugnolo gentile genannt, stets dominierte. Inzwischen darf er auch allein aus roten Trauben bestehen, was bei den hochwertigen Erzeugern schon längst der Fall ist. Er ist etwas herber als der Chianti, mit einer samtigen Note und einem leicht welken Ton, im Körper voll, mit kräftigem Tannin und einem leichten Goût de goudron. Gelobt wurde der Vino Nobile zwar immer, nur fehlte zum guten Ruf lange die entsprechende Qualität in der Flasche. Immer wieder wurde prophezeit, nun endlich sei es soweit, doch Jahr um Jahr war es lediglich eine Handvoll Erzeuger, deren Wein überzeugen konnte. Es fehlten Impulse von außen, sei es durch betuchte Privatleute wie im Chianti Classico, sei es durch kapitalkräftige Geschäftsleute wie im Brunello. Die Güter, die heute zählen, haben wie im Chianti noch nicht lange einen hervorragenden Ruf, ob Avignonesi oder Boscarelli, Poliziano oder Le Casalte, Dei oder del Cerro.

Piemont: die modernisierte Tradition

Der Piemont hatte wohl als einzige italienische Weinregion eine fortlaufende Tradition qualitativ orientierten Weinbaus. Die Flaggschiffe Barolo und Barbaresco hatten nie den schlechten Ruf wie zeitweise der Chianti. Was fehlte, war Sorgfalt im Weinberg und im Keller sowie eine vernünftige Vermarktung. Noch vor fünfzehn Jahren hatten manche der besten Erzeuger mehrere Jahrgänge auf der Preisliste, und dabei wurden die Weine spottbillig verkauft. Es war die Zeit, in der die Weine von schon damals renommierten Erzeugern wie Bruno Giacosa, Ceretto oder Gaja noch für unter 20 DM im deutschen Handel erhältlich waren.

Der Wandel im Piemont ließ die alten Besitzverhältnisse intakt. Die Güter, die heute zählen, sind zum Gutteil seit Generationen in Familienbesitz. Die Anstöße kamen nicht durch den Einkauf Ortsfremder, sondern durch den Eintritt der jüngeren Generation, die vom Verkauf von Trauben oder offenen Weines umschwenkte auf die Vermarktung des eigenen Weines auf der Flasche. Ob Sandrone oder Altare, Scavino oder Clerico bei Barolo, Marchesi di Gresy, Cigliuti oder Bruno Rocca bei Barbaresco, es gab zwar Weinberge im Familienbesitz, aber die Vinifikation erfolgte – wenn überhaupt – nur für den Eigenbedarf. Wein aus gekauften Trauben zu vinifizieren gilt in dieser Region übrigens nicht als ein Zeichen minderer Qualität. Einige der renommiertesten Betriebe greifen weitgehend oder zumindest teilweise darauf zurück, z. B. Bruno Giacosa, Prunotto, Mauro Mascarello, Vietti oder Ceretto. Die recht geringe durchschnittliche Größe der Güter ist ein Grund für die Tradition des Traubenverkaufs. Denn in Zeiten, als die Preise niedrig waren, lohnte es sich einfach nicht, nur wenige tausend oder zehntausend Flaschen zu vinifizieren.

Die Dominanz kleinbäuerlicher Betriebe, aber auch das hohe Ansehen von Barolo und Barbaresco als wichtigste Weine sorgten dafür, daß Neuerungen im Piemont später Fuß faßten als in der Toskana. Der erste Schritt war nicht, den Stil der Weine zu verändern, um sich einen besseren Markt zu schaffen, sondern sie – wenn überhaupt nötig – zu verbessern. Es wurde stärker auf Sauberkeit geachtet, obwohl dies bei qualitätsbewußten Gütern nie ein Problem war. Der Stahltank hielt Einzug, um die Gärtemperatur kontrollieren zu können, was nicht den Charakter der Weine verändern, sondern allein gärtechnische Probleme vermeiden sollte. Nur wenige gingen schon in den 70er Jahren dazu über, den Barolo oder Barbaresco durch eine geänderte Vinifizierung früher trinkreif zu machen, etwa durch eine kürzere Gärung mit den Schalen wie Ceretto oder Ratti oder durch den Ausbau im Barrique wie Gaja.

Denn hier lag das Problem. Das Renommee war wohl intakt, aber ihre Weine hatten den Ruf, sehr lange bis zur Trinkreife zu brauchen – eine typische Eigenschaft der Nebbiolo-Rebe, aus der sie bestehen. Kurzum: Sie galten als Weine für besondere Gelegenheiten, was den Absatz vor allem im Inland erschwerte. Und so setzte die jüngere Generation in den 80er Jahren darauf, mit kürzeren Gärzeiten und niedrigeren Temperaturen die Weine zugänglicher zu machen, rascher trinkbar, runder, geschmeidiger und fruchtiger. Daß mancher anfangs über das Ziel hinausschoß, wundert nicht, waren hier doch meist keine studierten Önologen am Werk. Aber der Durchbruch war geschafft. Vor allem aus guten Jahren sind die Weine gefragt wie nie zuvor, im Inland wie im Ausland. Derzeit geht der Trend dahin, Barolo und Barbaresco durch den Ausbau im Barrique oder zumindest im jungen kleinen Holzfaß noch ein wenig runder zu machen.

Der beste und teuerste Wein jedes Gutes war und ist der klassische Wein der Region, also der Barolo oder Barbaresco. Nicht daß man hier zu konservativ wäre, es bestand nur keine Notwendigkeit, hochwertige Tafelweine zu kreieren. Man findet sie nur selten, und sie spielen weder für den Ruf noch ökonomisch eine große Rolle.

Von großer Bedeutung war und ist in der Region ein weiterer Wein, der Barbera, jahrzehntelang allerdings nur aufgrund der schieren Menge. Ein Massenträger, nicht sonderlich gepflegt und mit niedrigem Preis. Es brauchte einige Vorreiter, die zeigten, welches Potential in der Rebe steckt, damit sich auch andere ihr mit gebührender Aufmerksamkeit zuwandten. Der verstorbene Giacomo Bologna machte es mit seinem Bricco dell'Uccellone vor, der nicht umsonst als einer der besten Weine Italiens gilt: geringer Ertrag, Sorgfalt im Keller, Ausbau im Barrique. Nun muß es nicht das kleine neue Holzfaß sein, doch keine Rebe des Piemont profitiert so davon wie der Barbera mit seinem geringen Anteil an eigenem Tannin und der relativ hohen Säure.

Friaul und die Weißweinrevolution

Weißweine gab es in Italien zwar immer, nur waren sie für das Bild des Landes sekundär. Was zählte, waren die Roten wie Chianti, Brunello, Barolo & Barbaresco. Dies spiegelte sich auch in der Menge wider. Bis in die frühen 80er Jahre gab es ein deutliches Übergewicht der roten DOC-Weine gegenüber den weißen. Seit zwanzig Jahren ist hier ein tiefgreifender Wandel festzustellen. Italien hat die Weißweine entdeckt, im Inland sind sie die eigentlichen Renner. Alles, was weiß ist, gilt als leicht, modern und dem heutigen Lebensstil angemessen. Umgekehrt: Alles, was rot ist, gilt als schwer und antiquiert. Mit der Folge, daß die großen Rotweine auf dem Auslandsmarkt stark sind und im Inland Absatzprobleme haben. Daneben hat sich der Weißwein selbst gewandelt. Nicht der schwere, alkoholreiche mit wenig Säure ist gefragt, sondern ein fruchtbetonter, leichter mit guter Säure.

Die erste Region, die konsequent in diese Richtung ging, war das Friaul. Hier entdeckte man bereits in den 60er Jahren jene fruchtigen und vergleichsweise leichten Weißen, die dann ihren Siegeszug in ganz Italien antraten. Man erntete früher, erreichte damit weniger Alkohol und mehr Säure. Im Keller sorgte man für Sauberkeit des Mostes und kühle Temperaturen bei der Gärung und bewahrte damit die Fruchtaromen der Rebe. Wenn von Friaul die Rede ist, ist praktisch nur ein schmaler Streifen an der Grenze zu Slowenien gemeint, nämlich die Anbaugebiete Collio und Colli Orientali. Allein dort finden sich jene klimatischen Voraussetzungen, die solch aromatische Weißweine (und inzwischen auch strukturierte und gleichzeitig feine Rote) hervorbringen, und dort haben die renommiertesten Güter wie Abbazia di Rosazzo, Ronchi di Cialla, Russiz Superiore oder Schiopetto ihre Cantina. Nur wenige Winzer, etwa Jermann, Gallo (Vie di Romans) oder Kante, können Vergleichbares in den angrenzenden Gebieten hervorbringen.

Friaul war und ist Vorbild im Stil, selbst wenn die Menge gering ist. Nicht einmal zwei Prozent der italienischen Produktion stammen von dort (bei den DOC-Weinen sind es mit umgerechnet gut acht Millionen Flaschen 6,5%). Und noch geringer ist die Präsenz im

Ausland. Das meiste bleibt im Land, vorzugsweise in der Gastronomie, nur 13% werden exportiert. Zum Vergleich: Der Chianti allein brachte es 1993 auf gut 120 Millionen Flaschen, von denen mehr als die Hälfte ausgeführt wurden.

Nach und nach wurden alle Weißen Italiens modernisiert, manche in übertriebenem Maße. Leichtigkeit und Frische scheint bisweilen das einzige Ziel zu sein, dem alles, auch der Geschmack, untergeordnet wird. Solche Weine sind schon von weitem an der blaßgelben Farbe zu erkennen, und ihr Prototypus ist der Galestro. Doch nicht nur die Keltertechnik, auch die Rebe bestimmt den Charakter des Weins. Die italienische Halbinsel verfügt nun zwar über eine Fülle hochwertiger roter autochthoner Rebsorten, jedoch nur über vergleichsweise wenige sehr gute weiße.

Diesem Mangel wurde durch die Anpflanzung ausländischer Sorten abgeholfen. Vor allem der Chardonnay stieß in die Lücke. Inzwischen gibt es keine Region, in der er nicht zu finden ist. Im Vorteil sind natürlich die Gebiete, in denen Sorten wie Chardonnay, Pinot Bianco und Sauvignon Tradition haben, und das sind das Friaul und – in geringerem Maße – Südtirol/Trentino. Reinsortig dient der Chardonnay gern als Basis für ausgesprochen hochwertige Weine, zumal, wenn er im Barrique ausgebaut wird. Man findet ihn auch in klassischen Rotweinregionen wie Piemont und Toskana. Chardonnay dient außerdem zur Abrundung klassischer italienischer Weißer, z.B. Bianco di Custoza oder Soave. Gerade bei letzterem hat sich eine Debatte entwickelt, inwieweit es Sinn macht, klassische Weine durch Kombination mit früher unbekannten Sorten so zu verändern, daß – sagen Kritiker – sie ihre Identität verlieren. Die Antwort muß davon abhängen, inwieweit wirklich das Beste aus den klassischen Reben gemacht wird. So können selbst die besten Weine aus dem weißen Trebbiano nicht überzeugen, wohingegen sich die besten aus Garganega (Grundrebe des Soave) sehen lassen können. Man denke nur an Anselmi, Pieropan und Pra.

Heute haben die weißen DOC-Weine in der Menge zu den roten aufgeschlossen, und es ist wohl nur eine Frage der Zeit, bis sie deutlich überwiegen werden. Auf dem deutschen Markt haben sie mit 51% Marktanteil die roten bereits überrundet, wobei Spumante und

Frizzante, die ja ebenfalls zumeist weiß sind, noch nicht einmal eingeschlossen sind.

Südtirol/Trentino: Auf dem Weg zum besseren Profil

Der Aufbruch blieb natürlich nicht auf Toskana, Piemont und Friaul beschränkt. Von Nord bis Süd, die Weine sind überall besser geworden. Diese Verbesserung schließt Weine nicht aus, von denen viele Millionen Flaschen produziert werden, ob Frascati, Orvieto oder Verdicchio, Bardolino oder Montepulciano d'Abruzzo. Kleine Spitzengruppen haben sich beim Soave und beim Valpolicella gebildet, und manchmal gibt es kleine Inseln mit Weinen hochstehender Qualität, wie etwa das Franciacorta in der Lombardei, bekannt für hervorragende Schaumweine.

Allerdings ist eine gewisse Ungleichheit der Entwicklung nicht zu übersehen. So haben, von wenigen Ausnahmen abgesehen, die Weinproduzenten südlich von Rom bislang keinen Anschluß an den Norden gewonnen. Außerhalb Siziliens und Sardiniens gibt es nur vereinzelt Erzeuger, die mehr als guten Durchschnitt bieten. Und das, obwohl rund die Hälfte des italienischen Weines von dort kommt.

In größerem Umfang hält nur eine Region Anschluß an die führenden und macht derzeit von sich reden: Südtirol/Trentino. Es begann mit dem eher unbekannten Trentino, dessen Weinwirtschaft ebenso wie im benachbarten Südtirol sehr stark von Genossenschaften und Handelskellereien geprägt ist. Schon in den 70er und frühen 80er Jahren setzten kleine Erzeugerbetriebe verstärkt auf Qualität, und zwar mit einem Mix von einheimischen Sorten wie Nosiola, Marzemino und Teroldego und internationalen Sorten wie Chardonnay, Cabernet und Merlot. Bevorzugt wird, bei rot wie bei weiß, der frische, fruchtige Stil. Dies jedoch in geringem Umfang, denn die Zahl der Selbstvermarkter ist klein, und so haben sich nur wenige einen Namen machen können. Die bekanntesten dürften Pojer & Sandri, Zeni, Endrizzi, Foradori und Guerrieri Gonzaga sein. Aber auch bei den Genossenschaften hat sich einiges getan, was nicht zuletzt auf den Einfluß der bekannten Weinfachschule in San Michele all'Adige zurückzuführen ist.

In Deutschland weniger geläufig ist die Tatsache, daß Trentino neben dem lombardischen Franciacorta *das* Gebiet für hervorragende Schaumweine im Flaschengärverfahren ist, und zwar vorzugsweise aus Chardonnay. Immerhin entfällt rund ein Viertel der Trentiner Traubenproduktion auf die Schaumweinerzeugung, und die dortigen Sektgrundweine sind international begehrt. Weniger die Spumanti selbst; sie haben, da hierzulande ab einem bestimmten Preis immer noch dem Champagner der Vorzug gegeben wird, ihren Markt überwiegend in Italien.

Südtirol hingegen trug und trägt die Last des Vernatsch, aus dem u. a. der Kalterer See und der Sankt Magdalener entsteht. Es ist der Kalterer, der das Bild Südtirols in Deutschland geprägt hat – ebenso in Österreich und der Schweiz. Und diese Länder sind, neben dem lokalen Markt, das Hauptabsatzgebiet. Sich vom Vernatsch zu befreien bleibt schwer, und hier sind es nicht nur kleine Erzeuger wie Haas, Niedrist oder Widmann, die die Entwicklung vorantreiben, sondern auch Genossenschaften wie Schreckbichl oder Girlan, Hersteller, deren Produktion nur teilweise – oder gar nicht – aus eigenen Weinbergen stammt wie Lageder, Schwanburg oder Grai. Für die Zukunft setzt man auf Weiße aus Chardonnay, Pinot Bianco und Sauvignon, bei den Roten auf Cabernet, Merlot, Pinot Nero und den einheimischen Lagrein. Neben letzterem sind es gerade die Burgundersorten, die überzeugende Weine liefern.

Frizzante & Spumante

Schaumweine und moussierende Weine haben in Deutschland von dem Qualitätssprung nur wenig profitieren können. Bei den Stichworten »hochwertig« oder »im Trend« denkt man nicht an sie. Denn in der Menge fällt der Prosecco (der ja auch als Spumante angeboten wird), so sehr er auch zum Synonym des modernen Italiens geworden sein mag, kaum ins Gewicht. Italienischer Perlwein in Deutschland, immerhin rund 20 Millionen Liter im Jahr, das sind die ominösen

»bottiglioni« zu 1,5 oder 2 Liter ganz unten im Regal der Supermärkte.

Nicht gerade ermutigend ist auch die Situation des Spumante. Zwar verkaufen sich hochwertige Schaumweine, die mit zwei bis drei Jahren Gärung auf der Flasche (natürlich handgerüttelt) den meisten deutschen Winzersekten, französischen Crémants und Standard-Champagnern qualitativ deutlich überlegen sind, in Italien sehr gut. In Deutschland aber haben sie sich nicht durchsetzen können. Nicht einmal der Preisvorteil, immerhin das Argument, das vor Jahren bei den Weinen den Erfolg der Italiener hierzulande begründete, zieht gegenüber dem Champagner. Schaumwein aus Italien – das ist in erster Linie der Asti Spumante; auf ihn entfallen rund 60% der Spumante-Importe. Und der Asti wird, von einigen Markenerzeugern wie Cinzano oder Martini abgesehen, im unteren Preisbereich in den Supermärkten verkauft. Deshalb haben es hochwertige Spumante, etwa von Ferrari, Bellavista oder Ca' del Bosco, selbst im Fachhandel schwer.

Distillati: Grappa & Co.

Die Karriere des Grappa ist spektakulär. Aus einem rauhen, bäuerlichen, später industriellen Hochprozenter aus Resten – denn nichts anderes ist ja der Trester – wurde nachgerade ein Hit, überall zu finden und mit hohen Preisen. Anders als der italienische Wein hat es der Grappa geschafft, sich in Deutschland einen Markt auf allen Ebenen zu erobern, bis hin zur Spitzengastronomie. Man bekommt ihn selbst in Restaurants, die keinen italienischen Wein oder nur ein, zwei Alibi-Erzeuger auf der Karte führen.

Voraussetzung dafür war – wie könnte es anders sein – eine stete Aufwärtsentwicklung in der Qualität. Ein guter Grappa entsteht direkt nach der Vinifikation aus noch feuchtem Trester, also dem, was nach dem Abpressen des Mostes bei den Weißen oder dem Jungwein bei den Roten übrig bleibt. Und je frischer der Trester ist und je weniger stark gepreßt wird, desto besser wird der Grappa. Mit frischem Trester arbeiten können natürlich nur kleine und mittlere

Brennereien, nicht industrielle Erzeuger mit ihrer kontinuierlichen Produktion. Es sei denn, sie legen sich wie Bocchino eine Edellinie zu. Eine weitere wichtige Voraussetzung für die Qualität ist, daß indirekt gebrannt wird, d. h. mit Dampf oder im Wasserbad, und nur das sogenannte Herz verwandt wird, also nicht der Vor- und Nachlauf.

Tradition hat Grappa in den norditalienischen Regionen, und nicht umsonst haben die meisten renommierten Brennereien hier ihren Sitz, ob nun Nonino im Friaul, Marolo und Ceretto im Piemont, Zeni und Pojer & Sandri im Trentino oder Poli im Veneto. Aber seit einigen Jahren gibt es Grappa aus allen italienischen Regionen; renommiert ist beispielsweise Nanoni in der Toskana. Prägend für die Entwicklung der Grappe war der Familienbetrieb Nonino. Von ihm kamen wesentliche Anstöße, die dann landesweit nachgeahmt wurden. Etwa das getrennte Brennen des Tresters einzelner Rebsorten, wodurch die sogenannten »monovitigni« entstanden. Abgesehen von der Tradition eines Grappa aus Moscato gab es so etwas nicht. Mit dem Ue wurden Anfang der 80er Jahre von Nonino der Traubenbrand geschaffen, der aus ganzen Trauben und nicht aus dem Trester entsteht. Viele Brenner folgten im Laufe der Jahre diesem Beispiel. Daß nach Rebsorten getrennt gebrannt wird, daß fast jedes renommierte Gut seinen eigenen Grappa aufweisen kann, ist inzwischen Normalität. Auch die »distillati d'uva« haben sich längst durchgesetzt, und inzwischen hat sich so manche Brennerei den Obstbränden zugewandt, die es früher eigentlich nur in Südtirol gab.

Manchmal hat man allerdings den Eindruck, daß der Flasche mehr Aufmerksamkeit geschenkt wird als dem Inhalt. Immer exquisiter werden die Formen, und besonders gelungene Exemplare finden schnell Nachahmer. Und immer höher werden auch die Preise. 100 DM und mehr für einen halben Liter sind jedoch kaum noch zu rechtfertigen.

Fazit

In den letzten zwanzig Jahren hat die Weinwirtschaft Italiens einen weiten Weg zurückgelegt. Von einer weitgehend an der Menge orientierten Produktion hin zu qualitativ hochstehenden Weinen, so läßt sich die Entwicklung zusammenfassend charakterisieren. Natürlich produziert Italien wie jedes Weinland weiterhin große Mengen durchschnittlicher Weine, aber diese sind ebenfalls deutlich besser geworden. Zu ihnen gesellt hat sich eine kaum mehr überschaubare Zahl an Erzeugern sehr guter und in einigen Fällen ausgezeichneter roter und weißer Weine, die keinen Vergleich mit denen anderer Länder zu scheuen brauchen.

Der Trend zu hoher Qualität führte zu einem stürmischen Anstieg der Preise, die zwar im internationalen Vergleich keineswegs außergewöhnlich, für Italien aber dennoch ungewohnt sind. Daß ein sehr guter Barolo oder Brunello zwischen 30 und 60 DM kostet, ein ausgezeichneter Chianti Riserva zwischen 20 und 30 DM liegt (manchmal auch mehr), wäre vor Jahren undenkbar gewesen. Und diese Dynamik ist keineswegs gebrochen. Um es in der Sprache der Ökonomen auszudrücken: Die qualitative Entwicklung des italienischen Weinbaus hat die Phase des selbsttragenden Wachstums erreicht. Sie ist kein isoliertes Phänomen einzelner Hersteller mehr. Fast überall und mit steter Regelmäßigkeit tauchen die Namen von Gütern auf, die Anschluß an die führenden suchen und nach einigen Ernten auch finden. In den Weinführern von Gambero Rosso und Luigi Veronelli findet man deshalb jedes Jahr neue gute Winzer. Größere und große Häuser folgten dieser Entwicklung ebenfalls, einige waren gar selbst Pioniere wie etwa Antinori mit seinem Tignanello, dessen erster Jahrgang immerhin der 71er war. Aber erst in den 80er Jahren machten solche Hersteller in größerer Zahl wirklich ernst mit dem Wörtchen Qualität, das so leicht über die Lippen geht, ohne im Glase seinen Niederschlag zu finden. Dieses Umdenken bei den Großen der Branche läßt den Wandel auch für die Masse der Verbraucher spürbar werden. Denn letztlich ist es in Italien wie in Frankreich: Den Ruf macht eine Vielzahl kleiner und mittlerer Betriebe, die Menge machen die großen.

Amadeo Giacomini

Der Grappa, das Friaul, ein Preis

Über die Kultur des Grappa und den *Premio Nonino*

Der Grappa, in friaulischem Dialekt »la sgnape«, ob nun als »bottega«, als »saltafossi« oder »di bosco«[1] destilliert, war seit jeher der einzige Schnaps in unserer bäuerlichen Kultur, war ständiger Begleiter mythisch gewordener Besäufnisse alpinen Schlages oder einfach Lebenshilfe. Grappa tranken alle: die Bauern, denen morgens der strenge Stallgeruch entgegenschlug; die Tagelöhner, die sich beim Frühstück darin vertieften, um Kraft zu schöpfen und die noch vom Vorabend im Magen liegende Polenta besser zu verdauen; und sogar die Frauen, die schon bei Morgengrauen aufstanden, um die Messe zu hören und danach mit Grappa die heilige Kommunion zu begießen.

Ich erinnere mich noch an die gebückten, schwarz gekleideten Frauen meiner Kinderjahre, die hintereinander, den Herbstnebel durchpflügend, heimlich Richtung Osteria trabten, wo »man alles verkaufte« und wo sie sich den »Fünftelliter« genehmigten: verstohlen die Stolzen unter ihnen, lautstark die anderen, die Ärmsten der Armen, die nichts zu verlieren hatten. Mit immer zwangloser und vergnügter werdenden Stimmen plapperten sie auf dem Rückweg, um zu Hause das Vieh zu versorgen oder für die Ehemänner die gestreckte Minestrone aus Bohnen und Kräutern vorzubereiten. Nachdem die Frauen verschwunden waren (nicht ohne sich ständig umzusehen, um indiskreten Blicken ausweichen zu können), kam der Priester. Er verpaßte sich von den »Fünftellitern« gleich zwei, meist geschnorrte, und erteilte anschließend dem edlen Spender diskret seinen Segen.

In meinem Geburtsort Varmo gab es eine bestimmte Stunde, zu der die Luft nach Grappa roch. Wenn die stehende feuchte Luft aus den Entwässerungsgräben den Geruch festhielt, konnte man sogar dessen Ursprungsort bestimmen. Man erkannte, ob es sich um den Grappa »senza capo né coda« [ohne Hand und Fuß] handelte, der mit offizieller Lizenz hergestellt wurde, oder ob es sich um einen heimlich destillierten Hausbrand handelte. Dieser Grappa war stark und hart im Geruch, wie die Faust eines Mannes, der stark und hart im Nehmen ist.

Alle hier im Friaul stellten den Grappa damals her, von den Bergen bis hin zum Meer, mit den absurdesten Destillierkolben, die vor den strengen Ordnungshütern manches Mal sogar unter dem Bett versteckt wurden. Trester und duftende Kräutermixturen, deren geheime Zusammensetzung von Vater auf den Sohn vererbt wurde, wurden beigemischt: Gute und weniger gute Grappe kamen dabei heraus, alle jedoch gleichermaßen gefährlich aufgrund des darin enthaltenen Methylalkohols, der auf lange Sicht die Leber zersetzte und Hände und Mund zittern ließ – sichere Anzeichen von Alkoholismus im Endstadium.

Die Vielzahl privater Produzenten machte den Lizenzherstellern das Leben schwer und unkalkulierbar. Wenn man, wie sie, mit einem Destillierkolben auf einem Karren von Weinberg zu Weinberg zog, mußte man dem Tresterverkäufer einen Anteil in Form von Grappa zahlen und sich mit dem, was von der mühevollen Arbeit übrigblieb, als »cramar« durchschlagen. So nannte man jene fliegenden Händler, die von Dorf zu Dorf wanderten, um den Wirten hier und da einen Ballon des Produkts zu verkaufen, wobei sie mit ihrem geringen Vorrat noch mit den Schwarzbrennern konkurrieren mußten. Und doch widmeten sich ganze Familien dieser Kunst. Den Lauf der Zeit überdauerten die Hingebungsvollsten und Hartnäckigsten, deren Produkte über die Grenzen des Herstellungsortes hinaus bekannt wurden. Ihre Grappe wurden zuerst in Ballons, dann – von Regierung und Aufsichtsbehörden unbehelligt – in Fläschchen und Flaschen abgefüllt, etikettiert und avancierten bald zu luxuriösen »Gläschen«, die nur feiertags getrunken wurden oder besonderen Gästen vorbehalten waren.

Über Jahrhunderte hinweg war der Grappa ausschließlich ein Teil des ländlichen Lebens, ein Armeleutegenuß, einzige und oftmals tragisch endende Stärkung in ihrem unbewegten Leben voller Äng-

In vino veritas, in graspa felicitas (Ignazio Toscani)

ste. Wie oft habe ich in meiner bäuerlich geprägten Kindheit den Ausspruch gehört: »Der Ärmste, sein ganzes Leben lang nur Polenta, Mühsal und Grappa!« Und dieses Urteil bezog sich immer auf einen Toten, manchmal einen sehr jung Verstorbenen, der nicht nur wegen der Hepatitis, sondern auch aus Lebensüberdruß ganz gelb im Gesicht geworden war. Wer den Grappa allerdings richtig zu trinken wußte, konnte Freude daraus schöpfen, Lieder; denn, wie einer unserer großen Dichter sagte: »Nur die Armen können singen«, aus nichts ihre Glückseligkeit beziehen. Nach dem Ende der Landwirtschaftskrise, als die Karren und die von Ochsen gezogenen Pflüge durch Maschinen ersetzt wurden, als alles leichter wurde und das Landleben zunehmend dem Stadtleben ähnelte, blieb auch der Grappa kein Vorrecht ländlicher Lebenskunst mehr. Er trat in Konkurrenz zu den bislang angesehensten Likören, ein außergewöhnlicher Boom setzte ein. Um auf der Höhe der Zeit zu bleiben, verzichtete ein Großteil der Grappa-Produzenten auf den herkömmlichen Brennkolben, der nur mit Unterbrechungen destillierte. Bei diesem Verfahren war stets die Anwesenheit eines Brenners erforderlich, der sich, im Vertrauen auf seine Erfahrungen, darauf verstand, das wahre Herz des Produkts zu entdecken, seine besten Düfte und Geschmacksnuancen. Statt dessen wandte man sich nunmehr der kontinuierlichen Destillation zu, bei der, da sie unkontrolliert abläuft, die Essenz nicht überprüft werden kann und nur der reine Alkohol fließt, der geschmacklos und ohne Klasse ist. Kurz gesagt, Quantität ging vor Qualität. Was zählte, war der Umsatz, und auf diese Art und Weise verdiente man eben Geld – vielleicht zum ersten Mal.

Einige jedoch machten dabei nicht mit: Es galt, eine alte Leidenschaft auf dem Markt zu verteidigen, ein Handwerk, das keines mehr war. Es ging um die Verteidigung einer Kultur, die zu einem Ort wurde, wo die Seele wohnte. Die ersten, die diesen Kampf aufnahmen, auch gegen Produzenten, die inzwischen zu Direktoren wichtiger Unternehmen aufgestiegen waren, waren die Nonino, die Urenkel einer der ältesten Grappa-Familien im Friaul. Der Urgroßvater stammte aus Ronchi di Pavia (Provinz Udine), wo er sich bereits seit 1867 als einer der renommiertesten Hausbrenner behauptet hatte. Die Enkel, Benito Nonino und seine Frau Gianola, haben ihren mittlerweile berühmt gewordenen Sitz nun in Percoto, einem kleinen Dorf in der Nähe von Pavia di Udine. Benito Nonino ist ein Grappa-Brenner von Rang, der in richtigem Maße Tradition und Fortschritt gleichermaßen schätzt und den ich daher ohne Ironie, einen »historistischen« Grappa-Produzenten nennen möchte. Als aufmerksamer Beobachter besuchte er die besten Cognac-Produzenten und beschloß, deren Methoden auf sein Produkt anzuwenden: So stellte er die alten diskontiuerlich arbeitenden Geräte der Großeltern wieder in Serie auf, zunächst drei, dann sechs, zwölf und schließlich 24 Destillierkolben. Benito folgte dem Rat von Luigi Veronelli, einem herausragenden Verteidiger der bäuerlichen Kultur, und seiner Frau Gianola, einer Unternehmerin von großem Format, und widmete sich der Destillation getrennter Trester. Diese nach Anbauzonen sortierten Trester, »Trester DOC« sozusagen, bezog er von den besten, auch jugoslawischen Weinbauern aus den Colli orientali und der Bassa. Daraus entstand ein ausgezeichneter Aquavit, der nicht mehr als Aschenbrödel unter den Grappe, sondern als edler Tropfen galt. Er wurde in numerierten Flaschen verkauft, die auf dem Etikett Angaben zum Jahrgang, zu den verarbeiteten Doppelzentnern des destillierten Tresters und zur daraus gewonnenen Literzahl enthielten.

Das war der Anfang. Doch die schöne weiße Flasche bzw. die je nach Jahrgang leicht bernsteinfarbene Flasche erwies sich bald als entscheidender Schritt auf dem ruhmreichen Weg der Familie. Die Güte dieses Jahrgangs-Grappa wurde nicht nur von den fachkundigen Bauern geschätzt, sondern auch von den eher laienhaften Städtern. Benito Nonino experimentierte weiter, bis er einen Grappa aus einer einzigen Traube erschuf – ein Juwel, das es mit den größten Likören aufnehmen, diese sogar übertreffen konnte und überall von verwöhnten Gaumen nachgefragt wurde. Diese Grappe sind von erlesenem, delikatem Geschmack, von einer herben Weichheit, die zur Meditation einlädt. Die Perle ist der Grappa Picolit, der aus dem besten friaulischen Wein destilliert wird. Um seine Grandezza noch zu unterstreichen, wird er in eine wunderschöne, mundgeblasene Flasche gefüllt, die mit einem versilberten Stöpsel verschlossen wird. Ein Traum, dem gleich der Ue folgt, ein Destillat, das aus der

DISTILLERIA A VAPORE

Frucht des Picolit gewonnen wird, aus jener Traube, die die duftendsten Essenzen der friaulischen Erde in sich birgt.

Aus Liebe zu dieser Erde und um die Unvergänglichkeit und Vitalität der bäuerlichen Kultur zu unterstreichen, riefen Benito und Gianola Nonino auf Anregung von Luigi Veronelli 1974 den »Risit d'Aur« ins Leben, einen Preis, der zunächst dazu bestimmt war, die besten friaulischen Weinbauern auszuzeichnen, die sich um die alten autochtonen, vom Aussterben bedrohten Weinreben (den Schioppettino, den Pignolo, den Tacelenghe und die Ribolla Gialla) verdient gemacht hatten. Später wurde daraus auch ein literarischer Preis. Unter den zahlreichen Literaturpreisen Italiens stellt der »Risit d'Aur« eine einzigartige Auszeichnung dar. Er wird an in- und ausländische Autoren (Dichter, Erzähler, Philosophen, Kino- und Theaterschaffende sowie Historiker) vergeben, die in ihren Werken ein sprachliches oder thematisches Interesse an ihren eigenen Wurzeln, an ihrer eigenen Heimat oder an der Kultur anderer unter Beweis gestellt haben.

Unabhängig von ideologischen Vorgaben und auch unbeeindruckt von den kapriziösen Gepflogenheiten der Verlage wird dieser Preis jährlich verliehen. Den Vorsitz einer handverlesenen, äußerst strengen Jury führt Mario Soldati, Schirmherrin ist Gianola Nonino, die vielgereiste und umsichtige Managerin des Hauses. So gelang es, namhafte Persönlichkeiten in den großen Saal der Grappa-Kellerei von Percoto zu bringen, wo die Verleihung stattfindet: Claude Lévi-Strauss, Hans Jonas, Emmanuel Le Roy Ladurie, Peter Brook, Jerzy Grotowski, Henri Roth, Leopold Senghor, Jorge Amado, Aron Gurevic, Norbert Elias oder die spätere Nobelpreisträgerin Rigoberta Menchù, die für die Dokumentation der bäuerlichen Kultur Guatemalas prämiert wurde, und viele andere mehr. Besonders auffällig ist die Einmütigkeit, mit der die Preisträger die freundschaftliche Atmosphäre der Festivitäten loben, die die Preisverleihung begleiten. Claude Lévi-Strauss glaubte in Percoto jene längst vergessene Zeit wiedergefunden zu haben, »in der es noch eine Beziehung zwischen Schriftstellern und Bauern gab«. Leonardo Sciascia wollte eigentlich nur für einige Tage im Gästetrakt der Noninos, direkt über den Kellereien, bleiben – es wurden über zwei Monate, in denen er das Manuskript zu *Il cavaliere e la morte* (Mailand 1988) vollendete. Und Peter Brook erzählte, bisher habe er bei seinen Reisen immer nur einige Brocken Italienisch gelernt, Worte wie »mamma, padre«: »Aber erst in Percoto ist mir die Bedeutung des Wortes ›famiglia‹ aufgegangen.«[2]. Zu den italienischen Autoren, die für ein einzelnes Buch oder ihr Gesamtwerk ausgezeichnet wurden, gehören Andrea Zanzotto, Luigi Meneghello, Mario Rigoni Stern, Tonino Guerra, Franco Loi und Domenico Rea.

Das sind bedeutende Namen, die Gewicht haben in unserer zeitgenössischen Kultur und die den »Risit D'Aur« während seines nunmehr zwanzigjährigen Bestehens zu einem kleinen italienischen Nobelpreis werden ließen, einem begehrten Preis, der nicht nur dem Friaul, sondern ganz Italien zur Ehre gereicht.

Übersetzung: Sabine Zangenfeind

Anmerkungen

1 Ländliche Bezeichnungen für schwarzgebrannte Grappe.
2 Das Zitat stammt aus: *Panorama,* 4. November 1994, S. 208.

Ich bin der neue ZIBALDONE-Abonnent.

Name, Vorname

Straße, Hausnummer

Postleitzahl, Wohnort

Das Einzelheft im ZIBALDONE-Jahresabonnement, kostet zur Zeit DM 16,80 (excl. Versandkosten) statt DM 22,80. Auslandspreise auf Anfrage.

- ☐ Ich zahle diesen Betrag erst nach Erhalt der Rechnung. (Bitte keine Vorauszahlung)
- ☐ Der Rechnungsbetrag soll von diesem Konto abgebucht werden:

Bankleitzahl — Name des Geldinstituts

Konto-Nr. — Datum und Unterschrift des neuen Abonnenten

Prämienwerbungen gelten nicht für Eigenbestellungen, für Ehepartner oder im gleichen Haushalt lebende Personen. Das Abonnement verlängert sich jeweils um ein weiteres Jahr, wenn nicht sechs Wochen vor Ablauf des bezahlten Bezugszeitraumes gekündigt wird.
Widerrufsrecht: Mir ist bekannt, daß ich diese Vereinbarung innerhalb einer Woche beim Rotbuch Verlag, Parkallee 2, 20144 Hamburg widerrufen kann. Die Frist beginnt mit Absendung dieser Bestellung (Poststempel).
Ich bestätige dies mit meiner zweiten Unterschrift.

Datum und zweite Unterschrift des neuen Abonnenten

Ich habe den neuen ZIBALDONE-Abonnenten geworben:

....
Name, Vorname

....
Straße, Hausnummer

....
Postleitzahl, Wohnort

Der von mir genannte Leser war in den letzten drei Monaten nicht Abonnent von ZIBALDONE.
Bitte veranlassen Sie nach Zahlung des Abonnements, daß ZIBALDONE mir die Prämie zusendet.

Die Zusendung der Prämie erfolgt bei erteiltem Bankeinzug nach Abbuchung, bei Bezahlung gegen Rechnung nach Eingang des Betrages. Lieferung in beiden Fällen nach ca. zwei Wochen. Ich weiß, daß sich bei eventuellen Lieferengpässen die Zusendung der Prämie etwas verzögern kann.

....
Datum und Unterschrift des Werbers

Bestellschein an ZIBALDONE, Rotbuch Verlag, Parkallee 2, 20144 Hamburg

Thomas Hohnerlein-Buchinger

Die Sprache des Weines

Eine Reise zu Italiens Wein- und Rebennamen

»Weintrinken ist die unwichtigste Sache der Welt. Ein spielerisches Vergnügen, das nur dem Genuß dient. Nichts weiter. Essen muß der Mensch. Weintrinken muß er nicht. Aber Wein hat Verführungskraft.«[1] Italiens Weine und die deutsche Szene scheinen bei diesem Spiel der Verführung ein besonders inniges Verhältnis eingegangen zu sein. Vorbei die Zeiten, da der Bauerntrunk aus Südtirol, als mittelmäßige Valpolicella und Chianti die betuchteren Deutschen bezauberten.

Heute geht das Interesse der zahlreichen Liebhaber weit über die gerade modischen Tropfen hinaus. Damit wächst das Interesse zu erfahren, was der verheißungsvolle Name des jeweiligen Weins bedeutet und wie er sich erklärt. In Deutschland, wo zuweilen bunte Etiketten und kitschige Weinnamen deutschen Frohsinn und Weinseligkeit verströmen, fallen rational nachvollziehbare Erklärungen bekanntermaßen schwer. So freuen sich die Freunde des italienischen Weins, wenn sie im *Est!Est!Est!* di Montefiascone, dessen Name scheinbar Historizität und damit einen greifbaren Realitätsbezug zum Ausdruck bringt, ein rationaleres Konzept entdecken. Aber zu ihrer Enttäuschung muß gesagt werden, daß die Geschichte um den Namen dieses Weines – *Est!Est!Est!* [*Er ist es! ...*] soll ein Mönch auf der Suche nach dem besten Wein einst ausgerufen haben – auch nur eine Legende ist. Ich vermute, daß es die geschickte Werbestrategie der Winzer von Montefiascone war, die vor nicht allzulanger Zeit einen eher mittelmäßigen Wein mit Hilfe dieser Geschichte zu relativem Ruhm und Massenabsatz führte. Ich würde annehmen, daß der Name *Est!Est!Est!* frühestens in der zweiten Hälfte des vorigen Jahrhunderts kreiert wurde, wie ja überhaupt die meisten italienischen Weine, die nicht den Namen der Rebsorte tra-

gen, aus der sie gemacht wurden, ihre Bezeichnung relativ spät erhielten. Der berühmte Barbaresco, im gleichnamigen Ort im Piemont aus der Traube der Nebbiolorebe gekeltert, ist zumindest auf dem Etikett einer Flasche erstmals im Jahre 1870 belegt. Es ist sicher kein Zufall, daß die beiden erwähnten Namen gerade aus den beiden italienischen Weinbauregionen stammen, dem Piemont und der Toskana, die Mitte des vorigen Jahrhunderts eine lange Krise des italienischen Weinbaus zu überwinden versuchten, indem sie sich die Reformen und die größere Professionalität französischer Spezialisten wie des Conte Oudart oder italienischer Weinmacher wie des Marchese Falletti, des Grafen Cavour und des Baron Ricasoli zunutze machten. Größere Professionalität bei der Vinifizierung dürfte auch zu einer gezielteren Vermarktung und damit zu einer Fülle neuer Weinnamen mit Werbecharakter geführt haben.

Die Ursprünge des Weinbaus

Das 19. Jahrhundert war aber mitnichten das erste, in dem Fortschritte im Weinbau und ein verändertes Marketing dazu führten, daß die Weine mit Namen versehen wurden. Es ist bekannt, daß bereits die Griechen und Römer Eigennamen für ihre besten Weine wählten. Nach dem Niedergang des Römischen Reiches und im Zuge der Völkerwanderung war von der einst blühenden Weinbaukultur wenig übriggeblieben. Erst mit Karl dem Großen wurde ihr wieder eine größere Bedeutung zugemessen, und es waren vor allem Mönche, die im Umfeld der Klöster zur erneuten Verbreitung und Kultivierung der Rebe beitrugen. Aber weder der sakrale Charakter des Weins im frühen Mittelalter noch seine Funktion als Grundnahrungsmittel im Zeitalter der Kommunen machten es notwendig, daß man Weine mit Namen bezeichnete. Mit dem Zeitalter der Kommunen jedoch begann sich auch verstärkt ein wirtschaftlicher und sozialer Aufschwung abzuzeichnen. Das Handelskapital erkannte in der steigenden Nachfrage nach qualitativ hochwertigen Weinen eine durchaus lukrative Möglichkeit, den eigenen sozialen Aufstieg zu sanktionieren.

Der Wein eroberte sich die in-und ausländischen Märkte, und mit dieser ökonomischen Aufwertung einher ging natürlich eine verstärkte Selektion der besten Reben. Die Konkurrenz zwischen den einzelnen Produkten machte Bezeichnungen für Reben und Weine notwendiger denn je. Mit der Begründung moderner Önologie, etwa durch die Institution der 1753 gegründeten Accademia dei Georgofili, durch Autoren wie Cosimo Trinci und Cosimo Villifranchi und die nachfolgenden Ampelographien (Rebenkunden) von Giuseppe Acerbi (1825) und Girolamo Molon (1906) schließt sich der Kreis. Italien, bis ins 12. Jahrhundert vermutlich ohne konkrete Eigennamen im engeren Sinne für Reben oder Weine, verfügt nun über einen beachtlichen Fundus an Reben- und Weinnamen, deren Ursprünge gleichwohl bis heute oft von Rätseln umgeben sind. Die Vielzahl möglicher Etymologien und die bisweilen große Unsicherheit selbst bei Fachleuten lassen oft nur Spekulationen anstelle einer endgültigen Klärung zu. Beeindruckend aber ist, wie weit der Weg dieser Weinnamen teilweise in die Geschichte zurückreicht.

Eine Reise durch die Regionen Italiens kann eine Vorstellung davon vermitteln, wie vielfältig die Weinnamen sind und die Legenden, die sich um sie ranken, wie schlicht aber auch häufig die Klärung des Namens ist, betrachtet man nur etwas genauer die Rebe und den Wein aus dem Blickwinkel des Winzers. Farben, Formen, Gerüche und der Wachstumszyklus bieten neben dem Namen des Herkunftsortes in der Regel die besten Erklärungsmuster.

Der *Pelaverga* aus Piemont – ein erotischer Wein?

Von Norden kommend, bemerkt der Weinreisende bereits in der Südschweiz, daß der Rebbau immer stärker Platz greift. Wenig südlich des Lago Maggiore erreichen wir bei Gattinara das erste bekannte Anbaugebiet. Die unermeßliche Vielfalt der Namen und Geschmacksrichtungen des Weins im Piemont rühmte Giovanbattista Croce bereits 1606 überschwenglich. Gattinaras gleichnamiger Rotwein soll schon von Kardinal Mercurino Arborio, einem Sohn der Stadt und Kanzler Kaiser Karls V., hoch geschätzt worden sein. Vielleicht war er es, der diesen schweren Roten, der aus der hier *Spanna* genannten Nebbiolorebe gekeltert wird, an Europas Höfe brachte. Während der Weinname dem des Herkunftsortes entspricht, bereitet der Name der Rebe, *Spanna*, schon Schwierigkeiten. Ich neige dazu, darin ein lateinisches »hispanius« [spanisch] zu sehen, zumal es im französischen Département Alpes Maritimes eine dunkle Traubenart namens *Espanet* gibt, die sicher auf die lateinische Wurzel zurückgeführt werden kann. Andere sehen in *Spanna* das germanische Wort »spanna« [Handfläche], weil die Distanz zwischen den Rebstöcken einmal die Spanne einer Hand betragen haben soll.

Verlassen wir das nördliche Piemont, um uns nach Süden in eine der klassischen Weinzonen dieser Region zu begeben, das Monferrato. In dieser sanften, kleinräumigen Hügellandschaft gedeihen zwischen romanischen Kirchen und Klöstern die Reben für den *Grignolino*, den *Dolcetto* und den *Barbera*, um nur einige der bekanntesten zu nennen. Der *Grignolino*, ein beliebter Wein für die warme Jahreszeit, erklärt seinen Namen, wenn man eine seiner Trauben öffnet. Sie soll voller »grignole« sein, das piemontesische Wort für Kerne. Als Rebe wird der *Grignolino* bereits 1614 in einem Inventar aus Casale Monferrato erwähnt. Später ging dieser Kosename auch auf den Wein über. Ebenso erging es dem *Dolcetto*. Die Rebe wurde erstmals 1593 in Dogliani in den südlichen Langhe erwähnt. *Dolcetti* sind vom Charakter her sehr unterschiedlich, einmal eher robust und reich an Säure und Gerbstoffen, ein anderes Mal opulent fruchtig, je nach Herkunftsort. Aber ob sie aus Acqui und Ovada, aus Asti, aus Alba oder Dogliani kommen, eine Eigenschaft eint sie alle, die »doucette«, der sanfte Charakter. Dem Namensgeber schien an Traube und Wein offenbar nichts störend, alles schien »dolce« [sanft, ausgewogen].

Das Astigiano ist das Herz der Barberakulturen. Der *Barbera* ist vielleicht der vielseitigste Wein im Piemont. Es gibt ihn robust und gealtert oder leicht und jugendlich. Die Rebe soll sehr alt sein, wobei sie erstmals im Jahre 1514 in Chieri, einem Ort zwischen Asti und Turin, erwähnt wird. Auch hier spricht die Legende davon, daß die Langobarden die Rebe bereits im 7. Jahrhundert mitgebracht hätten, was bezweifelt werden kann, wenn man bedenkt, daß gerade in die-

ser Epoche der Weinbau insbesondere in Oberitalien kaum noch existierte. Die Herkunft des Namens ist nicht eindeutig geklärt. Ich sehe darin die Ableitung von einem lateinischen »barba« in der Bedeutung »Pflanzenteile, die sich emporwinden; Wurzel«. Versuche, auch *Barbera* auf einen Ortsnamen zurückzuführen, blieben bislang erfolglos.

Über Alba gelangen wir in die Langhe, Heimat des berühmten *Barolo* und seines Bruders *Barbaresco*, Weine mit Weltruf ob ihres Charakters und Geschmacks. Barolo und Barbaresco sind kleine Orte, in denen sich fast alles um den Wein dreht und die dem Besucher das beeindruckende Panorama der weiträumigen Landschaft der Langhe bieten. Die Nähe der Alpen und die dadurch begründete klimatische Sonderstellung dieser Landschaft erklären den Namen der Rebe, aus der *Barolo* und *Barbaresco* gekeltert werden, der *Nebbiolorebe*. Ihr Name dürfte auf italienisch »nebbia« [Nebel], den es hier zur Lesezeit Ende Oktober häufiger gibt, zurückzuführen sein. In einem Dokument aus Rivoli bei Turin aus dem Jahre 1268 wird diese klassische piemontesische Rebe, die außerhalb dieser Region kaum gedeiht, erstmals erwähnt.

Ebenfalls in dieser Voralpenlandschaft liegt südwestlich der Langhe das Anbaugebiet eines weniger bekannten Weins, auch er nach seiner Rebe benannt – die *Pelaverga* wächst um Saluzzo und in der Barolo-Zone. Luigi Veronelli zufolge besagt die verschmitzte Volksmeinung, daß es sich hier um einen erotischen Wein handele, in Anspielung auf die sexuelle Konnotation von italienisch »verga« [Stock, männliches Glied]. Meines Erachtens aber geht Pelaverga auf ein italienisches »pelare« [ausreißen, rupfen] und »verga« [Zweig, Schößling] zurück, da im Piemont verschiedentlich im Spätherbst die Blätter von den Rebstöcken entfernt werden, um die Trauben zur besseren Reifung stärker der Sonne auszusetzen.

Bevor wir das Piemont nach Südosten verlassen, streifen wir noch einmal das Anbaugebiet des Roero, nordwestlich von Alba am Rande des Barolo-Gebietes. Von hier stammt eine vermutlich sehr alte Rebe, *Arneis* genannt, die fast vergessen schien und deren trokkener, lebendig-fruchtiger Weißwein eine wachsende Zahl von Freunden gewinnt. Der als Renesium seit dem 15. Jahrhundert bezeugte Rebenname wurde des öfteren auf einen Ortsnamen zurückgeführt, was mir zweifelhaft erscheint. Wahrscheinlicher ist, daß in Arneis das Wort »renaya« steckt, was soviel bedeutet wie »etwas, das außerhalb der üblichen Jahreszeit wächst«. Es ist ein Wort des piemontesischen Lateins des Mittelalters und könnte sich auf die Tatsache beziehen, daß die Trauben dieser Rebe früher als die Reben der Umgebung reifen. So sollen früher die *Arneis*-Reben zwischen die Rebstöcke des *Nebbiolo* gepflanzt worden sein, weil die Wespen die frühgereiften, zuckersüßen *Arneis*-Trauben denen des *Nebbiolo* vorzogen.

Vernazza — von Ligurien in die Toskana

Verlassen wir nun das an Reben reiche Piemont nach Süden, um eine an Reben vergleichsweise arme Gegend kurz zu streifen, Ligurien. *Pigato* und *Rossese* von der Ponenteküste, so hervorragend sie auch schmecken, sind weniger bekannt als die Weine der Cinque Terre. Der bekannte und seltene Dessertwein dieser Gegend ist der *Sciacchetrà*, dessen Name Alfredo Stussi auf die spezielle Art seiner Verarbeitung zurückführt. Nach dem Pressen der Trauben [it. »schiaccia«, ligurisch »sakka«] wird der Most schnell vom Trester entfernt [it. »togli«, ligurisch »tra«][2].

Von den fünf Dörfern, den Cinque Terre, ist vor allem eines zu Weltruhm gelangt, Vernazza. Auch wenn Önologen heute keine Verwandtschaft zwischen den Reben um Vernazza und der *Vernaccia* di San Gimignano sehen, so sind literarische und linguistische Bande zwischen beiden unbestreitbar. Schon im 13. Jahrhundert gelangte vor allem der *Vernaccia*-Wein aus Corniglia durch die Toskaner Folgore di San Gimignano, Giovanni Boccaccio und Franco Sacchetti zu Ehren. Vermutlich war Vernazza, welches als einziges einen Hafen in den Cinque Terre besaß, Handels-und Exportplatz für den Wein der Gegend. Schon 1256 ist *Vernaccia*, nichts anderes als die toskanische Form für oberitalienisch »Vernazza«, in San Gimignano erwähnt. Franco Sacchetti schlägt für uns den Bogen in die Toskana, wenn er in einer Novelle erzählt, wie Messer Vieri de'Bardi, ein reicher Bürger aus San Gimignano, sich *Vernaccia*-Rebstöcke aus Corniglia durch Messer Niccoloso Manieri aus Portovenere kommen läßt, weil er edlen ausländischen Wein trinken möchte.

Canaiolo - ein Wein für Hunde?

So sind wir am Traumziel deutscher Italienreisender und zahlreicher Weinliebhaber angelangt. Zweifelsohne ist Chianti für viele ein Synonym für Toskana und der von hier stammende Wein der Inbegriff italienischer Lebensart. Vermutlich 1398 erstmals in den Briefen des Kaufmanns Francesco Marco Datini aus Prato erwähnt, wurde er durch die Rezeptur des Barons Ricasoli in der zweiten Hälfte des letzten Jahrhunderts entscheidend verbessert: Ricasoli mischte die roten Trauben von *Sangiovese* und *Canaiolo* sowie die weißen von *Trebbiano* und *Malvasia*, wobei auf letztere heute zunehmend verzichtet wird. Um die Herkunft der Namen der ersten drei herrscht bislang großes Rätselraten. So wird zum Beispiel immer wieder der Versuch unternommen, *Sangiovese* auf den Namen des Ortes *San Giovanni Valdarno* zurückzuführen. Mir scheint ein andere Lösung jedoch erfolgversprechender. Giovanvettorio Soderini erwähnt schon vor 1597 erstmals eine Rebe namens Sangiogheto. »Giogheto« ist die Verkleinerungsform von italienisch »giogo« [Joch, Bergrücken], mit denen die Toskana bekanntlich reich gesegnet ist. Im alten Dialekt von Lucca und Umgebung wurde aus »giogheto« ein »gioveto«. Folglich dürfte es sich bei Sangioveto in der Westtoskana und Sangiogheto in der Osttoskana um eine Konkretion aus »sangue dei giogheti« [Blut der Hügel] handeln, einer metaphorischen Umschreibung des dunklen Weins von den Hängen der Toskana. Mag sein, daß auch Jupiter, im italienischen »Giove«, seine Hände im Spiel hatte, zumal er Schutzgott der Landwirtschaft war, dem die *Vinalia*, die Weinfeste, gewidmet waren.

Ihre Hände wohl kaum im Spiel hatten die Hunde bei der Taufe des *Canaiolo*, auch wenn beharrlich von einem Rebstock gesprochen wird, dessen Trauben von den »cani« [Hunden] bevorzugt worden seien. Hunde, die Reben plündern, dürften eher selten sein, und wenn sie es doch tun, werden sie sich kaum auf eine bestimmte Rebe spezialisieren. Vielmehr scheint es wieder die sehr genaue Beobachtungsgabe der Winzer gewesen zu sein, die ausschlaggebend war. Cosimo Trinci schreibt Mitte des 18. Jahrhunderts, daß die Traube des *Canaiolo* in den ersten Augusttagen zu reifen beginnt, also während der »Dies caniculares« [Hundstage], die vom 24. Juli bis zum 24. August dauern. Offenbar ist dies schon den Bauern im 14. Jahrhundert aufgefallen, denn erstmals wird der *Canaiolo* schon um 1320 bei Pietro de'Crescenzi erwähnt. Der *Trebbiano* schließlich soll auf einen Ortsnamen in der Kampania zurückgehen, obwohl er in Mittel- und Norditalien ursprünglich weit mehr verbreitet war. Auch wenn Sprachhistoriker zweifeln mögen, scheint mir doch der Gedanke verlockend, daß hier ein germanisches »draibijo« [Schößling] zugrundeliegt, zumal der Trebbiano eine der ertragreichsten Reben überhaupt ist.

Lacrima Christi und andere Tropfen des Südens

Weiter südlich, nachdem man den dunklen *Brunello di Montalcino*, den edlen *Vino Nobile di Montepulciano*, den ins Schwarze tendierenden *Morellino di Scanzano* in den Maremmen hinter sich gelassen hat, ist man schon auf dem Weg in ein weniger bekanntes Weinitalien. Ein noch halbwegs bekannter Wein aus Kampanien dürfte der *Lacrima Christi* von den Hängen des Vesuv sein. Schon Rabelais im 16. Jahrhundert und Francesco Redi im 17. Jahrhundert schwärmten von den göttlichen Weihen dieses Weins, des *Blutes, das aus dem Vesuv tränt.* Wahrscheinlicher als diverse Legenden um die *Tränen Christi* scheint mir eine ganz pragmatische Erklärung des Namens. »Lacrimare« [eigentlich *weinen, tränen*, im weiteren Sinne *tropfen*] bezeichnet den Vorgang, bei dem der Most ohne Zuhilfenahme einer Kelter ausschließlich aufgrund seines Eigengewichts aus der Traube tropft. Und was da aus der Frucht tropfte, scheint so vorzüglich gewesen zu sein, daß man es als Geschenk Gottes pries. Die naive Anpreisung durch den Zusatz »Christi« war im Mittelalter sehr verbreitet.

Im Herzen Kampaniens, aber auch hinunter bis in die Basilicata produziert der *Aglianico* häufig einen wunderbaren, samtigen und großen Wein. Es gab den Versuch, den Namen als Abwandlung von *hellenisch* zu interpretieren, weil die Rebe von den Griechen importiert worden sein könnte. In der Ampelographie Molons allerdings stoßen wir auf einen Hinweis, wonach die Rebe des *Aglianico* schon frühzeitig zur Blüte gelangt. Und tatsächlich geht der Name *Aglianico*, wie der Name des berühmten *Aleatico* Elbas und der Toskana sowie der in Norditalien verbreiteten Sorten *Lugliatica* und *Luglienga*, auf »luglio« [Juli] zurück. *Aglianico* und *Aleatico* stellen eine Verunstaltung der oberitalienischen Formen dar, welche Weine bezeichnen, die schon im Juli zur Reife gekommen sein sollen.

Pagadebito – der Wein, mit dem man Schulden zahlt

Setzen wir kurz zu einem Ausflug nach Sizilien über, um herauszufinden, woraus der berühmte *Marsala* besteht, der in der gleichnamigen Stadt im Westen der Insel produziert und gehandelt wird. Seine Basis ist die weiße *Catarratto*-Traube. Schon im 17. Jahrhundert bei Francesco Cupani erwähnt, geht die Bezeichnung wahrscheinlich auf ein griechisches »katarrháktés« bzw. auf ein lateinisches »cataracta« zurück. Der Vergleich mit einem Wasserfall scheint naheliegend, gilt doch der *Catarratto* als ausgesprochen ertragreiche Rebe. In der modernen Rezeptur des alten Likörweins Marsala stellt die *Inzoglia* die zweite Traubenart. Als *Ansoria* war sie schon vor 1597 durch Giovanvettorio Soderini für die Insel Elba erwähnt worden, und sie scheint entlang der gesamten tyrrhenischen Küste bis nach Sizilien bekannt zu sein, wo sie schon vor 1696 durch Francesco Cupani Erwähnung findet. Zweifelsohne hat sie hier auch ihre größte Verbreitung. Ob es die Farbe der Traube war, die Baron Tomasi di Lampedusa als »brutta« [häßlich] betrachtete oder die gelbliche Farbe des Weins, ist schwer zu sagen. In jedem Fall scheint der Name *Inzoglia* auf ein altfranzösisches »soire« oder provenzalisches »saur«, das zu altitalienischem »sauro« [hellbraun] wurde, zurückzugehen.

Wie blühend die Phantasie der sizilianischen Winzer und der Volksmund bei der Benennung der Trauben war, zeigen die Namen *Bottoni di gallo* [Hoden des Hahns] und *Bottoni di gatto* [Hoden des Katers]. Einen ähnlichen Blickwinkel müssen die Bauern bei der *Mennavacca* [Euter der Kuh] gehabt haben, als sie eine offenbar besonders prächtige Traube benennen wollten. Die wegen ihrer rundlichen Prallheit so genannte Traube wächst vor allem in Sizilien, Lukanien und Apulien.

Neben der im Salentino verbreitetsten Rebe, der *Negroamaro*, so genannt wegen ihrer dunklen Farbe und ihres gerbsäurehaltigen Charakters, ist hier die *Malvasia*-Rebe verbreitet. Sie muß meines Erachtens nicht von den Griechen importiert worden sein, wie vielfach behauptet, sondern dürfte durch die Venezianer hierher gelangt sein. Ihr Name geht zurück auf die Stadt *Monemvasia* im Südosten des Peloponnes. Großartiger Wein wurde dort nie produziert, aber die Stadt war Hauptumschlagplatz für die beliebten Weine des östlichen Mittelmeers, vor allem Candias, wie Kreta damals hieß. Die Stadt stand seit Ende des 12. Jahrhunderts unter venezianischem Einfluß. Über Venedig, wo selbst die Verkaufsstellen für diesen Wein *Malvasia* hießen, gelangten der Wein und vielleicht auch die Reben in den gesamten Herrschaftsbereich der Stadt und darüber hinaus überall dorthin, wo der Arm der venezianischen Händler hinreichte.

Im Süden schon recht verbreitet, aber vor allem in der Romagna zu einem gewissen Ruhm gelangt, ist der *Pagadebito*, dessen Rebe offenbar soviel vom gleichnamigen Wein erzeugt, daß man davon die Schulden bezahlen [pagare il debito] kann. Von Bertinoro in der Provinz Forlì, wo der beste dieses süßlichen Weißen herkommen soll, brechen wir auf in den Nordosten, zur letzten Etappe unserer Weinreise. Die Weine des Friaul, des Veneto und des Trentino-Alto Adige gehören zum besten, was Italien heute zu bieten hat. Die Rebe, aus der der berühmte *Soave* gemacht wird, die *Garganega*, kommt dem Namen nach vom Gargano, dem Sporn des italienischen Stiefels. Ob dies der Wahrheit entspricht, ist bislang nicht bekannt. Ohne weiteres auf einen Ortsnamen in der Nähe von Triest könnte der *Prosecco* zurückgehen, der heute etwas nordöstlich des Soave-Gebietes um Conegliano und im Valdobbiadene gekeltert wird. Neben den zahlreichen hervorragenden Weinen aus ursprünglich französischen Reben ist das Friaul vor allem für einen einzigartigen Dessertwein, den *Picolit*, bekannt. Zur Anreicherung des Zuckergehalts werden die Trauben, auf Strohmatten ausgebreitet, der Sonne ausgesetzt, wo sie immer kleiner werden [»impiccolire«]. Kennern bekannt ist sicherlich der *Tazzelenghe*, der auf Grund seiner deutlichen Säure in die Zunge [lingua] schneidet [friulanisch »tazzà«, it. »tagliuzzare«].

Marzemino – der Wein aus Mozarts *Don Giovanni*

Der *Marzemino* ist heute vor allem ein würdiges Aushängeschild des Trentino-Alto Adige. In früheren Zeiten war er hingegen auch im Veneto und im Friaul sehr beliebt und verbreitet. Welches Renommee er besessen haben muß, wird deutlich an der Tatsache, daß er als »eccellente Marzemino« im Libretto des Veneters Lorenzo da Ponte zu Mozarts Oper *Don Giovanni* gerühmt wird. Seit dem frühen 14. Jahrhundert im Hinterland Venedigs erwähnt, ist er schon im 16. Jahrhundert im Trentino belegt. Aus unerfindlichen Gründen wird immer wieder der Versuch unternommen, den Namen der Rebe in Verbindung mit einem Ortsnamen *Marzimin* in Karnien im heutigen Slovenien zu bringen. Ein solcher Ort ist aber im Augenblick nicht nachweisbar, so daß ich vermute, daß die Bezeichnung eher auf ein schon 1290 belegtes lateinisches »marzorimen« [Wintergetreide, Korn] zurückgeht. Aus diesem könnte die Verkleinerung »marzorimino« hervorgegangen sein, die sich vielleicht auf die bekanntermaßen kleinen Trauben dieser Rebe oder auf die Kerne der Beeren bezog, ähnlich wie etwa beim Grignolino im Piemont.

Wir sind am Ende unserer Reise angelangt. Auch wenn wir nur eine kleine Auswahl an Bezeichnungen kennenlernen konnten, so ist doch deutlich geworden, wie genau die Beobachtungen der Winzer bei der Bezeichnung ihrer Gewächse waren, wie liebevoll und geistreich vielfach die Namensgebung ausfiel. Neben den großen Namen gilt es noch eine Menge weniger bekannter Bezeichnungen aufzuspüren, von Weinen, die eher lokale oder allenfalls regionale Bedeutung haben. Und die Weinreisenden sollten sich beileibe nicht scheuen, auch nach dem Wein selbst zu suchen. Denn »für denjenigen, der sich ernsthaft mit Wein beschäftigt, kann es nicht darum gehen, immer nur den besten oder die besten Weine herauszufinden. Das ist nicht nur eine Finanzfrage, sondern eine kulturelle Haltung.«[3]

Literatur

Acerbi, Giuseppe: *Delle viti italiane o sia materiali per servire alla classificazione*, Milano 1825

Cupani, Francesco: *Hortus Catholicus*, Napoli 1696

Melis, Federigo: *I vini italiani nel Medioevo*, a cura di Anna Affortunati Parrini, Firenze 1984

Molon, Girolamo: *Ampelografia. Descrizione delle migliori varietà di viti*, Milano 1906

Soderini, Giovanvettorio: *I due trattati dell'agricoltura e della coltivazione della vite*, a cura di Alberto Bacchi Della Lega, Bologna 1902

Trinci, Cosimo: *L'Agricoltore sperimentato*, Lucca 1726 e Venezia 1763

Villifranchi, Cosimo: *Oenologia toscana o sia memoria sopra i vini ed in specie toscani*, Firenze 1773

Anmerkungen

1 Christian Rischert, *Die Weinmacher*, Steinhagen 1989, S. 6.

2 Alfredo Stussi, »Ancora su 'sciacchetrà«, in: *Lingua Nostra* 23, 1962, S. 113.

3 Eberhard Spangenberg in: *Mammas Küche in Emilia Romagna und Lombardei*, München 1994, S. 189.

Gina Lagorio

Lob des Weines

Eine literarische Annäherung

Sorgen mache ich mir schon: In letzter Zeit wurde ich zum Thema Wein öfter konsultiert als in Sachen Literatur. Also sind entweder meine Aktien als Romanautorin gesunken, oder aber der Status des Weins hat sich gewandelt. Der Wein: Was bislang ein naturnahes Faktum war im Bereich Botanik Ethnologie Önologie Ökonomie sowie dank der ganzen Latte von Eigenschaften, die seit jeher vom Mythos ebenso sanktioniert waren wie von der Bibel (in letzterer einschließlich der Euphorisierungs- und Erotisierungseffekte), ist heute in erster Linie ein Problem.

Zuvor war er Bestandteil unseres Daseins, er lebte mit uns und half uns, besser zu leben. Nun aber kehrt er ungeahnte Seiten hervor, legt er grauenhafte Täuschungstaktiken frei.

Wer gewohnt war, ihm einen angemessenen Platz zuzuordnen, ihm spontan einen unanfechtbaren Kult zu erweisen, der hat nun das Haupt zu neigen vor blonden Priesterinnen, die teutonisches Bier darreichen, herausschäumend aus gleichermaßen scheußlichen, dikken Gläsern, die man packt, wie man eine Heugabel packen würde oder sonst ein Werkzeug für Schwerarbeit, nicht ein Instrument des Genusses, nicht ein edles Gerät geistvoller Lebensbejahung.

Hier angelangt, sollte klar sein, wie ich zum Wein stehe. Ich kann zwar nicht einmal sagen, ob ich ihn mehr liebe – oder weniger – als andere Getränke, und ob meine Präferenzen schwanken. Fest steht aber, daß für mich schlicht und ergreifend gilt: *der Wein ist.* Wie der Baum, wie die Blume, das Haus, der Weinberg. Ontologisch existierend – jede weitere Bezeichnung wäre Tautologie. In meiner Heimatgegend war der Wein immer da, er ist es. Fast hätte ich gesagt: Er wird sein – aber da riet mir die sprechende Grille, die jeder – wie Pinocchio – in seiner Nähe hat, zur Vorsicht. Denn wer kann schon,

Sol in

mit all den Leuten ringsum, die unentwegt sich analysieren, sich messen, sich beschränken und bestrafen im Namen des Zuckergehalts, des Cholesterols, der hochheiligen Bauchspeicheldrüse, der hegemoniebesessenen Leber, der verdammten Kolitis, der gastrischen Sauersäfte und von wer weiß welch weiteren Drohgespenstern, nicht zuletzt des höhnischen Gespenstes der unwirklich-ungriffigen »Figur« – wer kann da noch, frage ich, im Futur reden?

Gewiß, gewiß. Aber solange mich nichts dazu zwingt – und jetzt kombiniere ich alles, was zum Kombinieren sich mir bietet –, werde ich auf den Wein nicht verzichten. Mein Freund Folco Portinari [1] hat Brot, Öl und Wein als »anthropologische, kulturelle, nährende Heilige Dreieinigkeit« bezeichnet. Recht hat er: hundertmal, nein tausendmal. Müßte ich in einem imaginären Nazi-Gefängnis meine Nahrung noch einmal reduzieren, und hätte ich dabei die Wahl, so könnte ich am ehesten auf das Öl verzichten, dann auf das Brot. »Zuletzt kommt der Rabe«, heißt es in einer schönen Erzählung von Calvino. [2] Und ich sage: Zuletzt ist der Wein dran, um unter den Todesarten wenigstens die zu wählen, die das dichteste Vergessen schenkt.

Aber da es die Nazis nicht mehr gibt, jedenfalls nicht hier und nicht jetzt, hoffe ich, meine Speisen noch lange mit dem Wein meiner Gegend benetzen zu können, die doch an Sorten so reich gesegnet ist. Mein Vater, der in Ligurien den Wein verkaufte, den seine Brüder im Piemont anbauten, nannte seine erlesenste Sortensammlung, die er aufbewahrte für die Freunde und für die Feste, »Bibliothek«. Und Freunde hatte er reichlich – großzügig, mitteilsam und einfallsreich, wie er war. Später habe ich mich gefragt, ob in der Bezeichnung indirekt nicht auch ein Tadel gegen meine eigene Bibliothek mitschwang, die mich so oft, zu oft vom Leben in der Familie fernhielt.

Da standen – im Schrank des »Saals«, also jenes Zimmer-Salönchens, das kleinbürgerliche Familien jener Zeit zum Ort für Geselligkeiten bestimmten – die »historischen« Flaschen, die Flaschen der ertragreichsten Jahrgänge. Unter den Roten zuoberst der Barolo, dicht gefolgt vom Nebbiolo und vom Barbaresco; darunter in Reih und Glied die Flaschen etlicher Dolcetto- und Barbera-Sorten; dann kamen, wohlgelaunt und immer etwas unberechenbar und eigen, die Freise. Die Grignolini fehlten mitunter, ich weiß nicht warum, aber es kam vor, daß mein Vater sich in Vorwürfe erging an die Adresse des Grignolino und seiner Hersteller.

Für Weißwein stand der Muskateller: als Reverenz an meine Mutter und an all die Frauen, die mein Vater nie zu beehren vergaß, nicht immer zur Freude seiner Gattin. Und zwar ein Muskateller, der auf Großvaters Hof produziert wurde und aus Juli-Trauben gemacht war, die man heute nirgends mehr bekommt – eine Süße aus blonden Trauben, eine Erinnerung aus meiner Kindheit, die – sage ich – jede Madeleine in den Schatten stellt. Manchmal stand da auch ein Tokajer, gewonnen aus einer Laube von Girlanden zwischen zwei Rebreihen, gepflanzt von meinem Vater, vielleicht in nostalgischer Erinnerung an sein ungarisches Abenteuer nach der Flucht aus einem österreichischen Gefangenenlager. Andere Winzer hingegen, vornehmeren Geblüts – allein im Cherasco kam man auf siebzig Familien, die alle im savoyardischen Gotha standen! – beliebten, die Tafeln unter dem Dach ihrer schönen, vor zwei, drei Jahrhunderten mit Fresken geschmückten Paläste durch einige Flaschen des Blonden zu garnieren, der dann ein wenig fremd und weichlich wirkte unter all den prädominierenden kraftvollen roten Barbera und samtigen Dolcetti.

Während der Ferien in meiner Kindheit, die ich alle auf dem Land verbrachte – jener bewegten Folge von Feldern und Weinhängen, die den Hügel von La Morra mit der kleinen Ebene zu Füßen von Cherasco verbindet, dort, wo die Stura mit dem Tanaro zusammenfließt –, habe ich alles über den Wein gelernt, ohne es recht zu merken und ohne rechte Absicht: einfach, weil ich ihn mit der Luft einatmete, mit den Gerüchen des Landes, den Gerüchen von Heu, Most, von Tomatenmark, das auf der Tenne in rabelaisartigen Kupferkesseln schmorte, den Gerüchen der stundenlang über dem Kaminfeuer kochenden Marmeladen, des im Holzofen gebackenen Brots. Und der Geruch des Kellers erst! Geheimnisvoll und kühl, entfachte er in mir plötzliche, blutsverwandte Sympathie für den liebevollen Gesang von Pavese: »du bist der verschlossene Keller,/ mit dem Boden aus gestampfter Erde, /wo er einmal hineinkam, /als Kind noch, barfuß,/ und immer daran zurückdenkt«.[3]

Vom Wein ist mir alles in Erinnerung: wie er reift, die lange Geburt, die Pflege der Rebreihen, die Weinlese, die Gärung, die Umfüllung in die Fässer, all die heiligen Prozeduren, die die Mühen eines ganzen Jahres begleiten. Und weiter: Wenn Familienfeste anfielen, erging sich mein Vater ungestüm, leidenschaftlich darüber, wie man den Wein macht: Der brave Hauswein könne bei Windstößen vom Meer schon mal unartig werden, und ob Sulfit oder ob kein Sulfit, die Stimmen wurden lauter, am Ende war Streit zwischen den Brüdern, und dann ging Großvater dazwischen und blockte den Zank mit einem seiner hochheiligen Flüche. Er hatte eine tiefe Stimme, wie alte Männer sie haben, die wie Donner hervorbrach unter dem hochgezwirbelten Schnurrbart à la Viktor Emanuel II., aber gleich danach lachten ihm die Augen, wenn er zu mir schaute und mich auf den Arm nahm, um mich zu beruhigen.

Lieber Großvater, mit deinem Schnurrbart, der das Lächeln versteckte ..., die anderen Kinder sahen es nicht, aber ich, das Stadtkind, war mir so sicher, daß ich meine Hand in die seine legte, die so hart war wie Leder und mich doch führte mit der zarten Leichtigkeit eines Gleichaltrigen. Zusammen spielten wir verbotene Spiele, wie zum Beispiel mit den Falläpfeln vom Obstgarten auf den großen runden Wanst der weidenden Kühe zielen.

Großvaters Weinstöcke wuchsen alle auf dem Boden des Gemeindeteils, der nach Sankt Michael benannt ist, dem Heiligen also, den man am 29. September feiert, und der den komplexen, heiklen, mühseligen Zyklus beschließt, in dem der Boden den Winzer mit dem so begehrten Ertrag belohnen wird. Die Feier an Sankt Michael war daher nicht nur das religiöse Fest für den Schutzpatron, sondern zugleich ein ganz weltlicher, ja heidnischer Feiertag, an dem man nach den Sorgen und Mühen eines ganzen Jahres die Ernte bejubelte. Wenn es kein hinterhältiges Unwetter gegeben hatte, keinen Hagel, der jeden Attila übertraf, auch keine Dürre, die Land und Leute in langer Pein gepeinigt hatte, wenn die Reblaus die Weinstöcke nicht ausgeblutet und ausgetrocknet hatte, wenn alles nach Wunsch verlaufen war, ja dann war das Michaelsfest das ersehnteste, das freudigste Fest im ganzen Jahr.

Vor dem Kirchlein, das zu diesem Anlaß die Pforten öffnete – und allesamt gingen wir hin, glanzvoll ausstaffiert, Gewänder von

der Hochzeit und der Erstkommunion, die Männer mit blankgebürsteten oder ausgebesserten Hüten –, machten Kommentare die Runde, die alle nur ein Thema hatten: den Preis der Trauben und den Gütegrad der Weinernte. Vom Nebbiolo, der von den ersten Nebelschwaden gestreichelt werden will, sprach man nicht viel, auch nicht vom Barolo. Das ist eine Weinlese, die später drankommt, wenn das Hochfest all der anderen, weniger aristokratischen, weniger zimperlichen Traubensorten schon vorüber ist. Großvaters Reben gaben fast alle nur Dolcetto und Barbera; die Ernte dauerte lange, und auf dem Hof waren alle beteiligt: die Alten und die Kinder; Männer und Frauen.

Am Schluß war das Festessen, im Freien serviert für alle Pflücker, Ansässige wie auswärtige Tagelöhner, auf einer langen, langen Tafel aus Brettern und Gestellen zwischen zwei Weinstockreihen und im Schatten einer dichtbelaubten Nußbaumgruppe, und da gab es die Ravioli, an denen man im Haus die ganze Nacht gewirkt hatte, und die dem Bacchus geopferten Hühnchen und Kaninchen, und die Süßspeisen, der Schokoladenpudding mit dem Schuß Amaretto, dessentwegen Großmutter berühmt war zwischen Cherasco und La Morra –, und die gekochten und die rohen Salamiwürste, aber vor allem: die Freude über den anstehenden Wein – gefeiert mit dem Wein vom Vorjahr –, eine gute, kraftvolle, herzerwärmende Belohnung.

Viele Dorfmädchen nahmen, sofern sie in der Fabrik oder in Privatbetrieben arbeiteten, ihre freien Tage während der Weinlese. Das war dann ihr Urlaub: Sie verdienten etwas dazu und machten gratis eine Traubenkur. Ein Grund, vermute ich, weshalb meine Großmutter, die wirklich auf alles achtete, unermüdlich zum Gesang anspornte; sie fing selber mit den Liedern an, und ich weiß noch, welches sie anstimmte, wenn sie besonders zufrieden war: »Mädchen, oh Mädchen,/ sicher kamst du zur Welt,/ damit ich leide.« Man lachte, manch ein Blick zwischen Blättern und Trauben konnte auf der Haut brennen; und wenn man den Bottich ergriff, ihm zum Kübel trug, streiften sich zwei Hände, stieß eine runde Hüfte an eine hagere Flanke, und manch Liebesbund wurde so geknüpft zwischen den Rebreihen.

Am letzten Abend, nach dem Festessen zwischen den Weinstökken, bei dem das Ansehen des Padrone und das Geschick der Hausfrau auf dem Spiel gestanden hatten, gab es auf dem Rückweg obligat lange Rastpausen auf den Wiesen und in den Wäldchen am Tanaro-Ufer, um sich vom üppigen Schmaus, von mehr als einem Umtrunk zu Ehren des Heiligen zu erholen. Das wogende Gezirp der Grillen legte sich in einem einzigen Chor über die Hügel der Langhe im Mondschein und die mostgeschwärzten jugendlichen Mäuler.

So viele Dinge würde ich gern erzählen aus jener fernen Zeit, die schon Legende ist für meine Enkelin, und doch war und ist für mich jenes Damals immer wieder nützlich, um zu »sehen«, was heute vor sich geht.

Am tiefsten getroffen hat mich vielleicht die Kränkung, die die schmutzige Methanol-Affäre dem Ansehen meiner Gegend zufügte, gerade weil ich dem Wein bewußt und unbewußt so wesentliche, ausgleichende Werte und Erinnerungswürdigkeiten zubillige.

Piemont, Cuneo, Cherasco, die Langhe: eine Tradition aus Arbeit, aus hartnäckiger, vielleicht auch etwas unbeholfener Redlichkeit, aber unter den hundert einfältigen Menschen ohne einen Hauch von Bosheit sind so viele, die wiederaufzubauen wußten, wo der Krieg Zerstörung gebracht hatte, und Lösungen fanden, wo die Wirtschaft die Spielregeln verschoben hatte, die sich durchschlugen, ohne den Mut zu verlieren: auch all dies war der Wein. Und ich habe mich in den Tagen der Methanol-Affäre gefragt: Wieviele Jahre werden wir brauchen, um unsere Vertrauenswürdigkeit zurückzugewinnen? Früher einmal genügten die »Weinschmecker«, um die Qualität unserer Weine zu garantieren: Augen zu, ein Stückchen »grana«-Käse in den Mund, kurze Sammlung, und dann erging das Urteil, präzise und endgültig, über Qualität, Alkoholgehalt, Jahrgang, ja sogar über den Ort des Weinstocks – mit einer Autorität, die wir heute bei den Chemikern im weißen Kittel suchen.

Brauchen werden wir aber nicht nur die Tabellen der Untersuchungsergebnisse, sondern auch Handschellen für die Schuldigen. Und Plakate zur Aufklärung all der Toren, die für Käse, Fleisch und Gemüse hohe Summen hinblättern, den Wein aber ohne besondere Aufwendungen genießen wollen – ausgerechnet den Wein, der so viel geduldige Betreuung erfordert. Vielleicht weil man für Freunde, für die Liebe ebenfalls nie zahlen will, und der Wein, sagt man, sei doch eine Zugabe. Das Gegenteil trifft zu: Der Wein ist schlicht eine Notwendigkeit, aber um wirklich Körper und Geist zu ernähren, muß er so gemacht werden, wie Gott ihn Noah beibrachte.

Und da in der Bibel kein Abel ohne Kain des Weges kommt, und dies seit eh und je, traute man schon zu meines Großvaters Zeiten jenen Leuten nicht, die Wein verkauften, ohne ihn selber zu produzieren. Der Ort Narzole hat seinen Ruf weg durch den »Garibaldi-Verschnitt«, eine recht singuläre risorgimentale Vermengung von Nord und Süd, die dort in den Kellereien vor sich ging, und in Narzole lebten denn auch die meisten Weinfuhrwerker der ganzen Provinz Cuneo; später wurden sie von Lkw-Fahrern abgelöst. Vino und Narzolino reimt sich zwar, macht aber noch keine Poesie, sagte mein Vater immer, der von Rhetorik keine Ahnung hatte, wohl aber vom Wein.

Übersetzung: Titus Heydenreich

Anmerkungen des Übersetzers

1 Schriftsteller, Rundfunkredakteur, Gastronomie-Sachkenner, geb. 1926 in Cambiano (Torino); vgl. ZIBALDONE 4 (1987), S. 5ff. und 126.

2 *Ultimo viene il corvo* (Zuletzt kommt der Rabe), in der gleichnamigen Sammlung von Erzählungen ([1] 1949), Milano, Garzanti [3] 1992, S. 137ff. [dt. dtv, München 1989].

3 Aus dem Gedicht »Hai visto di pietra scolpita [...]« in: Cesare Pavese, *Verrà la morte e avrà i tuoi occi* (Turin, 1951); dt. in: *Sämtliche Gedichte,* Düsseldorf 1988.

Andreas Gelz

Die Entdeckung des Gesangs

Anmerkungen zum Werk von Giorgio Manganelli (1921-1990)

Von der Vernunft her müßte ich annehmen, ich wäre tot.
Aus der Hölle, Giorgio Manganelli

Aber was zählt schon die Vernunft, wenn es um die wirklich wichtigen Fragen des Lebens geht? Zum Beispiel um die Frage nach dem Sinn menschlicher Existenz? In einem 1982 im *Corriere della Sera* veröffentlichten Artikel »Bist du Jude?« (dt. in: *Manganelli furioso*, 1985) behauptet Manganelli: »Geburt, Seele und Tod, was immer sie auch sein mögen, lassen sich nicht einfach verweltlichen.« Es geht um die »Rettung unserer Bedeutung, die uns einzig zum Dasein geeignet macht.« Die Literatur, die Manganelli vorschwebt, stellt sich dieser Aufgabe; sie wird ihm zur Daseinsform. Die Frage, warum er schreibe, könne er daher nicht beantworten: »Schreiben geschieht. Es ist ein wenig so, als ob man fragte: ›Warum leben wir?‹ Gewiß, es wäre vielleicht besser, nicht zu leben, aber wo wir schon einmal dabei sind ...« Literatur »*ist*, ein Buch *ist*«, wie das Leben. Über Giorgio Manganelli reden heißt also, über seine, über *die* Literatur zu sprechen.

Auch fünf Jahre nach dem Tod des ehemaligen Avantgardeautors ist dies nicht einfach, geht doch von seinen Texten eine Verunsicherung aus, die ihre literaturhistorische Einordnung problematisch und ihre Rezeption durch ein breiteres Lesepublikum unwahrscheinlich macht. Konsensfähig scheint in der manchmal ratlos wirkenden Kritik allenfalls der Vorschlag, Manganellis Texte als Literatur über Literatur, als autoreferentielle Inszenierung von Metapher und Allegorie zu lesen. Alice Vollenweider hat diese Auffassung auf den Punkt gebracht. In ihrem Artikel »Literatur als Metapher« beschreibt sie Manganellis Texte als »Apotheose des Nichts«, als blo-

Ich muß hinzufügen, daß ich der Kultur des Weines und des Öles angehöre, die bekanntlich mit den Göttern sind.
(Giorgio Manganelli)

ßen »Hinweis auf etwas [...], dessen sie sich nicht bemächtigen« können; ihre eigene Wirklichkeit fänden sie einzig im »Doppelsinn der Metapher«. »Literatur als Metapher« variiert den Titel von Manganellis Programmschrift »Literatur als Lüge« (1963, dt. in: *Manganellis Lügenbuch,* 1987), in der er die Literatur als Erfindung und nicht als Abbildung von Wirklichkeit statuiert und damit der Avantgarde der *gruppo 63* in ihrem Kampf gegen den zu diesem Zeitpunkt vorherrschenden Neorealismus Stichworte leiht. Diese Einschätzung scheint plausibel und verankert Giorgio Manganelli in der Geschichte der Nachkriegsavantgarde. In der Tat ist Manganellis Welt die einer sich selbst reflektierenden Literatur, einer Ästhetik des Scheins, der Simulation, welche Identitäten und Realitäten in Frage stellt. Seine Literatur steht in der Tradition der Verfasser barocker Traktate, der deutschen Romantiker, vor allem Jean Pauls und E.T.A. Hoffmanns. Namen wie Edgar Allan Poe, Mallarmé, Kafka, Borges, Handke und Thomas Bernhard werden im Zusammenhang mit Manganelli immer wieder genannt.

Doch mündet seine Schrift »Literatur als Lüge« andererseits keineswegs in die Verherrlichung des sprachlichen Signifikanten, dessen Spiel für viele Vertreter der literarischen Avantgarde seit den 60er Jahren die Welt auflösen sollte. Sie zeugt vielmehr von einer von geradezu verzweifelter Skepsis geprägten Suche nach der Artikulation des Menschen in der Sprache. Dies bestimmt das weitere Werk Manganellis. Ebensowenig ist Manganellis virtuoses Spiel mit der literarischen Tradition, mit potentiellen (Text-)Welten geprägt vom logischen Stoizismus, der abgeklärten Eleganz eines Jorge Luis Borges, mit dem man ihn oft vergleicht. Seine trotz großer Parallelen zu avantgardistischen Positionen sehr eigenständige Entwicklung ist vielleicht auch einer der Gründe dafür, daß Manganelli in den 80er Jahren, nach dem allgemein spürbaren Erlahmen der avantgardistischen Dynamik und der Rückkehr einiger ihrer wichtigen Vertreter zu zumindest scheinbar konventionelleren Erzählformen, fortfuhr, auf seine mitunter so hermetisch anmutende Weise zu schreiben. Hier liegt wahrscheinlich auch ein Grund für die Probleme der Literaturhistoriker, diesen Autor nach dem Verlust vertrauter Beschreibungskategorien einzuschätzen.

Wer also ist Manganelli? Nur »ein Name, der einen verbalen Ort bezeichnet«, wie er von sich behauptet? Ein »Pseudo-Schriftsteller«, der nicht schreibt, sondern Zeuge eines verbalen Ereignisses wird (»[...] ich mache nicht die Literatur, die Literatur macht mich«)? Ein gespaltenes Subjekt, wie Roland Barthes einmal das moderne Subjekt genannt hat, dem der Text zum Ort von Spaltung und Versöhnung zugleich wird, von Gegenwart und Abwesenheit?

Manganelli als Demiurg

Vielleicht muß man sich bei dieser Spurensuche nach Manganelli und seinen Texten wirklich einer negativen Charakteristik bedienen, um die verborgene Gestalt des Autors konturieren zu können. Denn anders als in der Logik von Philosophie und Naturwissenschaft hat die Negation in der Literatur für Manganelli eine Eigenschaft, die sie besonders für die Beschäftigung mit der Widersprüchlichkeit menschlicher Existenz geeignet erscheinen läßt: Im literarischen Zusammenhang sei sie »eine negative Form der Behauptung, eine negative Form verbaler Existenz«. Diese Deutung der Negativität erinnert an theologische Argumentationsweisen, und nicht von ungefähr bezeichnet Manganelli seine Texte auch als Pseudotheologie; in ihnen sei alles richtig und alles gelogen. In gleichem Sinn spricht er an anderer Stelle von einer »Theologie des Irrtums«, von einer »Theopathologie«. Wie der letzte Begriff andeutet, gibt er ihr allerdings eine fast gnostische Wende: Es handele sich bei seinen Texten um einen Versuch der Austreibung der Wirklichkeit, der »mit Formeln äußerster Gewaltsamkeit« durchgeführt werden muß, um eine Wirklichkeit *sui generis* an ihre Stelle zu setzen.

Doch gelingt dies nicht immer, wie Manganelli am Beispiel Edgar Allan Poes verdeutlicht (1976, dt. in: *Manganelli furioso*, 1985). Dessen Erzählung *Der Herrschaftssitz Arnheim* berichte, »wie ein Mann von absurdem, unmöglichem Reichtum es, ohne zu einem Abschluß zu kommen, unternimmt, eine Landschaft zu ›konstruieren‹, indem er an Flüsse, Wälder und Berge Hand anlegt«. »Ohne zu einem Abschluß zu kommen ...«, diese Einschränkung scheint geeignet, die

Zeitschrift des Hamburger Instituts für Sozialforschung *Heft 4/95*

Mittelweg 36

Redaktion: Thomas Neumann (verantwortlich); Gaby Zipfel
Redaktionsanschrift: Mittelweg 36, 20148 Hamburg
Telefon 040 / 41 40 97 16 und 41 40 97 32, Fax 040 / 41 40 97 11
Vertrieb: Extra Verlag's GmbH, Langgasse 24 H, 65183 Wiesbaden, Fax 0611 / 37 91 81
Einzelheft 18 Mark, im Abonnement 16 Mark + Porto
Probehefte über den Vertrieb

Besonderheit von Manganellis Texten in der Bewältigung jenes sprachlich nicht auflösbaren Restes an Wirklichkeit zu sehen; Manganelli, ein Demiurg voller Selbstzweifel.

Selbst wenn Manganelli von unendlichen und grenzenlosen Textwelten träumt, verliert er nie das Subjekt und seine Irreduzibilität aus den Augen. Eine eigens von ihm begründete Gattung repräsentiert diesen Traum: das Parallel-Buch. Prominentestes Beispiel ist sein *Pinocchio. Ein Parallel-Buch zu Carlo Collodis Pinocchio* von 1977 (dt. Frankfurt/Main: Frankfurter Verlagsanstalt 1990). Diesen Text konzipiert er als dreidimensionalen Würfel, den es zu begehen gilt, und leitet daraus eine Lektüreanweisung ab, von der keine weitere Betrachtung des Werkes von Giorgio Manganelli mehr absehen kann: »Ein Buch, das man recht in seiner würfelförmigen Geographie versteht, verästelt sich so unendlich, daß es gänzlich unabsichtlich zum Inbegriff aller möglichen Parallel-Bücher wird, die zuletzt wiederum nichts anderes sind als alle möglichen Bücher überhaupt.« Und trotzdem gilt: Der literarische Text ist eine »Indizienfundgrube [...], ein Buch, in dem jedes Wort eine Endstation darstellt. Der Parallelschreiber erlebt in ihm die Auflösung des Würfels, haust mitten unter Beweisstücken, wovon, weiß er freilich nicht. Diese Verunsicherung ist wesentlich.« Sie gilt für Autor und Leser gleichermaßen.

Gerade weil ihm die Gewißheiten der Avantgarde abhanden gekommen sind, ist sich Manganelli bewußt, hier einen ihrer großen literarischen Mythen zu reformulieren. Manganelli partizipiert mithin an den literaturtheoretischen Positionen der Avantgarde der 60er und 70er Jahre – unter anderem gilt dies für die im Begriff des Parallel-Buchs zum Ausdruck kommende Aufhebung der Differenz zwischen Literatur und Kritik sowie für die These der Supplementarität aller Texte, d. h. ihres fundamental kommentierenden, inessentiellen Charakters –, geht aber auch über sie hinaus.

Grenzerfahrung Literatur

Die oft halluzinatorisch anmutenden Selbstbefragungen eines Ichs, seine arabesken, von den Regeln der Rhetorik und Kombinatorik geleiteten sprachlichen Assoziationen, Amplifikationen und Expansionen bestimmen den Text und sein Volumen. Der Ort, den das Ich einnimmt, der literarische Topos, wird zum idealen Schnittpunkt, an dem das Gelingen oder Nichtgelingen der Begegnung zwischen Sprache und Wirklichkeit, zwischen den Subjekten, zwischen den verschiedenen Instanzen der Subjektivität darstellbar wird. Manganellis Texte, und darin liegt ihre Faszination, werden zum Ort inszenierter Grenzsituationen beziehungsweise Grenzerfahrungen des Menschen.

Orte der Selbstprüfung und Ausgangspunkt immer neuer Fragen sind beispielsweise die Hölle (*Niederauffahrt*, 1964, dt. 1967, *Aus der Hölle,* 1985, dt. 1986), oder der Sumpf (*Der endgültige Sumpf*, 1991, dt. 1993). In *Amore* (1981, dt. 1982) ist es die Liebe, deren Gestalten Manganelli bis hin zu ihrer grotesken Überzeichnung verfolgt, um am Ende über den (sprachlichen) Ort der Liebe feststellen zu müssen, »daß ich nie bin, wo Du bist, und Du nie bist, wo ich bin«. In *Geräusche oder Stimmen* (1987, dt. 1989) ist es die einschüchternde Kulisse eines Grenzortes, an dem das erzählende Subjekt angstvoll lauscht, ob sich inmitten des verwirrenden Dröhnens eine menschliche Stimme vernehmen ließe, die imstande wäre, auch die eigene Identität zu beglaubigen. Zu den Grenzerfahrungen des Menschen gehört für Manganelli auch sein Umgang mit der Sprache, sein problematischer und potentiell grenzenloser Umgang mit dem Buchstaben, dem er in *Omegabet* (1969, dt. 1970), einem fiktiven Kommentar zu einem nicht existierenden Buch, freien Raum läßt. In der Tat wird dort die Stadt zum allegorischen Doppel des Textes und seiner »Begehung«. Ziel des Interpreten ist der paradoxe Versuch, »durch unendliche Entfernung eine unendliche Koinzidenz zu erreichen«. Manganellis *Unschluß* (1976, dt. 1978) hatte diese Haltung bereits im Titel programmatisch eingefordert. Weitere Beispiele könnten hinzugefügt werden. Doch eine, wenn nicht sogar die wichtigste Grenzerfahrung ist paradoxerweise die Überschreitung der Grenze, der

Ausblick auf das, was jenseits von ihr liegt, auf die intersubjektive oder auch transzendente Dimension der Wirklichkeit. Es erstaunt daher nicht, daß »Identität und Difformität« oft zusammenfallen, daß des öfteren von einem »Kampf« die Rede ist, als dessen Chronist sich der Schriftsteller versteht.

In den unzähligen Monologen und versuchten Dialogen seiner Texte kommt ein weiterer zentraler Aspekt von Manganellis Poetik zum Ausdruck, den er im Begriff des *chiacchierare*, des Plauderns, des Schwätzens zusammengefaßt hat, »wahrscheinlich der höchste Moment literarischer Kreativität«. Zwei bereits als wesentlich für seine Poetik erachtete Bedeutungsmerkmale fallen dabei ins Auge. Einmal die dem Wort innewohnende Negativität (»gehässig reden«), dann der Ablauf ungebremster Wortkaskaden, die dem Diskurs die Qualität einer »andauernden ununterbrochenen Halluzination [verleihen], aus der eine unbegrenzte Anzahl von Möglichkeiten entsteht, Welten zu erfinden«. Eine mehr als hundertseitige Entwicklung dieser These findet sich in dem bereits erwähnten *Geräusche oder Stimmen.* Dort wird aber auch auf die Problematik dieser scheinbar dialogisch angelegten Auffassung hingewiesen. Virtuell auf den Anderen bezogen, verwandelt sich das unbestimmt bleibende Ich in jemanden, der den Geräuschen oder Stimmen lauscht, um Spuren des Menschlichen zu entdecken, deren er freudig, aber auch voller Angst gewahr wird. Diese Situation spiegelt die des Schriftstellers, dem das *chiacchierare* zur Metapher des eigenen Tuns wird, der den literarischen Ort aufsucht, um Begegnungen zu machen, sie zu ermöglichen: Wie ist es möglich, fragt sich Manganelli, »daß du dich nie an dem Ort befindest, an dem die Worte geschehen. Doch bedenke: wenn du dich an jenem Ort befändest, dann wäre es unvermeidlich, daß du selbst Ort der Worte würdest, und dann gäbe es deine Aufgabe als Hörer nicht mehr, die für die Geschichte der Stimme grundlegend erscheint.« Der Schriftsteller muß aufpassen, nicht im Soliloquium oder im Geschwätz zu enden, eine Gefahr, die bereits Maurice Blanchot für die Nachkriegsliteratur erkannt hatte. Und was, wenn all das Reden, Sich-austauschen nichts weiter inszeniert als ein »Pathos der Befragung«?

Manganelli und Calvino

Die Eigentümlichkeit Manganellis tritt deutlich zutage, wenn man ihn mit seinem gerade in Deutschland bekannteren Kollegen Italo Calvino vergleicht. Auch Calvino, um nur einige wenige Gemeinsamkeiten zu nennen, beschäftigt sich in *Wenn ein Reisender in einer Winternacht* (München 1983) mit den Phantasmen unendlicher Schrift, der Rolle des Schriftstellers als Fälscher beziehungsweise Kopist eines immer schon geschriebenen Textes. Auch ihm geht es, wie Manganelli in *Irrläufe. 100 Romane in Pillenform* (1979, dt. 1980), um die Essenz des Romanesken. Calvino sucht sich ihr mit immer neuen, stets aufs neue unterbrochenen Romananfängen zu nähern, Manganelli in hundert Strukturskizzen zu möglichen Romanen. Der österreichische Schriftsteller Helmut Eisendle benutzt drei dieser möglichen Geschichten in *Anrufe, der Doppelgänger, die Verfolgung. Drei Romane nach Giorgio Manganelli* (Wien 1985). Genau dies dürfte Manganelli jedoch mit seinen Skizzen nicht beabsichtigt haben. Und viele der Rezepte Calvinos für eine mögliche Zukunft der Literatur, die er in *Sechs Vorschläge für das nächste Jahrtausend* (München 1991) gegeben hat, könnten ebensogut von Manganelli stammen: Die Literatur als Entwicklung von narrativer Potentialität hat ihn immer wieder interessiert, unter anderem in *Simulationen* (1972), in *Einige Hypothesen über meine früheren Inkarnationen* (1972, beide in: *An künftige Götter*, dt. 1983), in *Hyperhypothesis. Diskurs über die Hypothese* (in: *A und B. Dialoge und unmögliche Interviews*, 1975, dt. 1991), auch noch in seinem letzten vollendeten Text *Der endültige Sumpf*, der dort als »perfekter Initialraum«, als »hypothetische Seite« erscheint. Viele seiner Texte mit ihrer Grundstruktur rhetorischer Amplifikation setzen diese Auffassung von Potentialität um. Doch hätte Manganelli nie die Hoffnung gehegt, die Literatur als Kristallisation der sich unaufhörlich wandelnden Welt zu betrachten. Wenn Calvino zwischen den Autoren des Kristalls und jenen der Flamme unterscheidet, dann gehört Manganelli sicher zu letzteren. In seinem literarischen Universum ist eine Figur wie Italo Calvinos Palomar, die an der Inkongruenz von Zeichen und Welt zugrundegeht, kaum vorstellbar.

Ein Blick auf die Stadt, auf den Ort also, der zum Schicksal des modernen Menschen geworden ist und der für beide Autoren daher große erkenntnistheoretische und poetologische Bedeutung besitzt, betont die Divergenzen. Von der geometrischen Perfektion mancher der *Unsichtbaren Städte* Calvinos (München 1977) grenzt sich Manganelli, dessen Texte die Stadt und das Haus immer wieder als vorläufige menschliche Haltepunkte im Fluß von Zeit und Sprache darstellen, deutlich ab. Die Stadt ist mehr als die Abstraktion eines Feldes auf dem Schachbrett, als welche sie sich Kublai Khan vorstellt. Die Stadt ist für Manganelli vielmehr ein »symbolischer, magischer Ort, [...] eine Buchseite, die nach Deutung heischt«. Dabei ist jedoch nicht die Schönheit, nicht die Perfektion des Formalismus sein primäres Ziel. Schönheit ist für ihn nichts weiter »als eine weltliche List, um nicht mit der mythischen gewalttätigen Materie, dem Dionysischen, das ein Objekt behaust, in Berührung zu kommen. Der letzte Satz ist gewollt doppelsinnig: das Wort ›Objekt‹ kann sowohl Nominativ wie Akkusativ sein.« Die Stadt ist für Manganelli kein friedlicher Ort: »Alles ist zeitgenössisch, alles ist außer der Zeit, und die Konflikte werden keine Lösung mehr finden.« Hier erlangt seine Formulierung, Literatur müsse mit »Formeln äußerster Gewaltsamkeit« arbeiten, eine dramatische Qualität. Wie »bemächtigt« sich die Kunst dieses gewalttätigen Ortes? »Einen Raum einnehmen bedeutet, einen tendenziell neutralen Ort in Form, in ein System von Formen zu verwandeln; und ich nehme an, daß diese Verwandlung keine simple rhetorische Geste ist, sondern dramatische Vorgänge, das Jonglieren mit Symbolen und eine Geschichte mit sich bringt, die sich auch als sakrale Geschichte bezeichnen ließe.« Manganellis Stadtportrait »Florenz oder die geometrische Rauferei«, das er 1982 im *Corriere della Sera* veröffentlicht hat (dt. in *Manganelli furioso*, 1985), ist geprägt von den Kraftlinien einer solchen Dialektik, die dem »Diamant des Geistes«, als welchen er das Baptisterium bezeichnet, seiner »Geometrie des Terrors«, der »Grausamkeit der Abstraktion« die Tür des Ghiberti entgegenstellt: Dieses Portal ist für Manganelli »dionysischer Aufruhr, glänzende Spur einer Flucht«. Seine Figuren sind nicht abstrakt, sondern das »vergängliche Instrument einer Gebärde«, Prä-Figurationen des Tanzes: »Den

Tanz in die luftlosen Mauern des Baptisteriums einzuführen, war und bleibt ein revolutionärer Akt. Der Tanz ist die Freude an der Zeit, der Rhythmus, der die Zeiten der Welt skandiert, die Glückseligkeit in der Wechselrede, in der wechselnden Bewegung, im Chorgesang.« Das Prekäre dieser Auffassung von Kunst zwischen Selbstbehauptung und Flucht liegt auf der Hand; aber auch die ungeahnten Möglichkeiten gelungener Partizipation.

Literatur, Tanz und Gesang

Manganellis Beschreibung von Berninis Statue »Die Extase der heiligen Theresia« (1980, dt. in *Manganelli furioso,* 1985), einer Statue, die für ihn nach eigenem Bekunden große Bedeutung besitzt, unterstützt diese Betrachtung der (rhetorischen) Figur. Die Figur, die »Menschliches vortäuscht, aber zur Welt der unmenschlichen Bilder« gehört, dieser »Gipfelpunkt der Abwesenheit« verwandelt sich: Manganellis Vision erblickt eine Zeremonie, ein Ritual, Theater, das eine »zeitweise Aufhebung des Ichs« zuläßt. Diese vom Kunstwerk ausgehende Kraft ist so stark, daß auch der Betrachter in sie einbezogen wird. Und da geschieht es: Wir vergessen, »daß das Unterfangen der träumenden Frau sich verwegen an einer äußersten Grenze bewegt; und wir spüren nicht, daß in der unbewegten Bewegung der tanzenden Glieder sich insgeheim Musik, vielleicht die erwartungsvolle Stille ankündigt, die der Entdeckung des Gesanges vorausgeht«. Auflösung des Ichs und Ich-Erfahrung, Grenzerfahrung als Grenzüberschreitung – Manganelli spricht auch von einer sakralen Geschichte. Kunst und Literatur scheinen in der Lage, Gewalt wenn nicht zu verhindern, so doch zu transfigurieren.

Manganellis Gang durch das Gedächtnis der Literatur, auf der Suche nach dem Ereignis von Sprachlichkeit, läßt jedes traditionelle Verständnis von Avantgarde mitsamt seinem geschichtsphilosophischen Optimismus hinter sich. Man hat Manganellis stark von der Rhetorik geprägte Schreib- und Denkweise bisweilen mit dem Barock in Zusammenhang gebracht, doch diese Einschätzung muß nuanciert werden. Das rhetorische Gedächtnis der Sprache ist bei Manganelli nicht mehr allegorischer Ausdruck fester Glaubens- und Weltordnungen, es ist noch nicht selbstreflexive Allegorie des Lesens, sondern vielmehr Griff nach dem Strohhalm der Sprachlichkeit, dem uns überlieferten Instrumentarium der menschlichen Kondition. Konsequent setzt Manganelli das um, was Roland Barthes in *Sade, Fourier, Loyola* (Paris 1971) dem barocken Ordensgründer Loyola und seinen Exerzitien – ein Begriff, den Manganelli auch für sein eigenes Schreiben akzeptieren würde – unterstellt: schreibendes, raum- und zeitgreifendes Entfalten von Sprache auf der Suche nach Transzendenz beziehungsweise Sinn. Es handelt sich dabei um eine schmale Gratwanderung, die stets vom Umkippen in eine Position der Göttlichkeit bedroht ist. Die Sakralisierung der Sprache, eine bisher wenig beachtete Dimension avantgardistischer Literatur der 60er/70er Jahre, vermeidet Manganelli, gerade weil er den fragmentarischen, gespaltenen Charakter von Sprache und Subjekt immer wieder betont; die Sprache wird allenfalls zum Ritual, zum liturgischen Element. Manganelli ist gleich weit von Georges Steiners Postulat »realer Gegenwart« wie auch von den Positionen eines Philippe Sollers entfernt, der den Schriftsteller zeitweilig mit Gott gleichgesetzt hat, mit der Vorstellung eines grenzenlosen Subjekts, das im Grenzenlosen der Sprache das Wort ergreift. Der Ort, den Manganelli dem Schriftsteller zuweist, ist durchweg anders motiviert: Sein Subjekt ist ein Lauschender, ein Wartender, stets davon bedroht, die entscheidende Begegnung zu versäumen, die ihm helfen würde, sich seiner Grenzen und damit seiner Identität zu versichern. Die umfassende literaturkritische und journalistische Tätigkeit Manganellis, seine vielen Rezensionen (*Laboriose inezie* [*Emsige Nichtigkeiten*], Mailand: Garzanti 1986), Vorworte (*Angosce di stile* [*Stilängste*], Mailand: Rizzoli 1981), sind gleichfalls in diesem Zusammenhang zu sehen. Seine Reflexionen über Kunst, Skulptur, Malerei, das Kino sowie die Photographie (*Salons di Giorgio Manganelli*, Parma 1987), aber auch über Sitten und Gebräuche der Gegenwart (*Improvvisi per macchina da scrivere* [*Improvisationen für Schreibmaschine*], Mailand: Leonardo 1989), sind ein Versuch der Begegnung, ein Ausdruck des immerwährenden Gesprächs mit den Toten – und somit auch eine Form der Wiedergeburt.

Tod und Wiedergeburt der Literatur

Der »rhetorische Tod«, wie er in der Studie zu Poe genannt wird, gerät dem Autor zur »Epiphanie der Täuschung« – und das ist dann mehr als bloße Rhetorik. »Es ist dem Schriftsteller auferlegt, mit immer schärferer Bewußtheit an einem Text zu arbeiten, dessen Sinn immer unverständlicher wird«: Zwar scheint er im Laufe der Jahre weniger optimistisch geworden zu sein als 1963, wo er sich von dieser Erfahrung den »Gipfel der mystifizierenden Offenbarung« versprochen hatte. Doch befindet sich Manganelli gleichsam ständig in einem *Diskurs über die Schwierigkeiten, mit den Toten zu sprechen* (1972, dt. in: *An künftige Götter*, 1983); er führt *unmögliche Interviews* mit Tut-ench-Amun, Casanova, Harun-al-Raschid, Gaudí, Napoleon und anderen (*A und B. Dialoge und unmögliche Interviews*, 1975). Am Ende von *Geräusche oder Stimmen* fragt sich das Ich, ob es gerade Zeuge der Auferstehung der Toten geworden sei. Im literarischen Zusammenhang bedeutet dies, daß Manganellis Blick immer wieder auf jenen Moment gerichtet ist, an dem aus Tod Leben wird, Figur und Topos sich im Textraum entfalten. Auch dies unterscheidet Manganellis Prosa von der oftmals apokalyptischen Vision mancher Avantgardisten und ihrer Suche nach kristalliner Endgültigkeit, ihrer frustrierten Erschöpfung aller literarischen Möglichkeiten; es geht bei ihm nicht um die unmögliche Auflösung der Allegorie, sondern um ihre Verwandlung in einen Text. Letztlich lassen sich die Indizien der Welt nicht zu einer sinnvollen Erzählung zusammenschließen, diese »Verunsicherung ist wesentlich«, hieß es zu Beginn von Manganellis *Pinocchio.*

Zur Charakteristik Manganellis hat man wiederholt auf einen seiner *Romane in Pillenform* verwiesen, in dem es heißt: »Er ist von Beruf ein Geträumter. Dieser Beruf gefällt ihm, weil er ihn nicht zwingt, eine gleichbleibende Form zu haben, sondern ihm gestattet, zwischen allen möglichen Formen, die in einem Traum Verwendung finden, hin und her zu schwanken.« Doch diese Charakteristik ist unvollständig. Was passiert, wenn der Geträumte träumt, wie es Pinocchio am Ende seines Lebens widerfährt? Dann wird er in die Welt der Lebenden entlassen, der Traum wird zum »heimlichen

Grenzgang«. Am Ende seines Pinocchio-Kommentars schreibt Manganelli: »Der Gang über die Grenze ist vollzogen.« Jenseits dieser Grenze jedoch, das haben wir gesehen, steht nicht der Tod, sondern der andere Mensch. Die Literatur eröffnet den Zugang zu ihm. So betrachtet ist die Literatur mehr als nur liturgisches Ritual: Am Ende des Märchens stirbt die Holzpuppe Pinocchio, um als Junge wiedergeboren zu werden, doch am Ende des Textes gibt es nicht einen, sondern zwei Pinocchios; die Holzpuppe Pinocchio erweist sich als »wundertätige Reliquie« – wie die Literatur und ihre überlieferte Geschichte. Die folgenden Worte Manganellis gelten somit sicher auch für ihn selbst und seine Literatur: »Im Haus des neuen Pinocchio bleibt die tote, wundertätige Reliquie, der neue, lebendige Pinocchio muß mit dem alten toten zusammenleben. Dieses meterhohe Holz wird nicht aufhören, ihn herauszufordern.« Seine Literatur ist Verwandlung und Menschwerdung (»Die Form der Verwandlung ist für uns der Tod«). Ein besonders schönes Beispiel für das Ringen Manganellis um diese Dimension der Literatur ist sein 1992 posthum erschienener und unvollendet gebliebener Text *Il presepio* [Die Krippe] (Mailand 1992), in dem sich der Erzähler in die Krippe hineinhalluziniert: die Krippe als Repräsentation, als Grenze des Unbekannten, aber auch als Beginn der Bedeutung. Manganelli interessiert dabei nicht allein die Geburt des Kindes, sondern die notwendige Gegenwart aller am Krippenspiel beteiligten Figuren: »ihr Sinn ist es, wenn möglich, ein Gespräch, eine Gemeinschaft zu begründen«, denn nur dort entsteht Sinn.

Ungeachtet aller – notwendigen – Widersprüche der negativen Poetik Manganellis, seine Konzeption des Parallel-Buchs und damit seine Auffassung von Literatur läßt sich auch so deuten: »Jedes Wort eine Endstation« – eine Grenzerfahrung, die Umkehr möglich macht, um dem Anderen entgegenzugehen.

Literatur

Die Texte von Giorgio Manganelli sind, sofern nicht anders angegeben, im Verlag Klaus Wagenbach, Berlin, erschienen.

Giorgio Manganelli, »Die Firma Manganelli. Ein Interview mit Eva Maek-Gérard«, in: ders., *Giorgio Manganellis Lügenbuch*, Berlin 1987, S.143-151.

Graziella Pulce, *Lettura d'autore. Conversazioni di critica e di letteratura con Giorgio Manganelli, Pietro Citati e Alberto Arbasino*, Mailand 1988.

Alice Vollenweider, »Literatur als Metapher. Zum Werk Giorgio Manganellis«, *Neue Zürcher Zeitung*, Fernausgabe Nr. 115, 22.5.1982, S. 45f.

Albrecht Buschmann

Anatomie eines Bestsellers

Susanna Tamaros *Geh, wohin dein Herz dich trägt*

Ein Starautor wie beispielsweise Michael Crichton plant seine Bestseller am Reißbrett. Aus den Zutaten Geld und Leidenschaft, Macht und High-Tech strickt er seine Romane, und jeder Absatz wird schon mit einem Seitenblick auf die Hollywood-Verfilmung geschrieben. Wenn ein Buch jedoch nur den langen Brief einer alten Dame wiedergibt, in dem wenig von Leidenschaft und viel von Gefühl die Rede ist, in dem keine Reichen und Schönen vorkommen, sondern Krankheit und Tod, dann ist mit großen Auflagen zunächst einmal nicht zu rechnen. Und doch hat Susanna Tamaros vor einem Jahr erschienener Roman *Va' dove ti porta il cuore* [*Geh, wohin dein Herz dich trägt*] (it. Mailand 1994; dt. Zürich 1995) in Italien die Millionen-Auflage schon lange überschritten, und auch in Deutschland steht er seit seinem Erscheinen im Februar auf den Bestsellerlisten.

Wie kam es zu diesem plötzlichen Erfolg, der selbst den von Umberto Ecos *Der Name der Rose* in den Schatten stellt und der in der italienischen Verlagsgeschichte seinesgleichen sucht? Läßt er sich möglicherweise allein mit dem von der Autorin gewählten Sujet oder mit besonderen ästhetischen Qualitäten des Textes erklären? Wir Leser schauen der 1910 geborenen Olga über die Schulter, die sich nach einem Schlaganfall an den Küchentisch setzt und in Form eines tagebuchartigen Briefes eine Lebensbeichte ablegt, die nach ihrem Tod ihrer Enkelin zukommen soll. Allein sitzt sie in ihrem norditalienischen Haus, hält Rückschau und entwirrt die roten Fäden ihres Lebensweges. Der Bogen ihres Rückblickes spannt sich vom ausgehenden 19. Jahrhundert bis in die Gegenwart, vom Leben ihrer Mutter bis zu dem der Enkelin, die inzwischen in Amerika lebt. Historische Ereignisse kommen nur am Rande vor, im Mittelpunkt steht allein die Familiengeschichte, genauer: die Frauengeschichte. Denn, so sagt die alte Dame, »normalerweise folgt das Unglück der weiblichen Linie« (S. 43). Wie schon ihre Mutter war auch Olga Opfer einer strengen und gefühlsarmen Erziehung geworden, und ihr Versuch, bei der eigenen Tochter Ilaria alles besser zu machen, scheiterte. So konnte sie nicht verhindern, daß Ilaria zeitweise im studentischen Milieu der 68er verschwand, feministischem Dogmatismus verfiel und schließlich ihr Herz an einen Psycho-Guru verlor. Nach einem Streit zwischen Mutter und Tochter – Olga hatte offenbart, daß ihr Gatte nicht Ilarias Vater war – verließ die Tochter überstürzt das Haus und starb bei einem Autounfall. Seitdem wuchs die Enkelin und Adressatin des Briefes bei Olga auf. Um nun wenigstens in der vierten Generation mit dem vererbten Unglück zu brechen, schreibt sie diese Geschichte von hundert Jahren Unverständnis nieder.

Der literarische Reiz von *Geh, wohin dein Herz dich trägt* liegt in der Konsequenz, mit der die heute 38jährige Susanna Tamaro sich in die Denkweise einer nicht sonderlich gebildeten Großmutter hineinversetzt und ihr Worte verleiht. Stilistisch wie inhaltlich schlüpft sie in das Gewand einer vier Jahrzehnte älteren und gänzlich unliterarischen Person. Da beginnt jeder Abschnitt des Briefes mit Hinweisen aufs Wetter oder den Stand der Blütenpracht im Garten, auf das Fernsehprogramm des Vorabends oder den Gesundheitszustand der Haustiere. Wenn es gilt, Lebenserfahrungen mit griffigen Vergleichen zu beschreiben, stammen die Bilder allein aus den Bereichen Garten und Küche, in denen Olga sich auskennt. In diesem geistigen Horizont bilden etwa unvergossene Tränen auf dem Herzen eine ebenso zerstörerische Kruste wie Kalk in einer Waschmaschine, und Leidenschaften entwickeln sich wie ein Hefeteig. Psychologisch ebenso glaubwürdig läßt Susanna Tamaro ihre Protagonistin Olga anfangs kräftig über die eigene Mutter klagen, aber erst gegen Ende der Rückschau damit herausrücken, daß ihre Tochter in dem Moment in den tödlichen Unfall fuhr, als sie erfahren hatte, daß sie ein uneheliches Kind war. Das ist glaubhaft inszeniert und mit stilsicherem Simplizismus formuliert (und von Maja Pflug adäquat übersetzt). Darum wird der Vorwurf mancher Kritiker, die Sprache sei platt, dem Buch nicht gerecht. Denn um uns Lesern die Echtheit der

Fo
für alle

ROTBUCH *Verlag*

Ins Deutsche übersetzt von
Renate Chotjewitz-Häfner
und Peter O. Chotjewitz

Bezahlt wird nicht!
ISBN 3-88022-028-X

Ruhe! Wir stürzen ab
ISBN 3-88022-067-0

Einer für alle, alle für
einen! Verzeihung,
wer ist hier eigentlich
der Boß?
Zufälliger Tod eines
Anarchisten
ISBN 3-88022-381-5

Hohn der Angst
ISBN 3-88022-252-5

Elisabetta
Isabella, drei Karavellen
und ein Scharlatan
ISBN 3-88022-316-5

Er hatte zwei Pistolen
und seine Augen waren
schwarz und weiß
Komödie in drei Akten
ISBN 3-88022-331-9

Mama hat den
besten Shit
ISBN 3-88022-017-4

Geschichte einer Tigerin
ISBN 3-88022-360-2

Obszöne Fabeln
Mistero Buffo
ISBN 3-88022-284-3

Franca Rame/Dario Fo
Offene
Zweierbeziehung
ISBN 3-88022-039-5

Franca Rame/Dario Fo
Nur Kinder, Küche, Kirche
ISBN 3-88022-016-6

ROTBUCH *Literatur*

Figur Olgas zu suggerieren, darf die Sprache keinen Deut brillanter sein.

Das Buch erzählt also eine einfache Geschichte mit einfachen Worten. Doch gleichzeitig formuliert *Geh, wohin dein Herz dich trägt* schlicht gängige Vorurteile gegen die Prinzipien kritischer Vernunft und setzt gegen sie die Wahrhaftigkeit des ursprünglichen Gefühls. Indem Susanna Tamaro tatsächlich so tut, als gäbe es ein klar zu trennendes Entweder-Oder zwischen Herz und Hirn, zwischen Gefühl und Verstand, als läge alles Übel im Glauben an die Vernunft und alles Heil in der Rückkehr zur wahrhaftigen Empfindung, leugnet sie in einem Aufwasch die Werte und Erkenntnisse der Aufklärung und zugleich das heutzutage durchaus vorhandene Bewußtsein um deren Dialektik. Der Text atmet jenen biedermeierlichen Geist, der selbstvergessen all das ausblendet, was die Moderne ausmacht: kritische Reflexion, Gesellschaftlichkeit, Politik. Dagegen setzt Susanna Tamaro ein Hohelied der Herzenswärme – und trifft damit offensichtlich auf immenses Publikumsinteresse.

Der Roman ist aber nicht allein deshalb ein Bestseller geworden, weil er glaubwürdig fingierte Lebenserfahrung in einfache Vergleiche gießt und zugleich Hoffnungen auf harmonisches Glück jenseits der Schrecken der Moderne bedient. Die flankierende Unterstützung durch die Medien hat in Italien wie auch in Deutschland ganz erheblich zum katapultartigen Ansteigen der Verkaufszahlen beigetragen. Bereits Susanna Tamaros höchst lesenswerter Erzählungsband *Per voce sola* [*Love*] (it. Venedig 1991; dt. Zürich 1992) war dank der Unterstützung Federico Fellinis wohlwollend besprochen worden und hatte die für eine unbekannte Autorin beachtliche Auflage von 15 000 verkauften Exemplaren erreicht. Vor allem hatte Fellini die Autorin, die sich gerne sportlich-salopp kleidet und eine struwwelige Kurzhaarfrisur trägt, mit seiner Filmfigur Gelsomina verglichen. Von diesem Augenblick an fehlte in keinem Autorenporträt mehr der Hinweis auf den einflußreichen Förderer und den Gelsomina-Mythos. Auch die Tatsache, daß Susanna Tamaro die Großnichte Italo Svevos ist, hat für das Verständnis ihrer Person und ihres Buches allenfalls untergeordnete Bedeutung, wird aber ebenfalls in fast jedem Artikel angemerkt: Sei es, weil einem bei Svevo sofort das literarische Thema Alter einfällt, oder einfach, um literarische Dignität via Stammbaum zu suggerieren.

Bereits vor der Veröffentlichung Anfang 1994 wurde das Buch in umfangreichen Artikeln und in der für Italien typischen Form der Kombination mit einem Porträt der Autorin angekündigt. In dem Nachrichtenmagazin *L'Espresso* (21.1.1994) waren die Urteile von Roberto Cotroneo noch verhalten. Summarisch lobte er den »dichten, abgeklärten Stil« und den »großen Atem« der Autorin, die er ansonsten ausführlich selbst über ihr Buch reden ließ. Tenor: Das Schreiben komme aus ihrem tiefsten Inneren und sei anstrengend, gar schmerzhaft. Sie selbst wolle als »scrittrice implacabile« [»unerbittliche Autorin«] betrachtet werden. Zum Verkaufsstart hatte Susanna Tamaro dann zwei wohl entscheidende Fernsehauftritte. In der Maurizio-Costanzo-Show sowie in Catherine Spaaks Frauen-Talkshow *Harem* bezeichnet sie die Geschichte von *Geh, wohin dein Herz dich trägt* als »Lebensbeichte, die von Herzen kommt«, als eine »Suche nach der geistigen Mitte«. Eine Woche später waren 50 000, drei Monate später 200 000 Exemplare verkauft. In Italien sprach man bereits vom »Buch des Jahres«, und tatsächlich hatte Susanna Tamaro am Ende des Jahres 1994 ihr Buch häufiger verkauft als der Papst sein *Die Schwelle der Hoffnung überschreiten* und Umberto Eco seine *Insel des vorigen Tages.*

Im August 1994 begann die Eroberung des deutschen Marktes. In einem Fünfspalter der *Frankfurter Rundschau* (3. 8. 1994) porträtierte Sabine Heymann die Autorin. Ihre hymnische Reportage rekapitulierte die Erfolgsgeschichte von *Geh, wohin dein Herz dich trägt* (Stichworte: jahrelange Vorarbeit, Unterstützung Fellinis, Gelsomina etc.) und betonte das Interesse der Autorin für fernöstliche Philosophie und Karate sowie ihr zurückgezogenes Leben auf dem Lande. Der Tenor Heymanns, daß Buch trete unsentimental für die Rehabilitierung des Gefühls ein und spreche damit Tausenden von Lesern aus dem Herzen, findet sich in vielen späteren Rezensionen wieder.

Im Dezember 1994 gingen die Leseexemplare an die Presse: »Das richtige Buch zur richtigen Zeit«, »Weltliteratur«, kündete der Diogenes-Verlag vollmundig. Natürlich verwies man auf den durchschlagenden Erfolg in Italien und reichte daneben als Weihnachtsgabe *Die Demut des Blickes*, einen autobiographischen Text, in dem Susanna Tamaro ihren beschwerlichen Weg als Schriftstellerin nacherzählt (it.: *L'umiltà dello sguardo*, unveröffentlicht; dt.: Zürich 1995]. Die Promotion funktionierte: *Spiegel*, *Focus*, *Süddeutsche Zeitung*, *Weltwoche*, *Cash* – alle fanden in der ersten Februarwoche mindestens wohlwollende, wenn nicht gar höchst anerkennende Worte für die Neuerscheinung. Beate Pinkerneil lobte die »wunderbare Einfachheit und Klarheit der Schilderungen« und wußte zu berichten, daß der Roman »in Italien zum Buch neuen Denkens, einer Zeitenwende, als Vorposten ins 21. Jahrhundert« geworden sei (*Focus*, 6. 2. 1995). Barbara von Becker erklärte die »magische Wirkung auf so viele« Leser damit, daß der Roman mit seinen »quasi authentischen Erkenntnissen« das »Bedürfnis vieler nach Lebensweisheiten« befriedige (*Süddeutsche Zeitung*, 4. 2. 1995). Auf den Spuren Sabine Heymanns und eines Interviews im *Börsenblatt* nährten all diese Artikel das topische Bild der einsamen Kämpferin Susanna Tamaro, die nur dank der Literatur überleben kann, die ihre Bücher mit Herzblut schreibt. »Sie schreibt nur wenige Monate im Jahr, in dieser Zeit aber 14 Stunden am Tag. Den Rest des Jahres widmet sie ihrem Gemüsegarten, dem Kampfsport Karate, oder sie studiert Insekten«, notiert etwa *Spiegel*-Reporterin Doja Hacker. Im Windschatten dieser ersten Besprechungen und mit zum Teil wörtlichen Übernahmen aus dem vom Verlag verschickten Material multiplizierten die Rezensenten, vor allem in den Kurzhinweisen in auflagenstarken Publikumszeitschriften wie *Brigitte*, die Leseanweisung für den potentiellen Käufer, daß das Buch eine Art »*Siddhartha* für Erwachsene« sei (*Börsenblatt*). Bei der Lektüre dieses Presseechos gerinnt der Roman nach und nach zu einem Vademecum östlicher Erkenntnis in für gestreßte westliche Seelen verdaulicher Form. Bevorzugt wird das Buch den Lesern zusammen mit der Vita der Autorin als die doppelte Geschichte eines Buch- und eines Lebenserfolges präsentiert: Susanna als Phoenix aus der Asche, dank *Geh, wohin dein Herz dich trägt*.

Das Buch wiederum bietet den so geweckten Projektionen einer Einheit von Leben und Werk, von aufrichtiger Bescheidenheit und vorformulierter Erkenntnis reichlich Nahrung. Umgekehrt wirken die einfachen Wahrheiten der Erzählerin für den Leser, dessen Lektüre durch die medial vermittelten Topoi zur Vita der Autorin vorgeprägt ist, besonders glaubwürdig. Unter diesem Blickwinkel liegt die Vermutung nah, daß das Buch weniger wegen seiner etwaigen ästhetischen Qualitäten gelesen wird, sondern weil es Lebenshilfe verspricht. In diese Richtung scheint auch das Anliegen Susanna Tamaros gegangen zu sein, die selbst sagt, daß ihr Thema beim Schreiben die »Suche nach dem Sinn des Lebens« (*Börsenblatt*) gewesen sei. Was sie damit meint, erfahren wir aus dem Munde Olgas. Zum Beispiel, daß es zwischen Seele und Körper viele Fenster gibt, die nur die Liebe öffnen kann, daß nicht das Ziel zählt im Leben, sondern der Weg, und daß man nicht mit dem Kopf, sondern mit dem Herzen wissen muß. Diese ohne jede selbstironische Relativierung vorgetragenen Sentenzen östlich inspirierter Kalenderweisheit werden mit einem Wertekanon verknüpft, der die alte Dame über den verderblichen Einfluß von Psychologie und Feminismus ebenso den Kopf schütteln läßt wie über mangelnde Umgangsformen der heutigen Jugend. Wörtlich heißt es, daß die Menschen durch zu vieles Fragen nur viel Durcheinander erreicht hätten, während alles doch ganz einfach sei: »Die Lösung der Probleme ergibt sich aus der täglichen Erfahrung, daraus, daß man die Dinge so sieht, wie sie wirklich sind« (S. 75). Nach 180 Seiten solcherart fürsorglicher Belagerung erstaunt auch die im Schlußsatz zusammengefaßte Moral von der Geschicht' nicht mehr: »Und wenn sich dann verschiedene Wege vor dir auftun werden, und du nicht weißt, welchen du einschlagen sollst, dann überlaß es nicht dem Zufall [...]. Lausch still und schweigend auf dein Herz. Wenn es dann zu dir spricht, steh auf und geh, wohin es dich trägt« (S. 190). Mit diesem Vermächtnis verabschiedet sich Olga von ihrer Enkelin und Susanna Tamaro von uns Lesern, und gerade weil das bierernst und wörtlich gemeint ist, akzeptieren es die Leser wohl als bedenkenswerten Ratschlag für ihr eigenes Leben, und deshalb erzählen sie gerne von dem Buch und empfehlen es weiter.

Da *Geh, wohin dein Herz dich trägt* auf diese Weise vor allem eingefleischte Nicht-Leser ansprechen dürfte, stören die kritischen, bisweilen gar hämischen Rezensionen mancher Feuilletons wenig.

Die Zeit, Der Tagesspiegel, Die Wochenpost – sie konstatieren die unerträgliche Häufung von Binsenweisheiten und die Attitüde von Herzschmerzgazetten – vergeblich. Als am 19. April 1995 *Das Literarische Quartett* über das Buch streitet, sind auch in Deutschland schon mehr als 100 000 Exemplare verkauft. Der Gastkritiker Roger Willemsen moniert den »Geist der Geistfeindlichkeit« des Buches, Helmut Karasek bezeichnet es als »Trostbuch« voller verlogener Harmonie, und Sigrid Löffler kapituliert vor dem »schlechtesten Buch, daß wir hier je besprochen haben«. Marcel Reich-Ranicki schließlich findet *Geh, wohin dein Herz dich trägt* »auf hinreißende Weise blöd«, aber auch »unerhört ehrlich«, denn, so analysiert er treffend die Bekenntnisse Tamaros in *Die Demut des Blicks*, die Autorin »glaubt alles, was sie geschrieben hat«. Da Reich-Ranicki und sein Quartett neben diesen vernichtend gemeinten Urteilen zugleich auch die entscheidenden Stichworte wiederholten, die den Text fürs breite Publikum interessant machen (ein Buch für Nicht-Leser, Lebenshilfe in einfacher Sprache etc.), war die Sendung dem Auflagenboom nicht abträglich: Bis Juni kletterte die Auflage über 400 000.

Um auf die eingangs formulierte Frage nach den Gründen für den Erfolg des Buches zurückzukommen, soll abschließend doch eine Antwort gewagt werden. Nur all die bisher genannten Faktoren gemeinsam, so scheint es, können den Höhenflug von *Geh, wohin dein Herz dich trägt* erklären. Drei Dinge mußten zusammenkommen: ein Text, der Lebensweisheit und Lebenshilfe so verpackt, daß der Durchschnittsleser sich nie überfordert fühlen muß, und der zugleich diffuse Ängste vor der modernen Gesellschaft verarbeitet; eine Autorin, die für ihre Wahrheiten mit ihrer Vita bürgt; und eine Berichterstattung, die diesen Doppelpack zielsicher in Szene setzt.

Notizbuch

Der Wein Italo Svevos

Überall im Werk Italo Svevos finden sich Anspielungen auf die menschlichen Laster. Zu den bekanntesten Beispielen zählen sicher das Rauchen und der Kampf, es aufzugeben, den der Protagonist des gleichnamigen Romans *La coscienza di Zeno* [*Zeno Cosini*] (it. Bologna 1923; dt. Basel 1929, Reinbek 1959) führt, oder auch der Alkoholismus von Amalia, der Schwester des eingebildeten Alten aus *Senilità* [*Ein Mann wird älter*] (it. Triest 1898; dt. Reinbek 1960). Dieser ist in Wirklichkeit ein eher junger Mann, der sich lediglich alt fühlt, weil er das Gefühl der Lebensuntauglichkeit nicht loswerden kann, jenes Gefühl, das auch die Hauptfiguren der beiden anderen Romane des Triestiner Schriftstellers beherrscht.

In der Erzählung *Vino generoso* [*Feuriger Wein*] (it. 1926, Mailand ²1986; dt. in: *Erzählungen Bd. 1*, Reinbek 1983) wird nicht ein Laster allgemein dargestellt, sondern allein der Mißbrauch eines Getränks, der zudem bei einer einzigen Gelegenheit beschrieben wird. Einzigartig ist in der Tat die Situation, in der sich der alte Protagonist befindet. Diesmal handelt es sich um einen »Alten« im wahrsten Sinne, wie schon in der *Novelle del buon vecchio e della bella fanciulla* [*Die Novelle vom guten alten Herrn und vom schönen Mädchen*], die zeitgleich zu *Vino generoso* entstanden ist. In diesem Fall tragen der Wunsch nach wiederholten Begegnungen mit der hofierten jungen Dame sowie die Diners und Trinkgelage in ihrer Gesellschaft, die der Alte ungeachtet der beginnenden Krankheit arrangiert, deutliche Züge eines lebensbestimmenden Lasters.

Anders stellt sich die Situation unseres Alten in *Vino generoso* dar, der sich nur einmal den Tischfreuden hingibt und sich großzügig sein Weinglas füllt. Betrachten wir die Situation: Beschrieben wird die Hochzeitstafel einer Nichte, die sich erst kurze Zeit vorher zur Hochzeit und zur Lebensbejahung hatte bekehren lassen. Um das Brautpaar gebührend zu feiern, stoßen alle mit Champagner an. Der Alte aber kehrt bald zum Wein zurück, »zu dem einfachen Tischwein [...], einem trockenen, sauberen istrischen Wein, den ein Freund des Hauses zu diesem Anlaß geschickt hatte«[1], wie wir vom Erzähler erfahren, der hier, im Gegensatz zu den späten Erzählungen Svevos, mit dem Protagonisten identisch ist. Bei Tisch sind alle heiter und ungezwungen. Er nicht. Da seine Frau von Dr. Paoli die Erlaubnis erhalten hatte, für diesen Abend eine Ausnahme von der strengen Diät des Alten zu machen, kommt er in den Genuß einer lang unterdrückten Freiheit. »Diese Freiheit war durch die Mahnung, daß sie mir schon am nächsten Tag genommen würde, noch kostbarer geworden.« Aber diese Freiheit birgt auch die schmerzliche und illusorische Erinnerung an eine zumindest für einen kurzen Augenblick vielleicht wiederherzustellende Jugend. Der junge Alte aus *Senilità* tritt seinen Platz an den alten Jungen ab, ein Topos, den der alternde Schriftsteller bevorzugt in seinen Erzählungen einsetzt. Die Novellen entstehen in den fünf entbehrungsreichen Jahren, die zwischen dem endlich einsetzenden Erfolg von *Zeno Cosini* und dem plötzlichen Tod Svevos durch einen Autounfall liegen. »Und ich benahm mich genauso wie die jungen Leute, denen man zum erstenmal den Hausschlüssel läßt. Ich aß und trank nicht aus Hunger oder Durst, sondern in der Gier nach Freiheit. Jeder Bissen, jeder Schluck sollte meine Unabhängigkeit demonstrieren.«

Sehr bald versteht der Leser jedoch, daß dieses Gefühl der Freiheit und der Unabhängigkeit mehr ist als eine vorübergehende Laune. Dahinter steckt die völlig berechtigte Reaktion auf eine familiäre Situation, die unerträglich geworden ist, spätestens seit dem Diät-Terror, dem der Alte seit einiger Zeit ausgesetzt ist. Salz auf seine Wunden streuen nun aber die Ehefrau und die Tochter. Von seiner Gier überrascht und ohne deren wahren Hintergrund zu kennen, erinnern sie ihn an »die Kette« auch noch in dem Moment, als der Alte ein Gefühl verspürt, »als liefe und spränge ich herum, wie ein Hund, den man von der Kette gelassen hat«. Er wird bloßgestellt, seine leidvolle Diät publik gemacht, die aus etwas salzlosem Fleisch zu Mittag, aus einem Stückchen Schinken und einem Glas warmer Milch zum Abendessen besteht.

Ungestüme Gefühle schnüren die Brust des Alten zusammen, und der Wein, der seine Laune eigentlich hätte heben sollen, ruft in seinem Inneren hingegen eine toxische Alchimie hervor, die ihm fast alle Gäste zu Feinden werden läßt. Dieser Wein, der »aus der Flasche in mein Glas [floß], bis es überlief«, läßt ihn rebellisch werden; und doch, so fügt der Alte hinzu, »ich liebte diesen Wein, wie man seine Erinnerungen liebt, und mißtraute ihm nicht, noch war ich überrascht, daß er, statt mir Heiterkeit und Vergessen zu schenken, den Zorn in meinem Herzen größer werden ließ«. Er schließt mit der klaren, bewußten Reflexion, die der zeitlichen Distanz des Erzählers zum Erlebten des Protagonisten entspringt: »Wie sollte ich auch nicht zornig sein? Man hatte mich eine scheußliche Zeit durchmachen lassen. Verängstigt und elend hatte ich jeden großzügigen Trieb in mir erstickt, um ihn durch Pillen, Tropfen und Pülverchen zu ersetzen«[2].

Andere Figuren aus dem Freundes- und Familienkreis werden so in Szene gesetzt, daß der Alte die vom Wein provozierten Gefühle noch wirkungsvoller abreagieren kann. Mit seinem überaus korpulenten Neffen Giovanni verstrickt er sich in ein Wortgefecht über die Gerissenheit und Einfältigkeit von Geschäftspartnern, über Geld und Schulden – auch dies ein wiederkehrendes Thema bei Svevo, dessen Biographie zu gleichen Teilen von der Welt der Geschäfte und der der Literatur geprägt ist. Hier will der Alte allein deshalb provozieren, um seine politischen Überzeugungen als Sozialist zu kaschieren. Aber der Dicke, Giovanni, greift das Thema Wein wieder auf und bringt eine weitere Verzerrung in seiner Argumentation ans Licht: Bei allen anderen trübe der Wein den Blick für die Gegenwart, beim Alten aber verneble er die Zukunft. Alle lachen.

Das Gespräch bei Tisch geht weiter, aber ohne den Alten, der sich dem Trinken widmet und dabei in sich hineinhorcht. Er folgt damit einer Methode, die ein berühmter Vorgänger schon praktiziert hatte – die Figur des Zeno Cosini. »Und ich trank viel und sagte wenig, ganz darauf bedacht, mein Inneres zu erforschen, um zu sehen, ob es sich endlich wieder mit Wohlwollen und Altruismus füllte.«

Dem Alten gelingt es allerdings nicht, sich zu beherrschen, und so unternimmt er einen weiteren Angriff auf die Unternehmerlogik von Giovanni. Dieser pariert den Schlag und läßt den Standpunkt des Alten als reinen Jakobinismus erscheinen. Der Alte ist verblüfft; diese Reaktion führt ihm die Kluft vor Augen zwischen dem Willen, sich zu korrigieren und zu lieben einerseits und dem Haß andererseits, der ihn ergreift, weil er plötzlich Zweifel bloßgelegt sieht, die seit jeher seinen ideologischen Glauben untergraben hatten.

Auf den Familienzwistigkeiten ruht der mitleidsvolle Blick der jungen Braut. Doch dies steigert nur die Demütigung, die der Alte empfindet und den Groll, den er gegen seine Frau hegt. Und schließlich gibt der Wein, dem

Konflikt die letzte Wendung. »Ich packte mein Glas, im Zweifel, ob ich es leeren oder an die Wand oder gar gegen das Fenster auf der anderen Seite schleudern sollte. Schließlich leerte ich es in einem Zug. Das war der energischste Akt, weil er meine Unabhängigkeit demonstrierte. Mir schien es der beste Wein, den ich an diesem Abend getrunken hatte. Ich verlängerte den Akt, indem ich mir noch einmal einschenkte und noch einmal einen Schluck trank. Aber die Freude wollte sich nicht einstellen, und das ganze übersteigerte Leben, das inzwischen meinen Organismus durchströmte, war Groll.«

An den Alten richtet sich nun der erheiternde Ausspruch Giovannis, mit dem er versucht, seine Unverschämtheiten abzumildern: »Laßt ihn doch trinken, der Wein ist die Milch der Alten«[3]. Daraufhin hört der Alte, ohne ein Sterbenswörtchen zu sagen, auf zu trinken, und zwar nur aus Trotz und auch nur, wenn man ihm zusieht.

Dann wechselt die Szene. Es ist Zeit, ins Bett zu gehen; der Alte versöhnt sich mit der Tochter, während er mit seiner Frau sofort ein subtiles Versteckspiel beginnt, dessen Einsatz darin besteht, ob er nun das Sodbrennen, unter dem er nun zu leiden beginnt, beichtet oder nicht. Aber weit davon entfernt, das Unwohlsein zuzugeben, gibt er vor, die dargebotene Tablette anzunehmen – nicht ohne eine letzte, ironische Bemerkung, die sein Benehmen rechtfertigen soll: »Ich glaube, die Pillen würden besser wirken, wenn man sie mit Wein nähme«[4].

Es folgt die Beschreibung des Antichambre des Schlafes: Es besteht aus »lodernden Flammen« oder besser gesagt aus »Farben, die Flammen vortäuschten«, die sich bald in rot geänderte »Tropfen einer zähen Flüssigkeit« verwandeln, dann in »lauter kleine Augen«, die sich von einem blauen Lichtschleier lösen und die schließlich in »ein wirkliches, boshaftes und übelwollendes Auge« übergehen, die den Alten glauben lassen, er werde von einer übelgesinnten Menge verfolgt. In dieser Passage profitiert Svevo, Kenner der damals jungen Psychoanalyse, von den Thesen Freuds über die Theorien von Johannes Müller oder Wilhelm Wundt, die innere Erregungen und ihre Rolle für die Äthiologie mittels der Traumdeutung erklären sollen[5].

Kurz wacht der Alte auf, Gewissensbisse gegenüber einer Frau, Anna, von der am Ende des Festes die Rede war, quälen ihn. Der Alte hatte sie einst im Stich gelassen und ihre beste Freundin, seine jetzige Frau geheiratet. In der Beschreibung des darauffolgenden Traumes wird der Leser in die Freudsche Traumsymbolik eingeführt. Italo Svevo hatte 1918 das berühmte Werk des Wieners über die Traumanalyse zusammen mit seinem Neffen, einem Arzt, übersetzt – deshalb konnte er so souverän mit diesen Erkenntnissen spielen.

Im Traum erscheint eine riesige, dunkle Grotte und ein Glasschrein, neben dem der Alte sitzt. Er erfährt, daß diese Grotte für eine spezielle Behandlungsmethode erfunden wurde, »die für einen der Eingeschlossenen [...] tödlich sein mußte, für alle anderen aber heilbringend«. Ganz offensichtlich ist er das auserwählte Opfer, das in diesem Glasschrein ersticken soll, »zum Nutzen aller anderen«[6]; dies bestätigt auch die Ehefrau, die ihn drängt, der Aufforderung von Doktor Paoli Folge zu leisten und einzutreten. Der Bezug zu jener ihn erstickenden Behandlung, der ihm auferlegten Diät, ist hier offensichtlich: Diese Diät kommt für den Alten einem Todesurteil gleich, während die anderen in ihr seine Rettung sehen.

Auch andere Figuren des Hochzeitsbanketts treten in dem Traum auf: neben der Braut auch Giovanni, die sich bereits in jenem gläsernen Schrein befinden, wenn auch nicht, um darin zu sterben, sondern um dem Alten, für den allein dieses Ende vorgesehen ist, die Entscheidung zum Eintritt zu erleichtern. Bei dem hinterhältigen Vorschlag, die Tochter dazu zu zwingen, seinen Platz einzunehmen, wacht er auf und brüllt ihren Namen. Die Ehefrau mißdeutet diesen Vorfall als Zeichen der Zuneigung des Alten zu seiner Tochter. Der Alte seinerseits leugnet jeden Bezug des Traumes zu seinem wirklichen Leben. Die Erzählung schließt mit dem Vorsatz des Alten, sich den Behandlungsmethoden des Arztes zu fügen.

Woran will uns Svevo nun mit seinem *Feurigen Wein* erinnern? Vielleicht daran, daß dieser, mit seinen flüchtigen Eigenschaften, zu mehr als nur einer einzigen Anwendung taugt. Zum Beispiel auch dafür, eine Familienordnung lebhaft zu beleuchten, ihre Schwachstellen und Selbsttäuschungen bloßzulegen, die unter ihrem Deckmantel existieren.

Doch was vermag im übrigen der beste Wein schon auszurichten gegen die Exzesse eines kranken Organismus und eines getrübten Geistes? Nichts. Denn eines ist sicher: In seinem Bannkreis muß jedes Individuum, ob gesund oder schwächlich, sich zum Sprachrohr einer Wahrheit machen. Und das ist nicht wenig.

Franco Sepe
Übersetzung: Sabine Zangenfeind

Anmerkungen

1 Dieses und die folgenden Zitate aus Italo Svevo, *Die Erzählungen,* Bd. 1; (Hg.) Claudio Magris et. al., Reinbek b. Hamburg, 1983, S. 322.
2 Ibid., S. 322 f.
3 Ibid.
4 Ibid., S. 333.
5 Vgl. Gabriella Contini im Vorwort zu I. Svevo, *Novelle,* Mailand 1986, S. V-XVI.
6 Italo Svevo, *Feuriger Wein,* op.cit., S. 336.

Ein Besuch in der Enoteca Italiana di Siena

Es ist ein wunderschöner Ort, im wunderschönen Siena. Man erreicht ihn vom Zentrum aus, vorbei am ehemaligen Hotel Excelsior, dem Schauplatz legendärer nächtlicher Abenteuer zur Zeit unserer Väter, aus dem jetzt ein plüschiges Jolly Hotel geworden ist. Weiter führt der Spaziergang unter die Linden der Lizza, der alten Promenade, wo unsere Großväter unseren Großmüttern mit verstohlenen Blicken, heimlich zugesteckten Briefchen und wenigen, aber mühsam einstudierten Worten den Hof machten. Dann gelangt man zum Denkmal Garibaldis, der auf seinem treuen Streitroß entschlossen Richtung Rom blickt. Heutzutage ist die Lizza das Reich ruhiger Rentner und lärmender Kinder, die ausgelassen am Fuß eines großen, von Sandro Chia entworfenen Bronzepferdes spielen.

Schließlich erreicht man hinter dem Ponte della Vecchia die Fortezza Medicea. In ihren Schutzmauern hat sich seit einem halben Jahrhundert die Enoteca Italica eingenistet, um nicht zu sagen versteckt. Heute heißt sie Enoteca Italiana; mir gefiel das latinisierende Adjektiv besser, aber mancher mag den Namen wohl als faschistoid oder einfach als antiquiert und unverständlich empfunden haben.

Rechts des Eingangs, in der Bastione di San Filippo, befinden sich die Unterrichtsräume und die Lokale für die Profi-Tester, in denen die A.I.S (Associazione Italiana Sommeliers) jedes Jahr Kurse für Sommeliers anbietet. Als einer der ersten in Siena hatte ich selbst an solch einem Kurs teilgenommen, in einer Gruppe aus Bauern, Restauratoren, Adligen, Intellektuellen, Gutsherren, Kellnern. Professor Barin, ein namhafter Önologe alter Schule, beschrieb in einer seiner legendären Vorlesungen die Fermentierung wortgewaltig und lautstark als »Krieg der Enzyme«: »Wenn sie glauben, der Krieg zwischen Menschen sei grausam, müßten Sie erstmal den der Enzyme unter dem Mikroskop erleben: Sie greifen an, töten sich, zerstückeln sich, fressen sich auf!« Als die Sprache auf Bouquets und den Geruch feuchter Pelze kam, den sich keiner der Anwesenden vorstellen konnte, erhob sich die Contessa Paola Giovanna Morelli D'Aubert theatralisch und bot ihren noch regennassen Silberfuchspelz zur Geruchsprobe an. Ein anderes Mal lud uns ein schwerreicher Komtur und Hobby-Weinbauer zu einer Weinprobe auf sein protziges Landgut ein, das zwar mit Fresken geschmückt war, aber einen höchst unharmonischen und säuerlichen Wein produzierte. Bei der Probe fragte er uns erwartungsvoll, zu welchem Essen er am besten passen könnte. »Zu Artischocken!« antwortete Mario Tanganelli, Inhaber des Restaurants *Tre Cristi*, »weil er den Mund zusammenzieht!«

Doch um die Enoteca zu besuchen, wenden wir uns nach links. Am Eingang der Bastione di San Francesco empfängt uns Senator Margheriti, der Vorsitzende der Enoteca: »Schade, daß die Sieneser nur selten hierher kommen, aber das hat seine geschichtlichen Gründe und wird wohl nicht so leicht zu ändern sein«, sagt Margheriti lächelnd. Die Fortezza ist für die Sieneser untrennbar mit dem tragischen Ende der Republik Siena verbunden. Trotz ihrer Gebete und Proteste ließ Karl V. sie errichten, um die Bevölkerung noch wirkungsvoller unterdrükken zu können. Die Leitung der Bauarbeiten übertrug er dem Spanier Don Diego Hurtado De Mendoza, der selbst an der Universität Siena studiert hatte. Man sagt, daß damals kein einziger Sieneser auf der Baustelle arbeiten wollte. Mehr noch: Wütend verjagten sie schließlich die Spanier und zerstörten die Fortezza. An ihrer Stelle entstand 1561 die heute noch bestehende Festung, ein wundervolles Werk von Baldassare Lanci. Durch die schönen Ziegelgewölbe führt uns der Schriftsteller und Journalist Paolo Maccherini, der Pressereferent der Enoteca und der beste Gesprächspartner, wenn man Historisches und Kurioses über den Wein erfahren will.

Auf den *Vernaccia* angesprochen, erzählt er, wie die Heilige Katharina 1375 in Pisa ein Faß davon im Keller der Familie Gambacorti wundersam vermehrte. Und wie gewannen 1260 die Sieneser Ghibellinen bei Montaperti gegen Florenz? »Drei Helfer standen bereit: erstens der Schutz der Muttergottes, zweitens die von König Manfred entsandten deutschen Truppen, und drittens reichlich Rotwein, der erstaunlicherweise nicht aus den Hügeln des Chianti, sondern von den Weinbergen des Castel del Monte kam, wo die Hohenstaufen ihren Sitz hatten. Am Vorabend der Schlacht getrunken, hatte der Rotwein euphorisierende Wirkung, wie die moderne Diätetik heute weiß.«

In den »Untergrund« der Enoteca führt uns hingegen Fausto Virgilio, ein liebenswerter Herr mit graumeliertem Bart. Er zeigt uns die Schätze der Enoteca: über 40 000 Flaschen von fast 900 verschiedenen Weinen sowie eine ständig wachsende Auswahl an Grappe. »Die Weine werden von den Produzenten geschickt und einer strengen Probe durch unsere Kommission unterzogen, die darüber entscheidet, ob der Wein in die Enoteca aufgenommen wird oder nicht. Selbstverständlich wird jeder Jahrgang gekostet.«

Die Enoteca gibt eine Broschüre und jedes Jahr einen Katalog mit den Weinen heraus, die sie dem Besucher vor Ort oder auf Bestellung nach ganz Italien und an zahlreiche ausländische Geschäftspartner verkauft. Jedes Jahr verzeichnet die Enoteca ungefähr 50 000 Besucher, mit steigender Tendenz; 60 % von ihnen kommen aus dem Ausland.

Die wichtigste Publikation der Enoteca ist der 300 Seiten starke Führer *Il Paese del vino. Guida a vini DOC e DOCG*, in dem 252 DOC-Weine und 13 DOCG-Weine aus 164 Anbaugebieten verzeichnet sind. Zu jedem Wein und seinem Anbaugebiet findet man historische, geographische und önologische Informationen. Autor dieses Werkes ist Pasquale di Lena, Generalsekretär der Enoteca und ihr unermüdlicher Botschafter in der ganzen Welt, der nicht nur Önologe und Promoter ist, sondern auch Philosoph und Dichter.

Wir setzen unseren Rundgang durch die Fortezza fort, kommen an den vollen Weinregalen und der erlesenen Auswahl von alten und seltenen Flaschen vorbei, die vorsichtshalber hinter einem Gitter aufbewahrt werden. Die Regale zwischen dem antiken Rot der Ziegel und dem Ocker der Böden aus toskanischem Backstein sind eindrucksvoll beleuchtet, zwischen den Regalen hängen Grafiken und eine Sammlung von Etiketten, die auch von zeitgenössischen Meistern signiert sind. Die Arbeiten von Renato Guttuso oder Sandro Chia, von Marino Marini oder Bruno Bruni werden alljährlich in einer Sonderausstellung präsentiert.

Wir kehren in die Probelokale zurück, wo die Sommeliers der Enoteca jede Woche »Weine empfehlen und erzählen«, wie Doktor Virgilio sich ausdrückt. Oft komme ich mit den Teilnehmern meiner Seminare hierher, um an einer Weinprobe teilzunehmen. Die Studenten müssen sich ihren Wein redlich verdienen, indem sie beflissen die Fragebögen zur Weinprobe ausfüllen. Betreut werden sie dabei von den Sommeliers der Enoteca: Frau Anna Costales,

Bruni Giovannoni, Luciano Nocentini, Giampiero Cucini, Marco Anselmi, Simone Campanini, Patrizio Fini. Jeder von ihnen erklärt kenntnisreich und in mehreren Sprachen, und wie alle guten Lehrer können sie Begeisterung für ihr Thema wecken. Manchmal steigern sie sich so weit, daß sie uns am Ende fast entschuldigend und peinlich berührt die Rechnung bringen; aber die Bilanzen der Enoteca müssen stimmen.

Die Weinprobe geht zu Ende. »Il vino fa da tramite« [Wein verbindet] sagt ein altes toskanisches Sprichwort. Wir plaudern über die Universität und über Italien, das stets am Rande des Abgrunds zu stehen scheint. Ein Student fragt mich: »Aber, Italien wird doch nie in diesen Abgrund stürzen, oder?« Das ist keine einfache Frage. Während ich noch meine Gedanken ordne, fügt ein anderer hinzu: »Wie gehen die Wahlen aus?« Im allgemeinen Schweigen dringt aus dem Raum nebenan das Lied einer Studentengruppe zu uns: »Gib uns noch einen Schluck/ wie's kommt, so kommt's ...«

Alessandro Falassi
Übersetzung: Sabine Zangenfeind

Italienische Lektoren in Deutschland – Geschichte und Gegenwart

Vom 27. bis 29. April 1995 fand in Weimar eine von der Italienischen Botschaft und der Universität Chemnitz organisierte Tagung zu den italienischen Lektoren in Deutschland in Geschichte und Gegenwart statt. Die Italienische Botschaft reagierte damit auf das in Deutschland wie in Italien und im europäischen Kontext gewachsene Interesse an der Rolle des Lektors, seinen Aufgaben und seiner Stellung innerhalb der Universität. Die letzte Tagung auf nationaler Ebene hatte 1986 in Bonn stattgefunden; 1992 lag die Organisation einzelner Lektorentreffen in den Händen der verschiedenen Kulturinstitute der Italienischen Botschaft in der Bundesrepublik. 1993 schließlich lud die Kulturabteilung der Italienischen Botschaft die Lektoren an den neugegründeten Romanistischen Instituten der Neuen Bundesländer zu einer Zwischenbilanz nach Berlin ein.

Mit der Tagung in Weimar, die in vier verschiedene Sektionen geteilt war, setzte sich die Italienische Botschaft das Ziel, die Diskussionen um das italienische Lektorat im größeren Kreise mit den Lektoren, den Vertretern der zuständigen deutschen Behörden, den Vorsitzenden der Fachverbände (Deutscher Romanistenverband, Deutscher Italianistenverband, Fachverband Italienisch in Wissenschaft und Unterricht) sowie mit Italianisten aus der Bundesrepublik und Italien fortzusetzen.

Die historische Dimension beleuchtete die erste Sektion, die sich um die Aufbereitung eines in Vergessenheit geratenen Blicks auf die Entwicklung der Italianistik in Deutschland bemühte, nämlich auf die Rolle des Lektors in früheren Zeiten, als er weitaus mehr war als ein bloßer Mittler der italienischen Sprache. So hielt Domenico Grattinara, italienischer Lektor in Wolfenbüttel zu Zeiten Lessings, auch Vorlesungen zur italienischen Literatur. Der als Sohn deutsch-jüdischer Eltern in Venedig geborene Leonardo Olschki unterrichtete in Freiburg und in Heidelberg romanische Sprachen und italienische Literaturgeschichte. Weitere herausragende Persönlichkeiten sind Luigi Pirandello, der seine Doktorarbeit in Bonn schrieb, Giulio Panconcelli-Calzia, der in Marburg, Göttingen und Berlin seine Studien zur Experimentalphonetik vertiefte, und der Sprachtheoretiker Benvenuto Terracini, der als Lektor in Frankfurt wirkte. Der um die Jahrhundertwende in Innsbruck lehrende Arturo Farinelli wurde später in Turin der Begründer der modernen italienischen Germanistik, etwa zur gleichen Zeit wirkte der Schriftsteller Scipio Slataper am Kolonial-Institut in Hamburg, wo er seine Studien zu den nordischen Sprachen und ihren Literaturen vertiefte. Vladimiro Macchi schließlich entwickelte sich in seiner Zeit in Halle und Leipzig in den 50er und 60er Jahren zu einem der größten Spezialisten auf dem Gebiet der italienisch-deutschen Lexikographie. Das Collegium Illustre in Tübingen, auch Ritterakademie genannt, diente als Beispiel für eine Institution des 16. Jahrhunderts, in der junge Adeligen im Italienischen unterwiesen wurden; vor allem wurde die korrekte Aussprache gepflegt.

Ein wichtiges aktuelles Thema war die Ausbildung der Lektoren. So wurden in der Vergangenheit gewöhnlich italienische Germanisten eingestellt, die nach der Laurea nach Deutschland kamen, um ihre Deutschkenntnisse zu vertiefen. Dies hatte den Vorteil, daß sie mit dem Leben in Deutschland und mit der deutschen Sprache zumeist vertraut waren, den großen Nachteil jedoch, daß sie nicht über fachspezifische Kenntnisse im Bereich des Italienischen als Fremdsprache oder der italienischen Sprach- und Literaturgeschichte verfügten. In den letzten Jahren ist man deshalb dazu übergegangen, sich eher für Lektoren zu entscheiden, die ein Studium in italienischer Sprach- und Literaturgeschichte absolviert haben. Diese sind jedoch zumeist des Deutschen nicht mächtig und haben auch keine Ausbildung im Italienischen als Fremdsprache, die in Italien nur von wenigen Universitäten, etwa in Perugia, angeboten wird. Auch erwies sich die Unterscheidung zwischen einem Lektor, der im Rahmen der Romanistik arbeitet, und einem solchen, der im Fach- oder Fremdsprachenzentrum Kurse für Hörer aller Fakultäten anbietet, wichtig. Die Berücksichtigung der Adressatenspezifik bringt es mit sich, daß man in der Zukunft stärker als bisher die fachsprachliche Komponente auch bei der Vermittlung des Italienischen für Nichtphilologen berücksichtigt und dabei insbesondere den kontrastiven Aspekt im Sinne eines interkulturellen Lernens ins Zentrum des Interesses rückt. In diesem Zusammenhang wurde auch die Landeskunde neu diskutiert: Bereits in der Bezeichnung steckt die überholte Vorstellung von Landeskunde als Kennenlernen von »Land und Leuten« im Sinne eines subjektiven und rein persönlichen Erfahrungsberichts. Versteht man Landeskunde allerdings als Landesstudien oder Kulturgeschichte, so geht es um die wissenschaftliche Vermittlung von geschichtlichen, gesellschaftlichen, politischen, sozialen und kulturellen Inhalten, die ein hohes Maß an Professionalisierung der Ausbildung erfordert. Diesem Tatbestand trägt die Einrichtung von Professuren zu Länderstudien bzw. Kulturgeschichte in den neuen Bundesländern Rechnung, vor allem in Dresden, wo eine in Deutschland einzigartige Professur für Italienische Kulturgeschichte eingerichtet wurde.

Eine Frage, die auch in Italien in den letzten Jahren für Unruhe unter den Lektoren gesorgt hat und die zu einer Vielzahl von Prozessen und Klagen führte, wurde am Rande diskutiert, und zwar diejenige nach der Art des Vertrags: Soll ein Lektor einen befristeten oder einen unbefristeten Vertrag bekommen? Für einen befristeten Vertrag spricht das vielfach vorgebrachte Argument, daß der Lektor, der nur für einige Jahre ins Ausland geht, den engen Kontakt zu Land und Sprache aufrechterhält. Seine Rolle und Funktion an der deutschen Universität beschränkt sich dann aber auf den reinen Sprachunterricht sowie auf Konversationskurse und Übungen zur Landeskunde. In den letzten Jahren scheint sich eine gegenläufige Tendenz, zum Beispiel in Bayreuth, in Dresden und in Potsdam, abzuzeichnen, wo die Lektoren ebenfalls die Funktion des Koordinators ausüben können. Solche Lektoren koordinieren den gesamten Sprachunterricht und tragen auch die Verantwortung für die Inhalte und die Kontinuität der

Sprachlehre während des gesamten Studiums. Diese an wenigen Universitäten bereits umgesetzte Praxis setzt jedoch ein Umdenken und eine stärkere Profilierung und Konturierung der Figur des Lektors und des Sprachunterrichts voraus.

Mit Interesse verfolgt wurden die Ausführungen zu dem von der Terza Università di Roma entwikkelten »Certificato d'Italiano«, das auf internationaler Ebene offiziellen Charakter für die Abschlußprüfungen der italienischen Kulturinstitute erhalten soll. Mit diesem angestrebten Zertifikat wird eine wichtige Lücke in der Sprachpolitik Italiens geschlossen und damit eine Angleichung an Deutschland, Frankreich und England erreicht, wo es seit langem einheitliche Abschlüsse gibt.

Es wurden etliche Vorschläge zur Verbesserung der Vermittlung des Italienischen unterbreitet, so die Textarbeit bereits im Anfängerunterricht und der Einsatz authentischer Texte, die globalere Lesestrategien verlangen, sowie die Lektüre auch moderner und postmoderner Literatur. Dabei kam vor allem zur Sprache, daß die Lektoren zumeist recht isoliert arbeiten, und daß eine engere Zusammenarbeit und Koordination, insbesondere für die Erstellung von Curricula, ein dringendes Desideratum sind.

Der Stellenwert des Italienischen in den Studienplänen der deutschen Universitäten, der Dolmetscher- und Übersetzerschulen, in den Sprachenzentren sowie im Rahmen der Lehramtsprüfungen der verschiedenen Bundesländer führte schließlich zu einer Diskussion um die Berufsaussichten, die sich bei einer Entscheidung für das Studium des Italienischen auftun. Die zumeist recht diffusen Antworten auf diese Frage müssen in der Zukunft dahingehend konkretisiert werden, daß man Studenten die Möglichkeit gibt, im Rahmen von Praktika vor Ort und in Italien Kontakt zu italienischen Firmen und zu italienischen wie deutschen Institutionen aufzunehmen.

Eine Zusammenfassung, in der die gesammelten Erfahrungen, die Probleme und die Perspektiven des Italienischlektorats noch einmal akzentuiert dargestellt wurden, schloß die sehr originelle und interessante Tagung ab, mit der die Italienische Botschaft einen entscheidenden Schritt in Richtung auf die Professionalisierung der Ausbildung der Lektoren und die Stellung des Italienischen in der deutschen Schul- und Hochschullandschaft gewagt hat.

Daniela Giovanardi/Maria Lieber

Kreuzfahrt mit der LIZ: Italienische Literatur auf CD-ROM

Pasquale Stoppelli und Eugenio Picchi (Hg.): *LIZ. Letteratura Italiana Zanichelli.* CD-ROM der italienischen Literatur, ausgestattet mit dem Recherchesystem DBT, Bologna: Zanichelli-Olivetti 1993 (^{2}1995).

Diese CD-ROM bietet jedem, der sich für italienische Literatur, Sprache oder Kultur interessiert, zwei große Vorteile: zum einen eine reichhaltige, gut ausgewählte Textbasis, zum anderen ein äußerst leistungsfähiges und mit einer einfachen Benutzeroberfläche ausgestattetes Recherchesystem, das auch Nichtexperten den Gebrauch ermöglicht. Seit dem Erscheinen der LIZ sahen sich einige traditionsverhaftete Italianisten, die bis dahin stolz auf ihren Widerstand gegen den Computer gewesen waren, gezwungen, diese Geringschätzung angesichts des augenscheinlichen Nutzwertes dieses Instrumentes aufzugeben. Doch das ist es nicht allein: Die LIZ verbindet das Nützliche mit dem Schönen. Mit ihrer Hilfe führen Erkundungsfahrten im weiten Meer der Texte kaum mehr zu einem Schiffbruch an unwirtlichen Gestaden, statt dessen erlauben es ihre computerisierten Navigationswerkzeuge, sich gleich einem Vogel in den Wörterhimmel zu erheben, um dann, mit einem einfachen Mausklick, auf eine ganz bestimmte lexikalische Insel hinabschweben zu können.

Auf dem bescheidenen Schreibtisch der italienischen Philologen finden sich idealerweise alle großen historischen und etymologischen Wörterbücher unseres Faches: das ehrwürdige REW (*Romanisches Etymologisches Wörterbuch* von Wilhelm Meyer-Lübke); das weitblickende LEI (*Lessico Etimologico Italiano* [Italienisches Etymologisches Wörterbuch] von Max Pfister), das GDLI (*Grande Dizionario della Lingua Italiana* [Großes Wörterbuch der italienischen Sprache] von Salvatore Battaglia) und das DEI (*Dizionario Etimologico Italiano* [Italienisches Etymologisches Wörterbuch] von Battisti und Alessio). Die junge LIZ – das Akronym ist im Italienischen weiblich – weiß natürlich nicht alles das, was etwa das GDLI weiß, aber sie kann in zwei Sekunden Antworten geben, die kein gedrucktes historisches Wörterbuch zu geben vermag. So versprüht sie, ganz anders als ihre gedruckten Kollegen, das naive Ungestüm einer ebenso aufgeweckten wie anmutigen Studentin, die manchen emeritierten Professor in eine verheerende Identitätskrise zu stürzen vermag.

Die LIZ enthält in der ersten Auflage 362 Werke der italienischen Literatur von San Francesco bis Italo Svevo, darunter das Gesamtwerk der großen Volgare-Autoren, außerdem verschiedene nicht-fiktionale Texte wie etwa Giacomo Leopardis *Zibaldone*. In der zweiten Auflage wurde das Textkorpus um das Gesamtwerk Luigi Pirandellos und Gabriele D'Annunzios erweitert. Die Werke wurden von einer Gruppe unter Leitung von Pasquale Stoppelli ausgewählt und maschinell aufbereitet. Das dem Textkorpus beigefügte Recherchesystem, das DBT (Data-Base-Testuale) von Eugenio Picchi, ist ebenso leistungsstark wie benutzerfreundlich und arbeitet auch auf dem bescheidensten PC.

Wir werden nun exemplarisch die Präsenz eines Wortes innerhalb der italienischen Literatur verfolgen. Aufgrund seiner einladenden Verbindungen zu anderen kulturellen Paradigmen und literarischen Moden entscheiden wir uns für das Wort »malinconia« [Melancholie]. Nachdem das gesamte Textkorpus der LIZ als Suchgebiet ausgewählt wurde, wird das gewünschte Wort eingegeben. Auf dem Bildschirm erscheint sofort in alphabetischer Reihenfolge die Liste der Texte, in denen das Wort vorkommt, mit Angabe der jeweiligen Häufigkeit der Verwendung: 73 Texte mit insgesamt 336 Belegen. Auf Knopfdruck erscheint dann (sofort) die gleiche Liste, diesmal nicht geordnet nach der absoluten, sondern nach der relativen Frequenz des gesuchten Wortes in jedem Text. So erkennt man in der ersten Liste, daß »malinconia« im *Filocolo* von Giovanni Boccaccio 41mal vorkommt, was, wie die zweite Liste verrät, 0,019 von Tausend der Gesamtwortzahl des *Filocolo* entspricht; ein Wert, der auch in Form von Diagrammen dargestellt werden kann. Durch deren Vergleich sind auf einen Blick die Höhen und Tiefen der Verwendung eines Wortes über die Jahrhunderte erkennbar. So werden Erkenntnisse möglich, die kein historisches Wörterbuch liefern kann: etwa über die quantitative Dimension des lexikalischen Gebrauchs in einem Zeitabschnitt. Bei der Betrachtung beider Listen kann der Wissenschaftler äußerst schnell einen klaren Gesamteindruck gewinnen. In dem in der LIZ vorhandenen Korpus ist »malinconia« im 13. und 14. Jahrhundert stark repräsentiert, verschwindet vom 15. bis zum 17. Jahrhundert fast völlig, wird im 18. Jahrhundert wieder gebraucht, erfährt mit den ersten Anzeichen der Romantik einen Aufschwung, tritt bei Manzoni überhaupt nicht auf, ist in der Scapigliatura häufig und bei den Crepuscolari noch häufiger zu finden. Mit Ausnahme der Lücke in der Renaissance, die wirklich zu denken gibt, könnte ein Kenner der italienischen Literatur den restlichen Befund erahnt haben. Aber, erahnen und wissen sind nun einmal nicht das gleiche.

Niemand, so vermute ich, hätte erwartet, daß »malinconia« siebenmal bei Cecco Angiolieri auftaucht und nur einmal bei Guido Cavalcanti. Bei beiden Autoren bezeichnet der Begriff die von der aristotelischen Medizin und der Scholastik beschriebene Krankheit, die mit verliebter Sehnsucht beginnt und sich zu einer radikalen Schwermut gegenüber der Welt ausweitet, zu jener Seelenkrankheit, die von der romantischen Lyrik bevorzugt kultiviert wurde. Nach Dante Alighieri ist der Gebrauch bei Giovanni Boccaccio ebenso reichhaltig (83 Belege in seinem Gesamtwerk) wie vage. Nachdem das philosophische Paradigma, das dem Wort seinen dramatischen Sinn verlieh, erschöpft ist, wird »malinconia« banalisiert und auf ein einfaches Äquivalent für die unterschiedlichsten Lebensumstände reduziert, die Mißfallen auslösen. So auch bei dem Novellisten Franco Sacchetti, der allerdings einige Charakteristika des »dunklen Unglücks« des 13. Jahrhunderts beibehält: »gli era intrato una malinconia che quasi non mangiava«, [er wurde von solch einer Melancholie befallen, daß er fast nichts aß]. Leon Battista Albertis *Della Famiglia*, ethisches Manifest des toskanischen Handelsbürgertums des 15. Jahrhunderts, empfiehlt bezeichnenderweise: »cerca che nell'animo tuo stia niuna malinconia, émpieti di piacere e d'utile« [erstrebe, daß in deiner Seele keinerlei Melancholie sei, erfülle dich mit Erfreulichem und Nützlichem].

Und Alberti, so scheint es, wurde erhört. Für drei Jahrhunderte findet sich »keinerlei Melancholie« in der italienischen Literatur, außer einigen stereotypen Belegen in der *Arcadia* von Jacopo Sannazaro, in den *Vite* Giorgio Vasaris, im *Pastor fido* von Giovan Battista Guarini. Die in der LIZ gespeicherte italienische Renaissance scheint also in keiner Weise an der Thematik des saturninen und melancholischen Genius, dem Gegenstand der Studie von Klibansky, Panowsky und Saxl[1], teilzuhaben: Beweis dafür scheint die Tatsache, daß sich in den 345 Belegen für »Saturno« [Saturn], die von der LIZ (in 4 Sekunden) auf dem Bildschirm angezeigt werden, nur einige vage Entsprechungen finden: Etwa bei Giordano Bruno, wo es heißt: »il triste, restio e maninconioso Saturno« [der traurige, widerspenstige und melancholische Saturn]. Aber dies ist ein gutes Beispiel dafür, warum man dem Fehlen von Meldungen aus methodischen Gründen immer mißtrauen sollte. Ein Blick in den analytischen Index des Werkes von Klibansky, Panowsky, Saxl und auf die Namen der dort aufgeführten italienischen Volgare-Autoren zeigt, daß keiner von ihnen im LIZ berücksichtigt wurde; die Suche nach der »malinconia saturnina« [saturnische Melancholie] hätte bemerkenswert andere Resultate erbracht, wenn im Korpus der LIZ auch astrologische Texte aus dem 15. und 16. Jahrhundert vertreten wären. Man kann Stoppelli natürlich nicht die Schuld daran geben, diese Traktate nicht zu den wichtigsten 362 Texten der italienischen Literatur zu zählen. Vielmehr scheint es angebracht, aus unserer Analyse zwei Bemerkungen abzuleiten. Erstens, daß das Thema der saturninen Melancholie in der Auswahl der sogenannten größten Werke der italienischen Renaissance fast vollständig fehlt, was in einem gewissen Sinne signifikant ist; zweitens, daß diese Auswahl nicht als ausreichend repräsentativ für die gesamte Geschichte der italienischen literarischen Kultur bezeichnet werden kann.

Von einer im Mittelalter vorrangig die Männer betreffenden metaphysischen Krankheit ist »malinconia« bei Carlo Goldoni zu einer durchaus heilbaren Krankheit der Frauen geworden: »Eh so ben io cosa vi vorrebbe pel suo male! Un pezzo di giovinetto ben fatto, che le facesse passare la malinconia.« [Ich weiß schon, was sie gegen ihr Übel benötigen. Einen gut gebauten Jüngling, der die Melancholie vertreibt.] Bei Vittorio Alfieri finden sich 28 Belege, und die süße Melancholie überschwemmt den gesamten Zeitraum der Romantik. Bei Ugo Fosolo erscheint sie allein als Eigenschaft erhabener Liebender beiderlei Geschlechts, bei Carlo Porta bereits als verbreitete Lebenshaltung auch von nicht Liebenden. Giacomo Leopardi betrachtet in seinem essayistischen Werk (30 Belege) die Melancholie als psychologische und literarische Kategorie des antiken wie des modernen Menschen, und in den *Paralipomeni* wird sie für ihn zu einer sozialen Kraft, die durchaus einen Aufstand entfachen kann. Diese Bedeutung findet sich auch bei Vincenzo. Niccolò Tommaseo verbindet wie gewohnt die Sensibilität der Romantik mit seinem klerikalen Katholizismus, indem er »tua divina/ malinconia« [deine göttliche / Melancholie] auf »umil regina,/ dolce Maria« [demütige Königin,/ süße Maria] reimt. Unbezähmbarer Entdecker der süßen Melancholie ist Francesco De Sanctis, der sie überall in der italienischen Literatur auffindet: bei Guido Cavalcanti, Dante Alighieri, Francesco Petrarca, Santa Caterina, Angelo Poliziano, Niccolò Machiavelli, Tarquato Tasso. Bei Camillo Boito findet man die »malinconia del paessagio« [die

Melancholie der Landschaft], wie später bei Sergio Corazzini »la malinconia/ di un cielo« [die Melancholie/ eines Himmels] und »la malinconia/ del sole moribondo« [die Melancholie/ der erlöschenden Sonne]. In Giovanni Vergas *Malavoglia* finden sich nur zwei Belege des veralteten Ausdrucks »per scacciare la malinconia« [um die Melancholie zu verscheuchen], während die erwachsene Tochter von Mastro Don Gesualdo, zurückgezogen und Verse verschlingend, »cadeva adosso una malinconia dolce come una carezza lieve [...] un desiderio vago di cose ignote« [eine Melancholie überfiel sie, so süß wie eine sanfte Liebkosung [...] ein vager Wunsch nach unbekannten Dingen]. Bei Antonio Fogazzaro tritt eine »malinconia del socialismo, della democrazia cristiana« [eine Melancholie des Sozialismus, der Christdemokratie] auf, was sich wie eine bizarre Vorwegnahme eines Kommentars zur italienischen Gegenwart nach den Tangentopoli-Affären liest. Guido Gozzano (16 Belege, eine relativ hohe Frequenz) erfindet, wie immer, geniale Reime; etwa die Melancholie der Tuberkulose, das Übel des Jahrhunderts: »Nervi... Rapallo... San Remo... cacciare la malinconia;/ e se permette faremo qualche radioscopia« [Nervi... Rapallo... San Remo... die Melancholie vertreiben;/ und wenn es genehm ist, machen wir ein paar Röntgenaufnahmen]; die Melancholie als ungewohntes Objekt[2]: »Penso l'arredo – che malinconia! – / penso l'arredo squallido e severo,/ antico e nuovo: la pirografia / sui divani corinzi dell'Impero,/ la cartolina della Bella Otero« [Denke ich an die Einrichtung – welch Melancholie! –/ die düstere und strenge Einrichtung / antik und modern: die Brandmalereien auf den korinthischen Diwanen aus dem Kaiserreich /die Karte der Bella Otero]. Die Melancholie tritt ins Zeitalter ihrer technischen Reproduzierbarkeit ein: »lo sguardo al cielo profondo / e l'indice al labbro, secondo l'attegiamento romantico./ Quel giorno – malinconia – vestivi un abita rosa,/ per farti – novissima cosa! – ritrarre in fotografia« [der Blick am tiefen Himmel / und den Zeigefinger an der Lippe, ganz nach romantischem Geschmack. / An diesem Tage – Melancholie – trugst du ein rosa Kleid,/ um dich, – was für eine Neuigkeit – photographieren zu lassen].

Jeder, der die Geschichte der Melancholie verfolgen möchte, ist jedoch an sämtlichen Wörtern (Substantiven, Adjektiven, Adverbialen) interessiert, die von den Wurzeln »malinc*«, »melanc*«, »maninc*« abgeleitet sind. Wenn man diese Formen mit dem Sternchen eingibt, antwortet die LIZ (in drei Sekunden) mit der Liste der Formen, die mit diesen Zeichen beginnen. Im vorliegenden Fall sind es 30 Formen, von »malinconicamente« über »melanconiche« bis »maninconoso«. An diesem Punkt können wir eine Familie all dieser Wörter bilden, die mit dem logischen Operator »oder« verknüpft werden, und dann relevante Kontexte erfragen: Es sind nicht mehr 336 wie für die einzelne Form »malinconia«, sondern 866. Nachdem wir bereits festgestellt haben, daß »malinconia« erst von einem gewissen Punkt in der Literaturgeschichte an, zwischen dem 18. und 19. Jahrhundert, in Verbindung mit den Begriffen »dolcezza« [Süße, Lieblichkeit] und »piacere« [Gefallen] auftritt, können wir diese Beobachtung mit folgender Prozedur nachprüfen und weiter präzisieren. Nachdem wir die mit »dolc*« beginnenden Wörter gesucht haben (51 Formen), bilden wir eine Familie aus allen Formen, die für unser Ziel nützlich erscheinen, und aus den Formen, die mit »piac*« beginnen, bilden wir analog eine weitere. Jetzt können wir – mit der einfachen Formel – »F1 und (F2 oder F3)« – eine vierte Familie bilden, die aus jenen Belegen besteht, die irgendeine Form des Wortes »malinconia« (in einer gewählten Distanz, sagen wir in maximaler Distanz von 10 Wörtern) zusammen mit einer Form von »dolcezza« oder »piacere« enthalten. Das System kreuzt die erste Familie mit der zweiten und der dritten. Das ist eine recht schwierige Operation, die die LIZ in etwa 15 Sekunden ausführt, wobei schließlich 39 gefundene Belege auf dem Bildschirm erscheinen. Die Überprüfung bestätigt präzise unsere Arbeitshypothese: Nach Ausblenden von sieben zufälligen Belegen bleiben 4 Belege übrig, in denen der Terminus der »dolcezza« oder der des »piacere« jenem der »malinconia« als Gegensatz gegenüber steht. Diese Kombinationen finden sich bei Giovanni Boccaccio, Leon Battista Alberti und Jacopo Sannazaro. In Opposition hierzu besteht in 27 Belegen zwischen »dolcezza« oder »piacere« und »malinconia« kein Gegensatz, und zwar bei Vittorio Alfieri, Ippolito Pindemonte, Ugo Foscolo, Giacomo Leopardi, Niccolò Tommaseo, Ippolito Nievo, Francesco De Sanctis, Giovanni Verga, Iginio Ugo Tarchetti, Guido Gozzano und Edmondo De Amicis.

Ich möchte nun nicht den Eindruck erwecken, als wäre LIZ für diejenigen geschaffen worden, die *instant books* über die Schlüsselwörter der italienischen Literatur schreiben wollen. Doch ohne jeden Zweifel kann sie für uns Italianisten ein Arbeitsmittel werden, das ebenso wichtig ist wie Diagnoseprogramme für Mediziner.

Die LIZ wird von Zanichelli

Editore (Via Irnerio 34, I-40126 Bologna) vertrieben und kostet zusammen mit dem DBT von Lexis Ricerche (Via Acireale 19, I-00182 Roma) 480 000 Lire (ohne MwSt).

»Se vuoi sapere orare, impara a navigare« [Wenn du zu reden verstehen willst, so lerne, dich zu orientieren.] (Giovan Battista Ramusio, *Istoria delle Indie occidentali di Oviedo [Geschichte des westlichen Indien]*, 20. Buch, Kap. 1.

Mirko Tavoni
Übersetzung: Christine Damis

Anmerkungen

1 Raymond Klibansky – Erwin Panowsky – Fritz Saxl, *Saturn and Melancholy. Studies in the History of Natural Philosophy, Religion and Art*, London, Th. Nelson & Sons 1939, [2]1964.

2 F. Orlando, *Gli oggetti desueti nelle immagini della letteratura. Rovine, reliquie, rarità, robaccia, luoghi inabitati e tesori nascosti [Die vergessenen Objekte in den Bildern der Literatur. Ruinen, Reliquien, Raritäten, Kram, unbewohnte Orte und versteckte Schätze]* Torino, Einaudi 1993.

frammenti 94 – Italienische Kulturwoche in Saarbrücken

Das Saarland ist etwas Besonderes! Nein, ich denke jetzt nicht an das berühmte »Saarvoir-vivre«, mit dem gerne die hiesige Mentalität umschrieben wird, sondern an eine ganz nüchterne, weil rein statistische Besonderheit: Im Saarland leben – relativ zur EinwohnerInnenzahl – mehr ItalienerInnen als in allen anderen Ländern unserer Republik. Dennoch unterscheiden sich die italienischen Momente im Leben der SaarländerInnen kaum von den gängigen Pizza- und Pastaklischees; auch im Saarland stellt sich die moderne italienische Kultur vor allem in Form von kulinarischen Spezialitäten dar.

Daß das heutige Italien mehr zu bieten hat, als vor Ort Urlaubsstimmung zu produzieren und in Form von Speisen, Getränken oder mitsingbaren Schnulzen zu exportieren, wollten zwei universitäre Saarbrücker Gastarbeiter aus Apulien beweisen: Christos Acrivulis, Student der Kunstgeschichte, der mit einem Erasmus-Stipendium nach Saarbrücken kam und hierblieb, und Sergio Lubello, Mitarbeiter am Lehrstuhl von Prof. Max Pfister, organisierten die italienische Kulturwoche *frammenti 94* [Fragmente 94], die im November in der saarländischen Landeshauptstadt Premiere feierte. Konzeption, Planung und organisatorische Leitung lagen ganz bei den beiden *pugliesi*, unterstützt wurden sie aber durch das Kulturamt Saarbrücken, durch das Istituto Italiano di Cultura (Stuttgart), durch zwei saarländische Ministerien, die VHS, die Universität sowie durch den Deutsch-italienischen Freundeskreis Saarlouis.

Ziel von *frammenti 94* war es, mit einem facettenreichen Programm dem stereotypen Italienbild Fragmente entgegenzusetzen, die eine neue, eine andere Kultur zeigen: »Da wir davon überzeugt sind, daß Kultur nicht aus einem alles bestimmenden Zentrum heraus entsteht, sondern daß vielmehr viele voneinander unabhängige Zentren Facetten bilden, die erst zusammen ein Ganzes ergeben, wollen wir mit *frammenti* – der ›Ablehnung des Zentrums und Bejahung der Peripherie‹ – zu einem vollständigeren Bild der italienischen Kultur beitragen«, heißt es im Vorwort des Programmheftes. Und diesem selbstformulierten Anspruch wurden die beiden Organisatoren auch gerecht, die bei der Auswahl der Programmpunkte ein sehr glückliches Händchen bewiesen.

frammenti 94 begann mit einem musikalischen Leckerbissen: Der Dirigent und Komponist Nicola Scardicchio, ein Schüler des Filmkomponisten Nino Rota, stellte seine Kantate für zwei Klaviere, Sopran, Bariton, Baß, Chor und Rezitativstimme »Asinus Aureus« vor, die von dem musikalischen Geschwistertrio Lucia, Giuseppe und Pietro Naviglio und den beiden Pianisten Dante Anzolini und Sergio Monterisi interpretiert wurde. Das Konzert wurde nicht nur vom Publikum in der gut besuchten Saarbrücker Schloßkirche begeistert aufgenommen, sondern auch von der heimischen Presse als »hochkarätiger Auftakt« der Kulturwoche bezeichnet.

Der sich ans Konzert anschließende Sektempfang im Café-Museum war gleichzeitig die Eröffnung der Fotoausstellung »Napoli ... in penombra« [Neapel im Halbschatten]. Michele Franzese zeigte seine Bilder, die er in Neapel 1980 kurz nach dem Erdbeben aufgenommen hatte. Spielerischer als die melancholischen Fotos Franzeses waren die Skulpturen und Gemälde aus dem Salento. Unter dem Namen »Provinciartistica« [Provinzkunst] stellten fünf KünstlerInnen ihre Werke aus, die bewußt mit dem provinziellen, ja bäuerlichen Image ihrer Region spielen.

Gänzlich ausverkauft waren beide Vorstellungen des Films *Libera* von Pappi Corsicato. Der 1994 auf der Berlinale ausgezeichnete, aus drei Episoden bestehende Film wird oft mit den Werken Pedro Almodóvars verglichen, für den Corsicato als Regieassistent tätig war. Der ganz normale Wahnsinn, den Corsicato in seinem Film zeigt, ist aber eindeutig italienischer Natur, was besonders gut in der Kritik am »mammismo« (der übertriebenen Mutterbindung italienischer Männer) und am »maschilismo« (während die ganze Welt den spanischen Begriff »machismo« benutzt, hat Italien bezeichnenderweise ein eigenes Wort für patriarchale und chauvinistische Lebensweisen kreiert) zur Geltung kommt.

In einer Lesung im Saarbrücker Schloßkeller stellte Hinrich Schmidt-Henkel seine kongeniale Übersetzung von Pier Vittorio Tondellis Roman *Camere separate* [*Getrennte Räume*] (it. Mailand 1989; dt. Reinbek 1993) vor. Der in Hamburg lebende, aber aus dem Saarland stammende Übersetzer, der vor allem durch seine Übertragung der Texte Hervé Guiberts bekannt wurde, erläuterte, wie sich sein Verhältnis zu dem italienischen Roman veränderte, den er als Vermächtnis Tondellis zu lesen begann, als er während des Übersetzens von der Aids-Erkrankung des Autors erfuhr. Trotz der schwierigen Thematik geriet die Lesung Schmidt-Henkels nicht zu einer traurigen Problemshow, sondern eher zu einer Feier des 1991 verstorbenen Außenseiterautors.

Ein Höhepunkt der *frammenti 94* war das Konzert der aus Bologna stammenden Rocksängerin Angela Baraldi. Obwohl der bandeigene Mixer mit einer schlechten Anlage zu kämpfen hatte, tobte die Saarbrücker Kulturfabrik bei den Songs der 29jährigen Sängerin, die ihre fetzigen Rocksongs ebenso wie ihre ruhigeren, einfühlsamen Lieder mit kritischen, oft frauenspezifischen Texten versieht. Ein ganz anderes Publikum fühlte sich von der zeitgenössischen Tanzkunst angesprochen, die im besonders gut besuchten Theatersaal der Universität aufgeführt wurde. In zwei Stücken von und mit Claudio Gasparotto und Roberta Lepore und einem Solostück von und mit Eliana D'Armento wurde deutlich, daß Tanztheater nicht immer spektakulär sein muß, sondern daß gerade auch minimalistische Darbietungen das Publikum ganz in ihren Bann ziehen können. Die letzte Veranstaltung mit dem vielsagenden Titel »Bleiche weiße Leiche. Hommage an Valeska Gert« war eine furiose One-Woman-Performance. In ihrem einstündigen Auftritt in memoriam der jüdischen Tänzerin Valeska Gert zog die in Frankfurt lebende Römerin Elettra de Salvo alle Register ihres schauspielerischen Könnens. Die Kombination Rom-Frankfurt und de Salvo-Gert machte aus *frammenti 94* zum Abschluß noch eine echte Multikulti-Show.

Das Mosaik, das aus den kleinen, aber feinen italienischen Kulturfragmenten entstand, schillerte bunt, aber nicht grell. *frammenti 94* wollte ein anderes, alle gängigen Klischees durchbrechendes Bild der modernen italienischen Kultur zeigen – die Idee war ein Wagnis, die Durchführung ein voller Erfolg! Das gemischt deutsche und italienische Publikum zeigte von Anfang an großes Interesse. Einige besuchten gezielt einzelne Veranstaltungen, andere begleiteten das ganze Festival von der modernen Klassik bis zur One-Woman-Show. Und zum Ausklang feierten alle zusammen mit den Organisatoren und den noch anwesenden KünstlerInnen die große *frammenti*-Abschlußparty – bei der auch die eingangs erwähnten kulinarischen Spezialitäten und als ironisches Zitat für kurze Momente sogar die schmalztriefenden Schlager nicht fehlten.

Den beiden Organisatoren, die zum ersten Mal ein Festival dieser Größenordnung planten, muß man gratulieren. Ganz ohne Pannen und Chaos gingen die Veranstaltungen über die Bühne, und der einzige Wermutstropfen war die Zusammenarbeit mit der Saarbrücker Società Dante Alighieri, die sich nicht so unkompliziert gestaltete, wie sich das die Organisatoren gewünscht hätten. Die Frage nach einer Wiederholung läßt sich aufgrund des großen Erfolges leicht beantworten: Ja, es wird Ende 1995 wieder eine italienische Kulturwoche in Saarbrükken geben. Die Organisatoren stecken mitten in den Vorbereitungen für *frammenti 95* – und das Publikum darf gespannt sein auf die diesjährigen Kultursplitter aus dem Jenseits: Jenseits der Alpen werden sie produziert, und jenseits aller Italostereotypen haben sie ihren Platz.

Barbara Heinzius

Rezensionen

Burton Anderson, *Weinstraßen Italiens*, Hallwag, Bern 1991.
Stephen Hobley, *Weinreiseführer Italien*, Busse und Seewald, Herford 1991.
Italienischer Wein für jeden Tag, Edition Spangenberg, München 1992.
Gambero Rosso, *Vini d'Italia 1995/96*, dt. Ausgabe, Hallwag, Bern 1995.
Jens Priewe, *Italiens große Weine*, Busse und Seewald, Herford 1987
Burton Anderson, *Atlas der italienischen Weine*, Hallwag, Bern 1992.

»In den letzten zwei Jahrzehnten hat sich der italienische Wein stärker verändert als in den drei Jahrtausenden davor.« Diese Aussage des bekannten toskanischen Winzers Piero Antinori trifft ohne jeden Zweifel zu: Erdrutschartig ist die Weinszene in Italien während der letzten 20 Jahre in Bewegung geraten. Dabei hat es unzählige Veränderungen gegeben. So wurde die Arbeit im Weinberg neuesten Erkenntnissen angepaßt, die Verarbeitung in den Kellern umgestellt und modernisiert, Marketing und Vertrieb effektiver gestaltet. Ein Ergebnis dieser Veränderungen ist, daß der Markt, wie die große Weinmesse VINITALY in Verona zeigt, fast unüberschaubar geworden ist, und daran haben auch die vielen Verordnungen von seiten des Gesetzgebers nichts ändern können. Im Gegenteil: Nach Meinung vieler Winzer haben die Maßnahmen oftmals nur zu mehr Verunsicherung beigetragen. Zu diesen internen Schwierigkeiten kommt hinzu, daß sich besonders in den letzten Jahren die ausländische Fachpresse mit dem italienischen Wein beschäftigt hat und sich mit scharfer Kritik nicht zurückhielt. Winzer, Handel und Konsumenten reagierten gleichermaßen verunsichert.

Mittlerweile gibt es zahlreiche Publikationen auf dem deutschsprachigen Buchmarkt, die sich – zum Teil sehr engagiert – mit dem italienischen Wein befassen. Dabei kann man generell zwei Kategorien von Büchern unterscheiden: zum einen als Entscheidungshilfe gedachte Ratgeber mit ausführlichen Kommentaren zu Winzerbetrieben und verkosteten Weinen; zum anderen Weinreiseführer, die dem Interessierten während eines Aufenthaltes in einer Weinbauregion direkte Hilfestellung leisten wollen. Eines aber haben alle Weinbücher, von denen hier eine kleine Auswahl vorgestellt wird, gemeinsam: Vollständigkeit streben sie nicht an; dazu ist die Anzahl der Winzer und Genossenschaften und ihrer Produkte zu groß.

Einen kleinformatigen und von daher für die Reise praktischen Weinführer hat der bekannte amerikanische Fachbuchautor Burton Anderson verfaßt. Er stellt darin sechs große Weinbauregionen vom Aosta-Tal bis Sizilien vor. Anderson beschreibt 38 Weinrouten, denen er jeweils kurze, aber informative Einleitungstexte voranstellt. In diesen schildert der Autor geographische und klimatische Besonderheiten der vorgestellten Regionen und skizziert die wirtschaftliche Situation des dortigen Weinbaus. Die daran anschließende Beschreibung der Weinrouten läßt sich an Hand von Streckenkarten leicht nachvollziehen; Anderson empfiehlt aber zusätzlich eine Tourenkarte mit präziseren Angaben. Führende Weinkellereien und Winzerbetriebe sind im Text und auf den Karten mit fortlaufenden Nummern gekennzeichnet, so daß der reisende Leser den beschriebenen Strecken gut folgen kann, wobei Richtungspfeile und Straßennummern die Orientierung erleichtern. Die Anzahl der genannten Weingüter ist bei einigen Routen enorm; allein für die Strecke durch das Chianti-Gebiet werden 77 Weingüter erwähnt. Leider fallen die Beschreibungen der einzelnen Winzerbetriebe und die Informationen zu den dort produzierten Weinen etwas dürftig aus, und die alphabetische Auflistung der genannten Winzerbetriebe am Ende einer Route ist ebenfalls nicht ausführlich genug. Zudem fehlen die Telefonnummern der Weingüter; diese wären aber gerade für die Planung eines spontanen Besuches hilfreich. Somit bleibt der Benutzer dieses ansonsten informativ geschriebenen Buches eines kompetenten Autors letztlich auf sich allein gestellt, wenn er beabsichtigt, direkt bei einem Winzer zu verkosten. Und daß sich Anderson bei der Bewertung der einzelnen Güter und ihrer Erzeugnisse neutral verhält, ist zwar lobenswert; übertrieben dezent muß allerdings der Verzicht auf eine Jahrgangsbewertung erscheinen. Hierfür muß der Benutzer von Andersons kleinem Weinreiseführer auf andere Quellen zurückgreifen. Dem Kenner des italienischen Weines dient Andersons Buch *Weinstraßen Italiens* bestenfalls als grobe Orientierungshilfe für die Reise.

Im Format etwas größer, aber trotzdem reisetauglich ist der *Weinreiseführer Italien* von Stephen Hobley. In der Einleitung werden einige allgemeine Informationen zum italienischen Wein vermittelt. So erfährt man etwas über komplizierte Klassifizierungkriterien und Qualitätsbestimmungen, über unterschiedliche Betriebsformen und

Verfahren der Weinherstellung; auch dem Grappa ist ein kleines Kapitel gewidmet.

Hobley beginnt seine Weinreise durch Italien ebenfalls im Aosta-Tal, läßt sie aber nicht wie Anderson auf Sizilien enden, sondern auf Sardinien. Übersichtliche Karten der Weinbauregionen und sehr schöne Fotos lockern die Textpassagen auf, die anschaulich geschrieben sind und einen Hauch weinseliger Gemütlichkeit ausstrahlen. Das Buch bietet zwar Reiserouten »von einem wichtigen Weinort zum anderen« an, verweist aber auch auf kulturhistorische Aspekte und Sehenswürdigkeiten, die nicht allzu weit vom Weg entfernt liegen. So ist die Zahl der Winzer, bei denen ein Besuch empfohlen wird, relativ gering; dafür sind aber zahlreiche Anschriften von typischen Enotheken mit Probier- und Einkaufsmöglichkeit zu finden. Zudem gibt es Ratschläge zu regionalen Spezialitäten, Märkten und Festen, und auf den letzten Seiten werden die wichtigsten Traubensorten und die lagerungsfähigen Weine inklusive Jahrgangsbewertung genannt. Als sehr praktische Hilfe kann sich während einer Degustation auch das kleine italienisch-deutsche Weinwörterbuch erweisen.

Schon bald nach seinem Erscheinen im Jahr 1992 lag die deutsche Übersetzung des italienischen *Guida al vino quotidiano* [*Italienischer Wein für jeden* Tag] vor. Dieses fast 500 Seiten starke Buch soll in erster Linie als Orientierungshilfe beim Kauf italienischer Weine der unteren Preiskategorie dienen. Die Mitarbeiter der italienischen Vereinigung Arcigola Slow Food machten sich daran, eine Auswahl der 1200 besten und zugleich preiswertesten Weine Italiens zusammenzustellen. Herausgekommen ist ein außerordentlich detailreiches Nachschlagewerk, das selbst professionellen Ansprüchen gerecht wird. So wurden die aufgeführten Weine in ihren Herkunftsgebieten von unabhängigen Testgruppen ausschließlich blindverkostet und nach einem international gültigen Punktesystem bewertet. Dabei stand die Suche nach Weinen mit einem außergewöhnlich guten Preis-Leistungs-Verhältnis im Vordergrund, um nachzuweisen, daß Qualität nicht zwangsläufig gleichbedeutend ist mit hohen Preisen. Für 1992 gaben die Herausgeber eine Preisobergrenze von 15 DM an, womit teure Weine wie etwa der Brunello di Montalcino nicht in die Wertung kamen. Die Tester präsentieren eine imposante Anzahl guter Weine zu vernünftigen Preisen, was nicht nur für private Konsumenten, sondern auch für Gastronomen interessant sein dürfte. Der professionelle Eindruck des

Buches *Italienischer Wein für jeden Tag*, das vom Verleger und Weinhändler Eberhard Spangenberg herausgegeben worden ist, wird unterstrichen durch die ausführlichen Texte, mit denen die einzelnen Weinregionen vorgestellt werden, durch präzise Informationen zu Winzern und Genossenschaften sowie zu Einkaufsmöglichkeiten direkt beim Erzeuger. Außerdem enthält das Buch eine Liste von Importeuren in Deutschland, Österreich und der Schweiz.

Ein noch umfangreicherer Weinratgeber ist die deutsche Ausgabe der *Vini d'Italia* des Gambero Rosso, die ebenfalls in Zusammenarbeit mit der Arcigola Slow Food erstellt wurde. Darin finden sich neben Produzenten von Weinen der unteren und mittleren Preiskategorie auch die absoluten Spitzenhersteller der letzten Jahre, wobei das Interesse jedoch auf ein gutes Preis-Leistungs-Verhältnis gerichtet ist. Die 1178 Produzenten und ihre 5725 Weine werden in einer Ausführlichkeit vorgestellt, wie sie kaum noch zu überbieten ist. Die Fülle der Information ist enorm: Adressen, Bewertungen, Preiskategorien, Besitzverhältnisse, Lagenbeurteilungen, Traubensorten sowie Kellertechniken werden ausführlich beschrieben. Zudem gibt es detaillierte Jahrgangsbeurteilungen, die bei einigen Produzenten bis 1983 zurückreichen. Somit hat der Benutzer auch bei etwas älteren Jahrgängen, deren Kauf immer ein erhöhtes Risiko darstellt, eine gute und verläßliche Hilfe zur Hand. Ein zusätzlicher Pluspunkt ist die trotz der Informationsfülle übersichtliche Gestaltung: Pro Seite werden nur zwei Winzerbetriebe und ihre Erzeugnisse dargestellt, wobei oft mehr als nur Sachinformation vermittelt wird. In Kurzporträts von Winzern und Kellermeistern wird so deutlich, daß jeder gute Wein auch vom Engagement einzelner Personen geprägt ist. Die Kompetenz und die Unabhängigkeit der Autoren sowie die Beurteilungen durch weitere neutrale Fachjournalisten, Produzenten und Weinhändler garantieren ein hohes Maß an Objektivität in der Beurteilung der Weine.

»Einen faszinierenden Einstieg in die Weinszene« Italiens verspricht Jens Priewe in seinem Standardwerk *Italiens große Weine.* Priewe, ein anerkannter Weinfachjournalist und vorzüglicher Kenner italienischer Weine, hat mit seinem bereits 1987 erschienenen Buch hohe Maßstäbe gesetzt. Das großformatige und daher für die Reise wenig geeignete Buch bietet vor allem zu den Weinbauregionen Nord- und Mittelitaliens reichhaltige Informationen, während der

Süden sowie die großen Inseln Sizilien und Sardinien auf nur wenigen Seiten ausgesprochen knapp behandelt werden. Priewe stellt in erster Linie gute bis hervorragende Winzerbetriebe vor, deren Erzeugnisse auf hohem und sehr hohem Preisniveau liegen. Dabei lenkt er das Interesse auf große traditionsreiche Weine, wie etwa den Barolo und den Brunello di Montalcino. Aber auch neue und noch unbekannte Weine stellt Priewe ausführlich vor, wobei er die geographischen und klimatischen Besonderheiten ebenso beschreibt wie beispielsweise die von Region zu Region verschiedenen Rebsorten. Neben den ausgesprochen informativen Texten zu den einzelnen Weinbauregionen werden die renommiertesten Winzer in sehr kenntnisreichen Einzeldarstellungen präsentiert. Die Aufmachung des Buches läßt keine Wünsche offen: genaue Landkarten, Fotos von Winzern und ihren Betrieben, atemberaubende Landschaftsaufnahmen sowie eine Vielzahl von abgebildeten Flaschenetiketten verleihen dem Band ein hohes ästhetisches Niveau und einen Hauch von Luxus. Das Streben nach Anschaulichkeit wird auf jeder Seite deutlich: So werden nicht nur die einzelnen Rebsorten abgebildet und erläutert, auch die Arbeit im Weinberg und in den Kellern wird dem Leser mit exzellenten Fotografien nahegebracht. Wie genau es Priewe nimmt, verdeutlicht die Tatsache, daß er im Anhang eine Jahrgangstabelle aller großen und lagerungsfähigen Weine erstellt, die bis 1945 zurückreicht; leider ist sie bisher nicht aktualisiert worden und endet beim 1986er Jahrgang. Die fundierten Kenntnisse des Autors, in denen durchgehend seine große Leidenschaft für sein Sujet zu spüren ist, versetzen den Leser – wo auch immer er das Buch zur Hand nimmt – mitten hinein in die anregende Welt des italienischen Weines.

Burton Andersons *Atlas der italienischen Weine* ist zugleich ein äußerst kompetenter Weinreiseführer und ein reichbebildertes Nachschlagewerk. Anders als Priewe behandelt Anderson ausführlich die südlichen Regionen sowie die großen Inseln. Dabei helfen die ausgesprochen guten Kartenabbildungen bei der Orientierung. Anderson beschreibt einzelne Güter wie auch Kooperativen, Bodenbeschaffenheit und klimatische Aspekte, Rebsorten und Qualität der besten Lagen, sowie Eigentumsverhältnisse, Kellertechniken und Lagermethoden. Als Weinreiseführer gibt das Buch aber auch detaillierte Informationen zu Sehenswürdigkeiten, Restaurants, Hotels, Enotheken und Weinfesten; ein italienisch-deutsches Glossar, eine Bibliographie sowie ein Index runden den sehr positiven Gesamteindruck ab.

Leider hat es Anderson auch in diesem Buch unterlassen, eine Jahrgangsbewertung zu erstellen. Dies ist um so bedauerlicher, als sein sehr informativer und gestalterisch ansprechender *Atlas der italienischen Weine* eine nahezu ideale Kombination von Nachschlagewerk und Weinreiseführer darstellt.

Oswald Hoffmann

Angelo Bolaffi, *Il sogno tedesco. La nuova Germania e la coscienza europea* [*Die schrecklichen Deutschen. Eine merkwürdige Liebeserklärung*] (it. Rom 1993; dt. Berlin 1995).
Enzo Collotti, *Dalle due Germanie alla Germania unita [Vom geteilten zum vereinten Deutschland]*, Torino 1992.
Gian Enrico Rusconi, *Capire la Germania. Un diario ragionato sulla questione tedesca [Deutschland verstehen. Ein kritisches Tagebuch zur deutschen Frage]*, Bologna 1990.
Alessandra Orsi, *Berlino Est. L'ultimo che se ne va spenga la luce [Ost-Berlin. Der letzte macht das Licht aus]*, Milano 1993.
Mario Fortunato, *Passaggi paesaggi – guida per amatori della notte [Streifzüge durch die Landschaft. Führer für Nachtschwärmer]*, Rom 1993.

»Vielleicht niemals nach 1945 hat das Thema Deutschland in Italien eine solche Aufmerksamkeit gefunden wie in den Monaten nach dem September/Oktober 1989.« Mit dieser Beobachtung eröffnet Jens Petersen, einer der besten Italienkenner unter deutschen Historikern, seinen Bericht über die Stellungnahme der italienischen Presse und Publizistik zum deutschen Einigungsprozeß.[1] Das große Interesse der Italiener an der deutschen Vereinigung hat sicher auch innenpolitische Gründe. Wie Petersen feststellt, waren die Beziehungen zwischen der DDR und Italien in vieler Hinsicht enger, als man vielleicht erwarten könnte. Das erklärt sich einerseits aus der wichtigen Rolle der italienischen kommunistischen Partei, andererseits aber auch aus der Bedeutung des Antifaschismus als staatstragender und alle Parteien von rechts bis links verbindender Gesinnung im Italien der Nachkriegszeit. Die Mehrheit der italienischen Intellektuellen, die sich nach 1945 mit der deutschen Frage beschäftigt haben, tendierte dazu, die Bundesrepublik quasi als die Nachfolgerin des Dritten Reiches zu betrachten, während die DDR die eigentliche Alternative zur belasteten Vergangenheit Deutschlands verkörperte. Die Tatsache, daß die italienische Vergangenheit durchaus einige Gemeinsamkeiten mit der deutschen aufwies, mag das entschiedene Bekenntnis zum antifaschistischen Staat der DDR noch befördert haben. Kein Wunder also, daß »Wende« und Vereinigung eine Fülle von Ängsten und Vorurteilen gegenüber einem vermeintlich wiedererstarkenden »Großdeutschland« weckten, die in der Presseberichterstattung dieser Periode deutlichen Niederschlag fanden.

Unsere Aufmerksamkeit gilt allerdings nicht den Veröffentlichungen der Tagespresse, sondern den in Buchform publizierten Stellungnahmen einiger italienischer Germanisten, Deutschlandexperten und Schriftsteller, die sich nach der Wende in Essays, persönlichen Erinnerungen, Reiseführern und Erzählungen zur Deutschlandfrage geäußert haben.

Il sogno tedesco lautet der Titel eines 1993 in Italien und 1995 in deutscher Übersetzung erschienenen Essays zur deutschen Frage aus der Feder des prominenten Deutschlandexperten Angelo Bolaffi. Durch eine Reise in die deutsche Vergangenheit voller literarisch-philosophischer und historischer Bildungsreminiszenzen sucht Bolaffi das »andere Deutschland«, das Land der Dichter und des friedlichen Fortschritts, zu vergegenwärtigen, um zu beweisen, daß Europa seiner neuen »Mitte« trauen kann. Der Autor sieht die Funktion seiner »merkwürdigen Liebeserklärung« darin, »Italien dabei zu helfen, die komplexe Realität Deutschlands zu verstehen« (S. 8). Gleichzeitig fordert er Deutschland auf, ein »normales Land« zu sein, d.h. jeden Traum eines »Sonderweges« innerhalb der europäischen Staatengemeinschaft aufzugeben. Gefahren drohen dem von ihm propagierten Modell des neuen Deutschland nach seiner Ansicht vor allem von einigen als »teutonisch« gerügten Linken, ihrem falsch verstandenen Pazifismus und ihrer feindlichen Haltung gegenüber den Vereinigten Staaten. Bolaffi bekämpft einerseits energisch Bedenken und Vorurteile der europäischen Nachbarländer gegenüber Deutschland, läßt selbst in seinem Buch aber auch Ängste vor einem unabhängigen Europa erkennen, das sich von der amerikanischen Großmacht emanzipieren möchte. Das größte Risiko des vereinten Deutschland besteht nach Bolaffi in dessen möglicher »antiwestlicher Einstellung« und einem »antiamerikanischen Ressentiment«, das für ihn zum Beispiel in der deutschen Opposition gegen die UNO-Maßnahmen im Golfkrieg zum Ausdruck kam. Europa, das ist für Bolaffi »der Westen« (S. 179), zu dem es keinerlei Alternative gibt. Und so sollte sich Deutschland gefälligst hüten, »wieder zum Wanderer zwischen Ost und West« zu werden (S. 179). Wenn andere Kommentatoren in der Vereinigung der beiden deutschen Staaten gerade eine neue positive Möglichkeit der Öffnung nach Osteuropa erkennen wollten, so sieht Bolaffi darin lediglich eine Bedrohung. Sein leidenschaftliches Bekenntnis zu dem »überzeugten Europäertum« Kohls, dem »echten Zögling Adenauers«, wird man akzeptieren müssen, auch wenn es bei einem ehemals begeisterten Anhänger der 68er-Bewegung leises Erstaunen auslösen dürfte. Höchst anfechtbar ist dagegen die Intoleranz, mit der Vereinigungsgegner aus Ost und West wie Heiner Müller, Christa Wolf, Günter Grass oder Jürgen Habermas, schlicht als »rote Mandarine« disqualifiziert werden. Die Vorbehalte der DDR-Bevölkerung gegenüber dem Einigungsprozeß werden übrigens weitgehend ausgeklammert. Trotz der genannten kritischen Einschränkungen ist allerdings Bolaffis Buch einer der bestinformierten Versuche, dem italienischen Publikum die deutsche Frage nahezubringen.

Der renommierte und fachlich kompetente Deutschlandhistoriker Enzo Collotti kann sicher als prototypischer Repräsentant jener BRD-Skepsis bei italienischen Linksintellektuellen gelten, die Jens Petersen in seinem zitierten Artikel ausgemacht hat. Sein Deutschlandbuch verfolgt daher auch ganz andere Ziele als das Bolaffis. Es geht ihm nicht darum, die Rolle des vereinten Deutschland innerhalb des westlichen Bündnissystems zu bestimmen und Ängste vor einer wiedererstarkenden »Großmacht« abzubauen. Er möchte vielmehr das positive Potential hervorheben, das die ehemalige DDR in den Vereinigungsprozeß einbringen kann, und zugleich auf Versäumnisse und Widersprüche aufmerksam machen, die diesen Prozeß begleiteten.

Collotti, der als einer der besten Deutschlandkenner Italiens gilt, geht mit der Geschichte der beiden deutschen Teilstaaten seit Ende der 60er Jahre hart ins Gericht. In zwei Kapiteln stellt er die parallele Entwicklung der BRD nach 1969 (Regierungsantritt der sozialliberalen Koalition) und der DDR nach 1971 (Ulbrichts Rücktritt) dar. Dabei interessiert ihn insbesondere die Frage der nationalen Identität und des Umgangs mit der faschistischen Vergangenheit sowie die Entwicklung der Ost-West-Beziehungen. Im letzten Kapitel, das sich mit der Annäherung der beiden deutschen Staaten seit 1971, dem Zusammenbruch der SED-Herrschaft und der rasch folgenden Einheit unter

Kohls Regie befaßt, bezieht der Autor offen Stellung für einen selbstbestimmten Weg der DDR, die er vom Westen als passives Objekt vereinnahmt findet. Seine Kritik gilt in diesem Zusammenhang allerdings nicht nur der Bonner Regierung, sondern auch der Unentschlossenheit der DDR-Politiker.

Überzeugend macht Collotti deutlich, daß der Einigungsprozeß selbst noch in den Anfängen steckt. Nach seiner Überzeugung kann man von Vereinigung erst dann sprechen, wenn eine Verschmelzung östlicher und westlicher Wertvorstellungen in der Gesellschaft selbst stattgefunden hat. Die »hyperkritische Grundeinstellung«, die Jens Petersen Collotti ankreidet, läßt sich zweifellos auf die besonderen Vorbehalte italienischer Linksintellektueller gegenüber der BRD als Fortsetzerin der NS-Vergangenheit zurückführen. Als deutscher Leser ist man allerdings angesichts der innenpolitischen Entwicklung Italiens geneigt zu fragen, ob der Mythos vom Antifaschismus als Basis der Verständigung aller italienischen Demokraten in der Nachkriegszeit nicht selbst heute längst zusammengebrochen ist und seine Wirkung als politische und weltanschauliche Appellationsinstanz verloren hat.

Das Deutschlandbuch des bekannten Turiner Politologen Gian Enrico Rusconi mit dem Titel *Deutschland verstehen* verbindet mit der kritischen Darstellung des deutschen Einigungsprozesses zugleich auch selbstkritische Anmerkungen an die Adresse der Italiener, deren Aktualität fünf Jahre nach seinem Erscheinen erst richtig deutlich wird. Rusconis Text entstand in der Wendezeit während eines Forschungsaufenthaltes am Geschwister-Scholl-Institut in München. Er verbindet aktuelle politische Berichterstattung mit historischen Hintergrundanalysen und einer umfangreichen Dokumentation, in der Intellektuelle aus Ost- und Westdeutschland ausführlich zu Wort kommen. Das Fazit seiner Darstellung ist zugleich ein Appell an die europäischen Nachbarstaaten Deutschlands: »Es ist an der Zeit, daß die europäische und die Weltöffentlichkeit mit der Idee eines politisch geeinten Deutschland die Idee eines ohne Rückhalt demokratischen und europäisch gesinnten Deutschland verbinden.« (S. 17f.)

Rusconi problematisiert den Antifaschismus der DDR als staatstragende Doktrin ebenso wie die Überzeugung seiner eigenen Landsleute, Demokratie könne nur das Produkt eines antifaschistischen Widerstandskampfes sein. Die politische Rebellion in der DDR war für ihn keine eigentliche »Revolution«. Er sieht in ihr vielmehr das Explodieren von Widersprüchen, die, durch Gorbatchows Liberalisierungspolitik ausgelöst, von der DDR nicht mehr kompensiert werden konnten. Die deutsche Vereinigung verwirklicht sich für Rusconi nicht »als Resultat einer großen konzertierten politischen Aktion, sondern als Frucht einer Verkettung unaufhaltsamer Ereignisse«. (S. 22)

Mehr Aufmerksamkeit als andere Beobachter widmet er den inneren Widersprüchen und den Selbstblockaden der DDR, die die Verwirklichung eines eigenen Weges des ostdeutschen Teilstaates und die Ausbildung einer wirklich schlagkräftigen politischen Opposition verhinderten. Rusconi wirft der DDR vor, sie habe sich, von wenigen kritischen Intellektuellen abgesehen, weder mit ihrer nationalen noch mit ihrer stalinistischen Vergangenheit auseinandergesetzt. Die staatstragende Identifikation von Kommunismus und Antifaschismus in der DDR blockierte die durch die »Wende« erneut dringend geforderte Auseinandersetzung mit dem Problem der nationalen Identität. Der eingespielte moralisch-politische Führungsanspruch der Einheitspartei untergrub jede politische Opposition. Eine Erneuerung der DDR von innen, so lautet Rusconis These, wurde durch Selbstblockade der politischen und wirtschaftlichen Strukturen verhindert. Der Wunsch der DDR-Opposition nach einem eigenständigen politischen Weg, nach der Bewahrung eines eigenen gesellschaftlichen und kulturellen Profils, kommt in Zeugnissen von Intellektuellen und Schriftstellern eingehend zu Wort. Daß dieser Wunsch sich nicht erfüllte, ist nach Rusconi weniger der Einverleibungswut westdeutscher Politiker anzulasten als der Selbstliquidierung des DDR-Systems. Insgesamt sieht Rusconi den Vereinigungsprozeß positiv, nicht zuletzt deshalb, weil er Italien und andere europäische Staaten dazu zwingt, ihr Verhältnis zu Deutschland neu und konstruktiv zu überdenken.

Die Schriftstellerin und Journalistin Alessandra Orsi hat als einzige unter den besprochenen AutorInnen den Versuch gemacht, über die ereignisreiche Zeit der »Wende« in narrativer Form zu berichten. Sie wählt dabei ganz bewußt die Perspektive der »Ossis«. Das Ergebnis ist eine Art literarischer Montage in sieben Bildern, die aus Erzählungen, Interviews, politischen Hintergrundinformationen und mit literarischen Zitaten durchsetzten feuilletonistischen Kommentaren besteht. Jedes Bild thematisiert einen anderen Aspekt des Wandlungsprozesses, dem die DDR-

Bevölkerung in der Folge der Wende in ihrem Alltag unterworfen war. Der italienische Leser gewinnt Einblick in das Privatleben einzelner Ostberliner Männer und Frauen, die die Autorin, wie die Widmung des Buches deutlich macht, bei ihren Besuchen persönlich kennengelernt hat. Der Reiz des Buches liegt in der atmosphärischen Dichte der narrativen Aufarbeitung einiger Grundprobleme der Wendezeit. Thematisiert werden die organisierte Opposition von Jugendlichen und Intellektuellen gegen die Vereinnahmung durch die BRD, der Einbruch des Stasiverdachts in die privatesten Beziehungen, das Problem der Rückgabe enteigneten Besitzes, die neuen Arbeitsverhältnisse und die neuen Probleme und Lebensmöglichkeiten der Frauen. Orsi erzählt von der ersten Konfrontation der Ostdeutschen mit der Konsumkultur des Kapitalismus und berichtet über die fortbestehende Differenz der Lebensverhältnisse. Wie ein roter Faden zieht sich durch ihre Erzählungen der Appell, die Gegensätze zwischen Ost und West nicht künstlich einzuebnen, sondern sich der unterschiedlichen Kulturen und Erfahrungen bewußt zu bleiben, sie zu verstehen und damit besser miteinander umgehen zu lernen.

Alessandra Orsi zeigt sich in ihren »Ossi«-Erzählungen als einfühlsame Schriftstellerin und Journalistin »on the road«, aber auch als leidenschaftliche Germanistin, die klassische und moderne deutsche Autoren mit Gewinn gelesen hat. Freilich bleibt auch ihr Deutschlandbild, trotz aller Objektivität der Informationen, in erster Linie das Produkt einer persönlichen Erfahrung. Wohl aus diesem Grund faszinieren die erzählenden Partien stärker als die politischen Kommentare, in denen der didaktische Zeigefinger oft überdeutlich erkennbar ist.

Berlin ohne Mauer ist schließlich auch Gegenstand eines kuriosen Führers für Liebhaber des Nachtlebens, dessen Autor, der Schriftsteller und Übersetzer Mario Fortunato, die deutsche Hauptstadt nebst einer Reihe von Weltmetropolen wie Tanger, Rom, Madrid oder New York vorstellt und dabei dem potentiellen Besucher Insider-Tips und allgemeine Informationen zum nächtlichen Stadtleben vermitteln will. Das Buch ist salopp geschrieben und versucht den Leser in die Atmosphäre der jeweiligen Stadt zu entführen, die im Falle des Berlins der Wendezeit freilich nicht ohne Klischees beschworen wird. Berlin ist grau und regnerisch, der Taxifahrer trägt eine neonaziverdächtige Skinhead-Frisur, die Trabis verpesten die Luft und die »Ossis« wimmeln konsumlüstern durchs

KaDeWe. Das Nachtleben spiegelt die fiebrige Atmosphäre einer historischen Ausnahmesituation, wobei das Publikum der von Fortunato besuchten Nachtlokale ausschließlich aus Transvestiten, Lesben oder Schwulen »mit flaschengrünen Haaren« besteht, die im Drogen- und Alkoholrausch dank »teutonischer Widerstandskraft« bis in die Morgenstunden in rhythmischer Bewegung sind. Die Beschreibung des Nachtlebens, das Fortunato bei drei verschiedenen Berlinbesuchen zwischen 1989 und 1991 kennenlernte, soll die veränderte Physiognomie der nicht mehr geteilten Stadt und ihrer Bewohner wiedergeben, was dem Autor aber nur partiell gelingt, nicht zuletzt deshalb, weil er sich von bestimmten Deutschlandklischees seines Herkunftslandes nicht ganz zu befreien vermochte. Natürlich gehören auch ausgewählte Prominentenbesuche zum Programm, etwa bei Heiner Müller, dem »Guru des deutschen Theaters«, bei Thomas Hettche (schwarz gekleidet wie ein Pfarrer) oder bei Stefan Heym, diesem »Dinosaurus der Moderne«. Liebhaber des Berliner Nachtlebens mögen das Buch als Kuriosität genießen, allein schon deshalb, weil einzelne der geschilderten Lokale inzwischen dem fortschreitenden Einigungsprozeß und seinem wilden Bauboom zum Opfer gefallen sind.

Wie alle Bücher über den politisch und kulturell Anderen sind auch die italienischen Texte zur Wendezeit und zur Vereinigung Selbstzeugnisse und Fremdanalysen zugleich. Sie dokumentieren die unentwirrbare Verflechtung von Information, Mythos, Klischee, gelebter Erfahrung und projizierten Wunschbildern, die das Bild des Nachbarn konstituieren. Das verstärkte Interesse der Italiener an Deutschland nach der Wende mag unter anderem bewirkt haben, daß das Deutschlandbild allmählich realistischer und politischer wird, als es sich etwa noch in dem 1993 von Marino Freschi herausgegebenen Sammelband *La mia Germania* präsentiert, in dem italienische Intellektuelle und Schriftsteller wie Italo Alighieri Chiusano, Angelo Bolaffi oder Vittorio Brunelli der kulturellen Bedeutung ihrer Deutschlanderfahrung nachgehen.[2] Die »ironische und fast aggressive Distanz«, die nach einem Wort von Claudio Magris für eine ganze Generation italienischer Deutschlandkenner typisch war, die ihrem Interesse an der deutschen Kultur fast mit schlechtem Gewissen frönten, ist gelegentlich noch spürbar, aber sie prägt das Bild nicht mehr ausschließlich und dominant. Mit Jens Petersen kann man nur wünschen, daß an ihre Stelle im Verhältnis zwischen Deutschen und Italienern zunehmend eine differenzierte Wahrnehmung und eine vertiefte Kenntnis der gemeinsamen Probleme tritt.

Olga Cerrato/Helene Harth

Anmerkungen

1 Jens Petersen, »Die Einigung Deutschlands 1989/90 aus der Sicht Italiens«, in: *Wiedervereinigung in Mitteleuropa. Außen- und Innenansichten zur staatlichen Einheit Deutschlands*, hrsg. von J. Becker, München 1992, S. 55. Vgl. zu diesem Thema auch Petersens soeben erschienene Essaysammlung *Quo vadis Italien?*, München 1995.

2 Zu den aus Platzgründen hier nicht besprochenen, aber sehr lesenswerten Texten gehört u. a. das Deutschlandbuch des Journalisten Massimo Nava (*Germania Germania. Dalla notte del muro alla riunificazione*, Mondadori Mailand 1990).

Friederike Hausmann, *Kleine Geschichte Italiens seit 1943*, Wagenbach Verlag, Berlin 1995, 2. überarbeitete Auflage.
Giorgio Galli, *Staatsgeschäfte. Affären, Skandale, Verschwörungen: Das unterirdische Italien 1943-1990*, Europäische Verlagsanstalt, Hamburg 1994.
Giovanni Ruggeri/Mario Guarino, *Berlusconi, Showmaster der Macht. Die Biographie*, Gatza Verlag, Berlin 1994.
Valeska von Roques, *Die Stunde der Leoparden. Italien im Umbruch*, Europaverlag, Wien 1994.

Als 1989 die 1. Ausgabe der *Kleinen Geschichte* erschien, standen die Nachkriegsgesellschaften kurz vor ihrem einschneidendsten Ereignis, dem Ende des Ost-West-Konflikts durch die Öffnung der Berliner Mauer. In Italien waren die innenpolitischen Folgen dieses internationalen Ereignisses außerordentlich vehement: Das christdemokratische Regime, das ununterbrochen seit Ende der 40er Jahre zusammengehalten wurde durch Antikommunismus, Korruption und immer dominanter werdende Geheimpolitik zur Führung des Kalten Krieges, brach 1992 zusammen. Eine ganze politische Klasse mußte abtreten, neue politische Kräfte sind stark geworden, und die alten versuchen sich seither in neuem Gewand zu etablieren. In einer derart wirren Situation gelang es einem Mann wie Silvio Berlusconi, sich als Retter zu präsentieren. Italien steht somit mitten in einer unabgeschlossenen, ungeklärten Situation, die nur vorsichtige politische Beurteilungen oder gar Prognosen zuläßt.

Für das Überarbeiten einer

Kleinen Geschichte Italiens ist dies eine denkbar undankbare Situation, weil die Einschnitte und Veränderungen im politischen Leben auch neue Fakten und Bewertungen über die Jahrzehnte der Nachkriegszeit hervorbringen.

Friederike Hausmann schreibt in ihrem Vorwort zur neuen Ausgabe, daß sie bewußt vermeiden wollte, »aus der Kenntnis der Umwälzungen der letzten Jahre frühere Dinge nun anders darzustellen als in der ersten Auflage« (S. 9). Begründet wird diese Entscheidung allerdings nicht. Es werden pragmatische Gründe gewesen sein, um ein veraltendes Buch für den Markt schnell zu aktualisieren.

Befriedigend ist das nicht, da anstelle der durch die veränderten historischen Verhältnisse sich aufdrängenden Uminterpretationen nun allzu breit und kleinschrittig Details konkreter Geschehnisse aus den Jahren 1992-94, wie etwa die Modalitäten der Wahlrechtsreform, dargestellt werden. Details, die sich 1995 schon wieder als nicht mehr sonderlich interessant erweisen. Das Dilemma ist, daß in einer *Kleinen Geschichte* orientierunggebende Analyse gefragt wäre, diese aber in so unruhigen Zeiten schwierig zu leisten ist.

Die allzu große Vorsicht beim Bewerten und Neuinterpretieren mag mithin verständlich sein. Aber was mutige Ermittlungsrichter und Staatsanwälte, kühne Journalisten und kluge Zeithistoriker in den letzten Jahren herausgefunden haben, um in die über Jahrzehnte dunkel gebliebenen Kapitel italienischer Nachkriegsgeschichte Licht zu bringen, hätte schon mehr Eingang in diese Neuausgabe finden können.

Dies betrifft etwa den roten Faden der Putschversuche von Giovanni de Lorenzo 1964 bis zum »golpe bianco« [kalten Staatsstreich] Edgardo Sognos 1974, hinter denen, wie man heute aus Dokumenten und aus Bekenntnissen von Geheimdienstagenten weiß, nicht nur aufmüpfige rechte Politiker oder, wie es auf S. 108 heißt, »okkulte Mächte« standen, sondern die Nato-Strategie des Kalten Krieges Regie führte. Eine Strategie, die den Amerikanern allzu große Handlungsfreiheiten in Italien einräumte und die damit permanent die Souveränität des italienischen Staates und Grundprinzipien des Rechtsstaates mißachtete.

Dies betrifft weiterhin den roten Faden der Bombenattentate und Terrorakte von 1969 bis heute. Heute weiß man mehr von den Ungeheuerlichkeiten in der Führung des Kalten Krieges: Die ersten Bomben ließ das christdemokratische Regime von Rechtsterroristen legen, dann nutzte es den Linksterrorismus, bis schließlich ab Anfang der 80er Jahre die

Mafia mit ihren Mordanschlägen auf hohe Staatsvertreter zum verläßlichen Helfer der politischen Zentralen avancierte. Der für diesen Herbst anberaumte Prozeß gegen Giulio Andreotti wird die seit den 70er Jahren in der italienischen Öffentlichkeit kursierenden Indizien weiter klären.

Die Fakten, die in Italien insbesondere zwischen 1992 und 1994 hinsichtlich der kriminellen staatlichen Methoden im Kalten Krieg bekannt geworden sind, sind schwer zu verdauen. Insbesondere für Deutsche, die im Gegensatz zu den Italienern ihren Staatsinstitutionen weniger argwöhnisch begegnen und vor solch inoffiziellen Politikstrategien gerne die Augen verschließen. Die harten Fakten der jüngsten italienischen Vergangenheit demontieren jedoch nachhaltig den Mythos der weißen Weste westlicher (Geheim-)Politik in der Ost-West-Konfrontation der Nachkriegszeit und der ausschließlichen Schuldhaftigkeit östlicher Dienste.

Wenn der *Kleinen Geschichte* auch die notwendige Schärfe in der Beurteilung wichtiger Ereignisse der Nachkriegszeit fehlt, so kann sie dennoch empfohlen werden. Denn sie vermittelt nützliche Orientierung, erklärt viele Besonderheiten der italienischen Demokratie und läßt sich von den herausragendsten Ereignissen der italienischen Geschichte seit 1943 leiten.

Interessanterweise gibt es zwischen Giorgio Gallis *Staatsgeschäfte. Affären, Skandale, Verschwörungen: Das unterirdische Italien 1943-1990* und Friederike Hausmanns Buch kaum Überschneidungen. Die Geschichte des unterirdischen Italien setzt jedoch die Geschichtskenntnisse aus der *Kleinen Geschichte* voraus. Galli beleuchtet die vielfältigen Praktiken der Korruption und der politischen Intrigen im christdemokratischen Regime der Nachkriegszeit. In keinem anderen Staat ist mit der Inszenierung von Skandalen durch politische Kontrahenten auch aus ein und demselben Lager derart häufig Politik gemacht worden wie im Nachkriegsitalien.

Was anderswo die Ausnahme ist, ist in Italien der Regelfall: Vergeudung öffentlicher Gelder, obskure Machenschaften hinter den politischen Kulissen, Bestechungen im großen Stil zwischen Politik und Wirtschaft, Postenschacher, Vetternwirtschaft und andere korrupte Praktiken mehr. Galli faßt diese Gepflogenheiten sowohl des staatlich-institutionellen Bereichs als auch des Wirtschaftssektors prägnant zusammen, wobei er die lange Tradition der Verhaltensmuster deutlich benennt. So zeigt sich schon 1950, bei der durch staatliche Institutionen inszenierten Ermordung des sizilianischen Banditen Boris Giuliano, daß »Blutbäder und obskure Affären« (S. 37) zuerst immer mit einer offiziellen Version verschleiert werden, die dann, auch aufgrund von Zeitungsenthüllungen, nach und nach wieder korrigiert wird. Dabei »zeigen sich immer wieder unklare Beziehungen zwischen Mörderorganisationen und polizeilichen Spezialeinheiten, die mit deren Zerschlagung beauftragt sind« (ebd.). Und bis heute sterben im Zusammenhang mit jedem großen Skandal Akteure wie Kronzeugen, womit sich die Täter möglicher Erpresser entledigen.

Skandale aus der Wirtschaft und aus dem gesellschaftlichen Leben vor allem der römischen Politiker, Geheimdienstmanöver und die zahllosen politischen Machenschaften am Rande der Legalität füllen in Italien inzwischen Hunderte von Büchern. Galli schildert die Genese der großen Wirtschafts- und Finanzskandale immer auch mit einem Seitenblick auf die Arbeit der Presse, dank der bestimmte Unregelmäßigkeiten üblicherweise ja erst zum Skandal werden. Die Presse wird dabei oft genug selbst zum Werkzeug politischer Intrigen zur Entlarvung und damit Ausschaltung eines politischen Gegners. Wo die Presse nicht funktionalisiert wurde, leistete sie für die Demokratie gute Dienste. Doch was sie enthüllte, wurde durch die Justiz oft wieder zugedeckt. Das Ende der Skandale war in allen Fällen identisch: die Straffreiheit ihrer Akteure, der Politiker. Erst nach dem Zusammenbruch des Regimes, also nach 1992, gelang es nennenswerten Teilen der Justiz, diesen Kreislauf zu unterbrechen.

Die Mailänder Staatsanwälte um Antonio Di Pietro drangen ab 1992 mutig in den tiefen Korruptionsfilz von Wirtschaft und Politik ein. Doch mit neuen Politikern wie Silvio Berlusconi installierten sich nach einer radikaldemokratischen Interimszeit zwischen 1992 und 1994 doch nur altbekannte Verhältnisse, und es bleibt zu bezweifeln, ob das Werk der Staatsanwälte, schuldige Politiker und Mächtige aus der Wirtschaft für ihre Gesetzesbrüche hinter Schloß und Riegel zu bringen, fortgeführt wird.

Das Dilemma des Buches ist, daß es zahllose kleine und größere Leerstellen hat, die der Leser nur durch anderswo erworbene Kenntnisse auffüllen kann. Ohne dieses Vorwissen sind die reichhaltigen Details aus dem inoffiziellen Italien nicht nur in der deutschen, sondern auch in der Originalausgabe kaum richtig nachzuvollziehen. So wird beispielsweise auf S. 32 von einem Korruptionsfall der INA und Federconsorzi gesprochen, ohne daß der Leser Erklärungen und Einordnungen erfährt, was sich hinter diesen Kürzeln und Vereinigungen überhaupt verbirgt. Eine akkurate Edition mit Erklärungen in Fußnoten hätte diesen Mangel in der deutschen Ausgabe sicher wettmachen können. Das Abkürzungsverzeichnis, das der deutschen Ausgabe am Ende beigefügt wurde, versorgt das unbefriedigte Informationsbedürfnis hier nur mit dem Allernotwendigsten: Daß INA *Istituto Nazionale delle Assicurazioni* bedeutet, wird erklärt, nicht jedoch, daß sich hinter Federconsorzi die *Federazione Italiana Consorzi Agrari* verbirgt.

Als die erste Ausgabe der Biographie *Berlusconi, Showmaster der Macht* der beiden unerschrockenen Journalisten Giovanni Ruggeri und Mario Guarino 1987 erschien, erklärte Berlusconi sofort den Krieg gegen die Ergebnisse der Recherchen über Finanzierungshintergründe und Mafia-Kontakte von führenden Mitarbeitern seiner Firmenholding Fininvest. Doch die Verleumdungsklage endete zugunsten der Journalisten, und heute sieht Berlusconi sich mit diversen gerichtlichen Ermittlungen wegen Unterschlagung, Korruption, mafioser Kontakte und obskurer Finanzierungspraktiken konfrontiert.

1994, kurz vor dem Wahlsieg Berlusconis, erschien dann die zweite Ausgabe, völlig überarbeitet, aktualisiert und mit vertieften Recherchen. Recherchen, die zu Vermutungen Anlaß geben, daß hinter den ungeklärten Finanzierungsquellen während des kometenhaften Aufstiegs Berlusconis reingewaschene Mafiagelder aus dem Drogenhandel stehen. Die Autoren machten schon mit der ersten Ausgabe 1987 die seinerzeit von Berlusconi abgestrittenen, jedoch erwiesenen Kontakte mit der subversiven und in großem kriminellen Stil tätigen Freimaurer-Geheimloge P2 publik. Seit 1994 weiß man, daß die die Demokratie aushöhlenden Aktivitäten der P2 mit ihrem Verbot 1982 keineswegs aufgehört haben. Die Forza Italia-Bewegung Berlusconis weist in Struktur und politischen Positionen erstaunliche Parallelen mit der P2 auf.

Die Autoren nehmen kein Blatt vor den Mund, wo es um Schlußfolgerungen aus ihren Recherchen und den für jedermann sichtbaren Tatsachen der Politik Berlusconis geht. Die ersten sechs Monate Regierungspraxis, die vor allem die Fininvest aus ihrer Krise und die alten politischen Freunde aus den Gefängnissen hieven sollte, nimmt in einem gesonderten Kapitel der *taz*-Korrespondent Werner Raith unter die Lupe. Die Gefahr einer erneuten Übernahme des Ministerpräsidentensessels durch Berlusconi ist noch nicht gebannt: Das Buch bleibt aktuell.

Die juristischen Ermittlungen gegen die Fininvest und einige ihrer Top-Manager durch die Mailänder Staatsanwaltschaft gehen weiter. Während seiner kurzen Regierungszeit hat Berlusconi den Pool dieser Ermittler zu seinem Hauptfeind erklärt und mit politischen Manövern und Regierungsdekreten versucht, die Ermittlungen gegen sich zu stoppen. Seither geht der Kampf mit Intrigen und verdeckten Attacken weiter. Einzelne Poolmitglieder sollen eingeschüchtern werden und Uneinigkeit unter den Staatsanwälten gesät werden.

Silvio Berlusconi trat an, der von Korruption und politischen Intrigen geprägten Ersten Republik die ehrliche, ganz andere Zweite Republik entgegenzusetzen. Giuseppe Tomasi di Lampedusa spricht in seinem *Leoparden* von der Notwendigkeit, große Veränderungen zu proklamieren, wenn alles so bleiben soll, wie es ist.

Die beiden aufregenden Jahre von 1992 bis 1994 nährten Hoffnungen auf grundlegende Veränderungen. Die Chronik dieser Jahre, die die *Spiegel*-Korrespondentin Valeska von Roques in *Die Stunde der Leoparden. Italien im Umbruch* verfaßt hat, beobachtet die politischen Ereignisse, die zu Stationen des Niedergangs des christdemokratischen Regimes wurden: von dem Beginn der Verfolgung der Korruption großen Stils durch die Mailänder Staatsanwaltschaft bis zum politischen Sieg Berlusconis Anfang 1994. Die Mischung aus konkreten Fakten, eigenen Recherchen, Rückblicken in die Geschichte, Szenen aus der italienischen Gegenwartsgesellschaft und klaren politischen Einschätzungen vergegenwärtigt das heutige Italien in anschaulicher Form.

Ausführlich wird auf den berühmtesten Repräsentanten des christdemokratischen Dauerregimes der Nachkriegsjahrzehnte, Giulio Andreotti, eingegangen. Erstaunlich wenig ist in Deutschland über seine politische Strategie der Kollaboration mit der Mafia bekannt. Kaum einmal liest man in der deutschen Presse über die Hintergründe seiner »Mafiosität«. Überstrapaziert wird meist die Bedeutung des Begrüßungskusses für den Mafia-Boß Totò Riina, der Andreottis Mafia-Kollaboration auf einer persönlich-mafiosen Ebene festschreibt und damit ins Unverständliche entrückt. Man kann hoffen, daß der im Herbst beginnende Andreotti-Prozeß politisch rezipiert wird und damit seine im Prozeß nachzuweisenden direkten Mafia-Kontakte als strategisches Kalkül zur Sicherung des DC-Regimes gegenüber den starken italienischen Kommunisten erkennbar wird.

Anschaulich beschrieben wird auch die föderalistische Bewegung Umberto Bossis, die Lega-Nord, die in den letzten Jahren eine bedeutende Rolle gespielt hat, deren Einfluß jedoch heute wieder im Schwinden begriffen ist. Als eine reine Anti-Bewegung ist sie von den Verhältnissen, die sich gewandelt haben, überholt worden.

Das Buch stellt sich diesen fließenden Verhältnissen und schreibt selbst nicht fest, was noch immer schnellen Veränderungen unterworfen ist. Klarer hat sich seit dem Erscheinungszeitpunkt des Buches im Herbst 1994 beispielsweise die Parteienlandschaft in Richtung der anderen, »normaleren« westlichen Demokratien entwickelt: ein Mitte-Links-Block um den Ministerpräsidentskandidaten Romano Prodi gegenüber einem Mitte-Rechts-Block unter der Führung des Ex-Ministerpräsidenten Berlusconi. Der für die Mitte-Links-Parteien siegreiche Ausgang der Regionalwahlen vom April 1995 läßt wieder starke Hoffnungen auf einen ebensolchen Erfolg bei den Parlamentswahlen erwachen.

Regine Igel

Nuto Revelli, *Il disperso di Marburg*, Einaudi, Torino 1994.

Ein Vermißter? Denkt man da nicht automatisch an Familientreffen, an Berichte über im Krieg verschollene Verwandte oder an die »Steckbriefe«, mit denen das Rote Kreuz noch bis in die 60er Jahre hinein Vermißte zu finden versuchte? Jede dieser Suchmeldungen stand für ein Einzelschicksal, und von einem solchen handelt *Il disperso di Marburg [Der Vermißte von Marburg]*. Erzählt wird die Geschichte eines im Frühjahr 1944 in der Nähe von Cuneo verschollenen deutschen Offiziers. Jeden Morgen pflegte er alleine auszureiten, obwohl er doch hätte wissen müssen, daß das in einer von Partisanen kontrollierten Gegend nicht ganz ungefährlich war. Hier und da machte er eine Pause, sprach mit Kindern oder schenkte einem Bauern ein Zigarillo. In der Umgebung war er bald bekannt, und nicht wenige sprachen von dem »guten Deutschen«. Eines Tages jedoch wurde er von Unbekannten erschossen, sein Pferd lief zur Kaserne zurück und löste Alarm aus. Die sofort eingeleitete Suchaktion blieb erfolglos, zum Glück, wie ein Augenzeuge meinte, denn sonst wären bei einer Vergeltungsaktion der Deutschen mindestens zehn Unschuldige erschossen und alle Häuser der Umgebung in Brand gesteckt worden.

Als der ehemalige Partisan und bekannte Resistenzaforscher Nuto Revelli zum erstenmal von dieser Geschichte hörte, war er vor allem verblüfft. »Non avevo mai ascoltato una storia così insolita, così estranea alla mia esperienza di guerra« [Noch nie hatte ich eine so ungewöhnliche, meiner eigenen Kriegserfahrung derart widersprechende Geschichte gehört.] Seine Erfahrungen als Offizier bei einer in Rußland eingesetzten italienischen Kompanie und später als Partisan im Kampf gegen die deutsche Besatzung hatten ihn gelehrt, »che tutti i tedeschi (...) erano bestie, non uomini« [»daß alle Deutschen Bestien waren, keine Menschen«]. Doch wie ließ sich dieses Feindbild mit der Legende vom »guten Deutschen« unter einen Hut bringen? Sollte es das wirklich gegeben haben? Revelli sträubte sich, einen solchen Gedanken zuzulassen, denn »la guerra era la guerra e in quei ventimesi ogni tedesco ucciso voleva dire una pallottola ben spesa, un nemico in meno« [»Krieg war Krieg, und in jenen zwanzig Monaten war jede Kugel gut investiert, wenn sie einen Deutschen tötete: ein Feind weniger«]. Wozu also nachforschen, alte Wunden wieder aufreißen? Doch die Geschichte ließ ihm keine Ruhe, seine für unumstößlich gehaltenen Gewißheiten gerieten ins Wanken. Widerstrebend, doch gleichzeitig fasziniert, beginnt er seine Suche nach dem »cavaliere solitario« [einsamen Reiter].

In seinem in Tagebuchform abgefaßten Buch dokumentiert Revelli die verschiedenen Etappen dieser Suche. Zunächst mobilisiert er die »mündlichen Quellen«, findet durch Vermittlung von Bekannten und ehemaligen Mitkämpfern immer neue Augenzeugen, stößt auf immer neue Versionen der Geschichte. Allerdings sind die Auskünfte widersprüchlich, die mehr als vierzigjährige Distanz zu dem Ereignis fordert ihren Tribut. Handelte es sich bei dem »einsamen Reiter« wirklich um einen Deutschen oder vielleicht eher um einen der vielen Polen, Russen, Georgier aus den sogenannten Ostbataillonen? Wie alt war er, und trug er tatsächlich eine deutsche Uniform mit Offiziersabzeichen? Wurde er im Mai, Juni oder erst im September umgebracht? An einem gewissen Punkt wird es unerläßlich, die Berichte der Augenzeugen mit den »schriftlichen Quellen« zu konfrontieren. Bei einem Kongreß über die Geschichte der Resistenza lernt Revelli einen deutschen Historiker kennen, der sich sofort bereit erklärt, ihm bei der »Suche nach der Stecknadel im Heuhaufen« zu helfen. In mühevoller Kleinarbeit wird in sämtlichen deutschen Militärarchiven nach Hinweisen gesucht. Obwohl die deutschen Archive zu Revellis wachsendem Erstaunen sehr effizient arbeiten und mit großer Ernsthaftigkeit und Sensibilität zu Werke gehen, sind die Fortschritte in der Sache nur gering. Andererseits entwickelt sich durch kontinuierliche Korrespondenz und unzählige persönliche Besuche eine regelrechte Freundschaft zu dem deutschen Historiker: »Non ho fatto passi avanti verso il cavaliere solitario, ma il mio ›tedesco buono‹ l'ho trovato« [Meinem einsamen Reiter bin ich nicht näher gekommen, aber meinen »guten Deutschen« habe ich gefunden.] Unterstützung kommt auch von anderer Seite: von deutschen Historikern, von den Mitarbeitern des Istituto Storico della Resistenza in Cuneo, von alten und neuen Bekannten vor Ort, einem italienischen Studenten, der in den deutschen Militärarchiven die Aktionen gegen die Resistenza erforscht, um nur die wichtigsten zu nennen.

Die Suche nach der Identität des »einsamen Reiters« liest sich wie ein Krimi, der Historiker wird zum Detektiv, der Indizien sammelt und Zeugen vernimmt, wobei die Verflechtung von »oral history« und das Aufspüren und Auswerten der schriftlichen Quellen fortwährend zu neuen Erkenntnissen, aber auch zu Rückschlägen und überraschenden Wendungen führt. Über dic vordergründige »Kriminalstory« hinaus wird der Leser Zeuge, wie hinter dem »Feind« langsam die konkrete Person zum Vorschein kommt. Als er schließlich nach achtjähriger Suche ein Foto des »einsamen Reiters« in Händen hält und erfährt, daß dieser kein Nationalsozialist und auch kein fanatischer Militarist war, empfindet er anstatt Genugtuung über das erreichte Resultat eher Mitleid, vor allem für die Eltern, die damit auch den zweiten ihrer beiden Söhne verloren hatten. »Sono più triste che contento« [Ich bin eher traurig als zufrieden.] An die Stelle gelebter Feindschaft ist die Einsicht getreten, daß der an sich schon absurde Krieg für die Gegenseite keineswegs weniger tragisch gewesen sein muß.

Wir haben es hier mit einem sehr persönlichen und nicht zuletzt deshalb äußerst spannenden Versuch zu tun, die tief verwurzelten Feindbilder von damals (und von heute?) zu bearbeiten. Mithin ein Geschichtsbuch ganz anderer Art, im Jahr der vielen Gedenkfeiern zur 50. Wiederkehr des Kriegsendes eine lohnende Lektüre.

Petra Kaiser

Antonio Tabucchi, *Erklärt Pereira – Eine Zeugenaussage*, Hanser, München 1995.
Antonio Tabucchi, *L'angelo nero*, Feltrinelli, Mailand 1991.
Antonio Tabucchi, *Lissaboner Requiem – Eine Halluzination*, Hanser, München 1994.

Antonio Tabucchi hat 1994 zwei neue Veröffentlichungen vorgelegt, ein kleines Büchlein über Fernando Pessoa und die Erzählung *Erklärt Pereira – Eine Zeugenaussage.* Dieses Buch nimmt meines Erachtens eine Sonderstellung im Werk Tabucchis ein. Gerade im Vergleich zu den Veröffentlichungen der letzten Jahre überrascht die Richtung, die Tabucchi seiner literarischen Suchbewegung gibt.

Im Zentrum der Erzählung steht der alternde Journalist Pereira, der Ende der 30er Jahre in eine Lebens- und Sinnkrise gerät. In 25 knappen, genau komponierten Kapiteln gibt Pereira Auskunft über sein bisheriges Leben. Als Feuilleton-Redakteur einer Lissaboner Zeitung führte er ein einsames, unpolitisches Leben, bis er eines Tages in seinem Stammcafé erfährt, daß ein kleiner Straßenhändler von einem Polizisten erschlagen worden ist. Doch in seiner Zeitung erscheint darüber kein Wort. Pereira beginnt nachzudenken, doch angesichts der Unfähigkeit zu handeln, empfindet er vor allem Scham. Ein neuer Kollege, der junge und politisch aufgeweckte Journalist Monteiro Rossi, zwingt ihn in Gesprächen zu einer ersten ehrlichen Selbstbestimmung. Und weitere Figuren befördern die innere Entwicklung Pereiras: eine deutsche Jüdin auf der Flucht, die ihm Thomas Manns Exil als Beispiel vorhält; der Arzt Cardoso, der bei einem Sanatoriumsaufenthalt Pereiras Blick darauf lenkt, daß er Literatur gerne als Medium zur Flucht vor der Wirklichkeit benutzt; und der Priester Padre Antonio, mit dem er zunehmend mehr über die Rolle des Klerus im spanischen Bürgerkrieg diskutiert und weniger über Glauben und Tod. Als schließlich Monteiro Rossi, auf der Flucht vor der Geheimpolizei, in Pereiras Wohnung von Agenten erschossen wird, nimmt er allen Mut zusammen und tut, was er als freier Journalist und Intellektueller längst hätte tun müssen. Mit dem Bericht »Junger Journalist ermordet« formuliert er sein öffentliches »Ich klage an«, signiert den Artikel zum ersten Mal mit vollem Namen und schmuggelt ihn an der Zensur vorbei ins Blatt. Dann packt er die Koffer. – In dieser Krisensituation wird es für Pereira unausweichlich, Partei zu ergreifen, nur durch diesen Akt gewinnt er die Selbstachtung zurück, die er sich unmerklich hatte nehmen lassen.

Erklärt Pereira besticht durch die einfühlsame und genaue Schilderung einer existenziellen Krise und ihrer Bewältigung. Dazu trägt wesentlich bei, daß Tabucchi eine einfache und äußerst wirkungsvolle Darstellungform für den persönlichen und politischen Lernprozeß Pereiras gefunden hat. Durch seinen Kunstgriff, den Lebensbericht in Form eines Protokolls ins Werk zu setzen, durchbricht er die Unmittelbarkeit der direkten Rede und stellt eine objektivierende Distanz zum Erzählten her. Durch diese Form der Wiedergabe aber wahrt der Text, bei aller Sympathie für die Hauptfigur, jenen sachlich-distanzierten Ton, ohne den solch ein intimes Zeugnis heute kaum noch glaubwürdig zu erzählen wäre. Denn diese Erzählweise verhindert, daß Pereiras Entwicklung zur propagandistischen Illustration eines eindimensionalen Gesinnungswandels verkommt oder auch nur in die Nähe jener geschwätzigen Pathetik gerät, die man aus der Bekenntnis- und Selbstfindungsliteratur zur Genüge kennt.

Das von Tabucchi eingesetzte Verfahren ist nicht ohne Bezug auf bekannte literarische Vorbilder: Durch den gesamten Text zieht sich eine Auseinandersetzung etwa mit Thomas Mann. Das Gespräch mit der Reisebegleiterin drehte sich um ihre Mann-Lektüre, und die Anlage der Sanatoriums-Kapitel erinnert an den *Zauberberg*. Die Form des Selbstzeugnisses schließlich läßt an die *Bekenntnisse des Hochstaplers Felix Krull* oder, um ein anderes Beispiel zu nennen, an Albert Camus' *Der Fall* denken. Während Camus' Anwalt jedoch im entscheidenden Augenblick seines Lebens versagt und damit seinen Fall einleitet, ergreift Pereira noch rechtzeitig die Initiative. Nur das unprätentiöse Protokollverfahren wird Tabucchis positiv gewendeter Darstellungsabsicht gerecht.

Wenn diese Protokollform Dreh- und Angelpunkt der Darstellung ist, dann fragt sich allerdings, wer der unsichtbare Dritte ist, vor dem Pereira seine Existenz bloßlegt. Wer erzählt hier eigentlich? Der Text läßt hier nur indirekte Schlußfolgerungen zu: Es könnte sich um eine Art Beichte bei Padre Antonio handeln, um eine Fallgeschichte des Dr. Cardoso oder auch um das Protokoll eines Verhörs bei der Geheimpolizei, die Pereira an der Grenze aufgegriffen haben könnte. Beichte, Fallgeschichte, Verhörprotokoll – durch diese Möglichkeiten ergibt sich eine jeweils andere Deutung für Pereiras Worte.

Damit wird der Leser als teilnehmender Beobachter am Ende noch einmal auf den Text selbst zurückverwiesen, und das chronologisch erzählte Selbstzeugnis erscheint unter moralischen, psychologischen oder kriminalistisch-politischen Gesichtspunkten in neuem Licht. Und die Frage an den Leser könnte lauten: Stimmt es, daß die Überwindung einer existenziellen Krise nur unter Einsatz der ganzen Person *und* unter Berücksichtigung der politischen Rahmenbedingungen gelingen kann? In der Form unaufdringlich, inhaltlich aber sehr bestimmt scheint mir die Erzählung eine überraschend klare Antwort zu geben: Pereira mußte sich in seinem mühseligen Kampf gegen die Resignation und in seinem Ringen um die Selbstachtung die bisher abgespaltene Dimension des Politischen zurückerobern. Im Leben des Einzelnen sind die existenzielle und die politische Dimension derart miteinander verwoben, daß eine von beiden nur um den Preis persönlichen Unglücks ignoriert werden kann.

Hinter Pereiras Bericht verbirgt sich aber noch ein Selbstzeugnis ganz anderer Art. *Erklärt Pereira* kann nämlich auch als eine mit erzählerischen Mitteln vorgetragene Reflexion über die politische Verantwortung der Literatur selbst verstanden werden. Hierfür sprechen bereits die literarischen Bezüge des Textes. An markanten Stellen sind in die Überlegungen und Gespräche Pereiras immer wieder literarische Texte und politische Stellungnahmen europäischer Schriftsteller eingeflochten: Durch die Balzac-Lektüre etwa kann Pereira seinen inneren Konflikt zum ersten Mal in objektivierter Form zur Sprache bringen. Thomas Manns Haltung zum Nationalsozialismus oder die Positionen Mauriacs und Claudels zum spanischen Bürgerkrieg zwingen ihn zu einer eigenen Stellungnahme. Schließlich bedient sich Pereira der Veröffentlichung bestimmter literarischer Texte in seiner Zeitung, um durch sie – ›per interposta persona‹ – seine eigene Meinung indirekt zum Ausdruck zu bringen.

In *Erklärt Pereira* werden zwei Möglichkeiten im Umgang mit Literatur skizziert: Literatur kann die Neigung zur Flucht vor der äußeren Realität bestärken, sie kann aber auch zur Orientierung und Klärung in persönlichen und politischen Konfliktsituationen beitragen. Für die Sonderstellung von *Erklärt Pereira* im Werk Tabucchis spricht meines Erachtens, daß sich in der Figur Pereiras eine kritische Revision Tabucchis eigener Erzählweise andeutet. Zwar werden Motive und Themen aufgenommen, die er schon in früheren Büchern, ich denke an *L'angelo nero [Der schwarze Engel]*(it. Mailand 1991) oder an *Lissaboner Requiem*, beschäftigt haben: Das innige Zwiegespräch mit längst Verstorbenen und die erinnernde Evokation einer versunkenen Zeit finden sich dort ebenso wie die hervorgehobene Bedeutung alles Literarischen. Vergeblich aber wird man in *Erklärt Pereira* nach den für Tabucchi sonst typischen literarischen Vexierspielen mit Spiegelungen, Traumphantasien, Doppelsinnigkeiten und plötzlichen Verkehrungen des Erzählten fahnden.

Nimmt man etwa die Erzählungen »Voci portate da qualcosa, impossibile dire cosa« [Zugetragene Stimmen, unmöglich zu sagen wodurch] und »Capodanno« [Sylvester] aus dem Band *L'angelo nero*, so fällt auf, daß die Satzfetzen, die in der ersten Erzählung nach einem surrealistischen Verfahren aus ihrem Zusammenhang gerissen und neu zusammengesetzt werden, einzig dazu dienen, die Befindlichkeit des Erzählers darzustellen und zugleich zu verrätseln. Dadurch wird zwar eine genaue Beschreibung eines inneren Zustands erreicht, die Erzählung selbst aber bleibt allein einer Stimmung von Verlorenheit verhaftet. Irrealisierung, Todes- und Selbstmordgedanken beherrschen den Ton dieser Erzählungen so nachhaltig, daß keine Orientierung auf die Zukunft möglich scheint, weshalb sie folgerichtig an der Schwelle zum Selbstmord enden.

Auch im *Lissaboner Requiem* mit dem bezeichnenden Untertitel »Eine Halluzination« werden die Realitätswahrnehmung der Hauptfigur und ihre tagträumerisch - schlafwandlerischen Phantasien derart übergangslos ineinandergeblendet, daß Vergangenheit und Gegenwart widerstandslos zusammenfließen; Traumwelt und äußere Realität sind von gleicher Konsistenz. Wohl kündigt sich in *Requiem* eine neue Orientierung an, und die Macht der Verstorbenen, die in das gegenwärtige Leben hineinragen und es bedrängen, wird gebrochen; aber letztlich bleibt der Ich-Erzähler Gefangener seiner Selbstbezogenheit. Auch diese Erzählung verbleibt im Bannkreis der Vergangenheit und der Melancholie.

Davon setzt sich *Erklärt Pereira* entschieden ab. Zwar ist auch Pereira zu Beginn des Romans in Todesgedanken gefangen und lebt stärker in der Vergangenheit als in der Gegenwart. Doch durch die Figur des Monteiro Rossi wird die Problematik dieser Stimmungen offensichtlich. Pereira ist aufgefordert, seine Weltabgewandtheit zu überwinden und sich den realen Verhältnissen zu stellen. Dabei muß er von Anfang an auch der politischen Realität Rechnung tragen. Dem Polizeistaat Salazars ist mit dem Spiel der Phantasie nicht mehr zu entkommen.

Die bekannten Motive und Verfahrensweisen dominieren also nicht mehr den Text, sondern sind als Elemente einer übergeordneten, kritischen Erzählabsicht eingegliedert und neu gewichtet worden. Es scheint mir, als habe Tabucchi, analog zur Situation Pereiras, die eigene literarische Einbildungskraft einer Überprüfung unterzogen. Indem er sie an eine gesellschaftliche Situation zurückgebunden hat, problematisiert er sein eigenes Schaffen und rückt es in eine Perspektive ein, die die politische Verantwortung der Literatur exemplarisch thematisiert. In einer historischen Situation, wie sie im Sommer 1938 vor dem Hintergrund des heraufziehenden Zweiten Weltkriegs unter der portugiesischen Diktatur gegeben ist, wäre ein Text wie das *Lissaboner Requiem* eine wohl interessante, aber letztlich frivole, evasionistische Lektüre.

Man könnte Tabucchi vorwerfen, daß er sich einen historischen Hintergrund für seine Geschichte gewählt hat, vor dem die positive Wendung im Leben des Protagonisten allzu leicht vonstatten geht. Ich glaube, daß eine solche Behauptung nicht den Kern der Sache trifft. Tabucchi dürfte diese historische Situierung bevorzugt haben, um die Kernfrage schärfer hervortreten zu lassen: Wie orientiert man sich angesichts einer historisch offenen und daher unübersichtlichen Entscheidungssituation, und wie sollte die Literatur beschaffen sein, um bei einer solchen Suchbewegung behilflich sein zu können? Wenn ein Autor sich heute genötigt sieht, so behutsam wie nachdrücklich für politisches Engagement zu plädieren und die eigene literarische Arbeit in dieser Perspektive neu positioniert, dann führt er den Leser des Jahres 1995 genau bis zu dem Punkt, wo dieser sich selbst fragen muß, durch welche offene oder schleichende Korrumpierung seine Selbstachtung kompromittiert werden könnte.

Michael Becker

Umberto Eco, *La ricerca della lingua perfetta nella cultura europea [Die Suche nach der vollkommenen Sprache]* (it. Roma-Bari: Laterza 1993; dt. München: Beck 1994.)

Da es nicht an der Zeit sei, eine Universalgeschichte Europas zusammenzufügen, sollte das Thema von den besten zeitgenössischen Historikern mit Essays umkreist werden. So formulierte Jacques Le Goff das Anliegen der Reihe *Europa bauen* unter Hinweis auf das Widersprüchliche, das sich einer harmonisierenden universalgeschichtlichen Darstellung widersetzt.[1] Auch das Nachdenken über die Vielsprachigkeit der Zivilisation als Chance oder als Ursache eines Leidens, für das Heilung gesucht wird, ist kein abgeschlossenes Kapitel der europäischen Kulturgeschichte. Gerade in einer Zeit, in der die Völker Europas sogar eine größere Zahl verschiedener Sprachen sprechen als noch vor zehn Jahren und in der sie mancherorts im Zeichen ihrer ethnisch-sprachlichen Unterschiede bewaffnete Auseinandersetzungen führen, scheint sich allerdings der Gedanke einer Universalsprache endgültig als Utopie erwiesen zu haben. Oder ist die Notwendigkeit einer einheitlichen Universalsprache doch mit der ebenso notwendigen Verteidigung der sprachlichen Traditionen vereinbar?

Der von Umberto Eco gewählte Ausgangspunkt mag den Leser überraschen: der Anfang Europas – eine zweite babylonische Sprachverwirrung? Zwischen dem Fall des Römischen Reiches und dem Ende des Hochmittelalters situiert Eco Vorahnungen des späteren Europa. Die Katastrophe von Babel scheint sich damals insofern zu wiederholen, als sich neue Sprachen herausbilden. Gegenüber der Einheit des Römischen Reiches präsentiert sich Europa nicht mehr in lateinischer Sprache. Eco geht es in seinem Buch um Versuche, dieser Sprachverwirrung durch Wiederentdeckung oder Erfindung einer allen Menschen gemeinsamen Sprache abzuhelfen.

Eco selbst nennt vier Bereiche, in denen ihn Sprachprojekte interessieren (dt. S. 16): 1. Die Wiederentdeckung historischer Sprachen, die als ursprünglich oder in mystischer Weise vollkommen galten (das Hebräische, das Altägyptische oder das Chinesische); 2. Die Rekonstruktion von Sprachen, die als ursprünglich postuliert worden sind (z.B. das Indoeuropäische); 3. Artifizielle Sprachen, die Vollkommenheit durch Funktion, Struktur, Universalität oder Praktikabilität anstreben; 4. Sprachen, die nach Vollkommenheit durch mystische Sagbarkeit oder initiatische Geheimhaltung streben.

Auch Eco muß zu Benennungszwecken die vielfältigen Träume von einer universalen oder vollkommenen Sprache auf eine Kurzform bringen: »la lingua perfetta«. Natürlich kann man hier mit einer gewissen Berechtigung eine klare Terminologie vermissen.[2] Es trifft auch zu, daß die mit »perfetta« gemeinte positive Bestimmung einer sprachlichen Utopie von sich wandelnden philosophischen, religiösen, rhetorischen und linguistischen Leitbildern geprägt war. Die Reflexion dieser Beziehungen müßte auf einer metahistoriographischen Ebene einsetzen, wenn es denn wirklich um Historiographie des »Nebenprodukts« Sprachtheorie ginge. Eco geht es jedoch erklärtermaßen um Ideengeschichte in einem kulturgeschichtlichen Kontext.

Darüber hinaus kann ein Leser Ecos wohl auch andere Bezüge nicht verkennen. Man begegnet alten Bekannten, fragt sich vielleicht, in welchem Text sie wirklich zu Hause sind. Da ist Abraham Abulafia, diesmal nicht als Name des Computers, der sein Geheimnis im *Foucaultschen Pendel* zwar nicht im Ergebnis folgerichtiger Buchstabenkombinationen, schließlich aber doch erstaunlich leicht preisgibt, sondern als historisch zu betrachtender Autor des 13. Jahrhunderts im Umkreis der Kabbala und ihrer faszinierenden Kombinatorik. Casaubon tritt nicht als von der Handlung betroffener Erzähler auf, sondern als derjenige Isaac Casaubon, der bewiesen hat, daß das gesamte *Corpus Hermeticum* nicht weiter als bis in die ersten Jahrhunderte unserer Zeitrechnung zurückreichen konnte. Wissenschaftshistorische Wahrheit und literarische Gestaltung erscheinen stellenweise schwer abgrenzbar, gerade darauf beruht die Wirkung einzelner Kapitel, die sicher anziehender für den Leser sind als andere, durch umfangreiche Dokumentation recht schwer lesbare Passagen. Schließlich spricht Eco auch selbst von Figuren (»personaggi«) und legt damit das Moment literarischer Gestaltung nahe: »Viele meiner Figuren haben etwas von Verrücktheit« (dt. S. 18).

Die Vielschichtigkeit des Themas läßt sich an der Gliederung der Kapitel, aber auch in wechselnden Gestaltungsweisen nachvollziehen. Nach einer Diskussion der unterschiedlichen textuellen Anknüpfungspunkte in *Genesis* 10 und 11 kann der Verweis auf Platons *Kratylos* natürlich nicht fehlen. Breiten Raum nimmt die Darstellung der Kabbala, des Lullismus und die Aufnahme der von ihnen kommenden Anstöße im Mittelalter und der Renaissance ein, die schließlich auch auf Dante Alighieri bezogen werden. In der ideengeschichtlichen Darstellung läßt Eco keinen Zweifel daran, daß einigen der behandelten Autoren seine besondere Vorliebe gilt. Hierzu gehört zweifellos der Jesuit und Universalgelehrte Athanasius Kircher (1602-1680), der im Zusammenhang mit der Rückführung auf das Hebräische als Ursprache, aber auch wegen seiner Studien zu den ägyptischen Hieroglyphen und den chinesischen Schriftzeichen erwähnt wird. Bemerkenswert ist dabei die Direktheit, in der Eco Beziehungen zwischen der Gesellschaftssicht Kirchers und seinen semiotischen Deutungen herstellt. In Analogie zum Umgang mit Amerika, das bekehrt werden sollte, indem man jede Spur einer originären Kultur auslöschte, sind für Kircher die altamerikanischen Zeichen nicht nur platt referentiell, sondern offenbaren auch die diabolische Natur eines Volkes, das jede Spur von archaischer Weisheit verloren hat.

Gegenüber der ausführlichen Behandlung Kirchers fällt die Darstellung der weiteren Diskussion um die Hieroglyphen kurz aus: Giambattista Vico, Nicolas Fréret, Jean-Jacques Rousseau und der Chevalier de Jaucourt können auf knapp drei Seiten (dt. S. 174-177) nicht in den komplexen Zusammenhängen dargestellt werden, in denen die Diskussion um die Schriftzeichen im 18. Jahrhundert zu anderen sprachtheoretischen Fragestellungen auftritt.

Die Utopie einer Universalsprache ist in der Geschichte der Sprachdiskussion die Kehrseite zu einem anderen Thema, das nicht weniger bedeutsam war: die Vervollkommnung der Einzelsprachen, ihre Optimierung für die richtige Erkenntnis der Welt und für deren Mitteilung. Die Erweiterung der Kenntnisse über Sprachen und deren Vielfalt brachte es mit sich, daß neben den philosophischen Diskussionen über Universalien und Relativität im 17. und 18. Jahrhundert auch sprachvergleichende Untersuchungen entstanden, die sich des von Missionaren und Forschungsreisenden gesammelten Materials bedienten. Die philosophische und die komparatistische Diskussion vermischen sich mit nationalistischen Argumenten, etwa mit dem Versuch, das Kastilische von einer der unmittelbar nach Babel entstandenen Sprachen abzuleiten und ihm dadurch Adelspatente zu verleihen.

Die Vielfalt der Theorien und Namen, die Eco in diesem Zusammenhang erwähnt, mag auf den ersten Blick verwirrend und in Anordnung und Auswahl nicht immer leicht nachzuvollziehen sein, sie illustriert jedoch sehr eindrucksvoll den Zusammenhang nationalistischer Hypothesen über das Entstehen der Sprachen mit der Entstehung und Entwicklung der großen europäischen Nationalstaaten. Parallel dazu wird deutlich, wie sich durch die immer präzisere Arbeit des Sprachvergleichs, die auch zur Annahme einer nicht mehr existierenden indoeuropäischen Ursprache führte, das Phantom der Ursprache immer mehr auflöste.

Dabei wird für das 17. Jahrhundert ein Paradigmenwechsel angesetzt. Während vorher die Suche nach der vollkommenen Sprache vor allem durch religiöse Bestrebungen inspiriert war, soll eine philosophische Sprache nun dazu dienen, Irrtümer auszuräumen, die den menschlichen Geist vernebelt und vom wissenschaftlichen Fortschritt abgehalten haben. Hatten vorher gerade Vagheit und Symbolreichtum als vollkommen betrachteter Sprachen als Kraft gegolten, so waren nun andere Bedürfnisse ausschlaggebend: die Expansion nach Amerika, die insbesondere für England nicht mehr zu akzeptierende Verwendung des Lateinischen als Wissenschaftssprache, das immer dringendere Bedürfnis, adäquate Nomenklaturen für neue Entdeckungen auf dem Gebiet der Naturwissenschaften zu finden, um den symbolisch-allegorischen Vagheiten der früheren alchimistischen Sprache zu entgehen. Die Möglichkeiten der Erkenntnis lassen sich vom Problem der Benennung des Erkannten und des zu Erkennenden nicht mehr trennen.

Auch hier fühlt man sich an die literarische Gestaltung erinnert, die Eco dieser Aussage in *Die Insel des vorigen Tages* (München 1995) gegeben hat: Der Schiffbrüchige Roberto della Grive sieht im Sommer 1643 nahe der Datumsgrenze bisher außerhalb seiner Erfahrungswelt liegende Sterne, Gewässer, Pflanzen, Fische und Korallen, die er nicht benennen kann und die einen nach dem historischen Modell eines Kircher-Schülers dargestellten Würzburger Professor zu letztlich tödlichen Experimenten veranlassen.

Unter streng ideengeschichtlichem Gesichtspunkt behandelt Eco allerdings die Universalsprachenprojekte von George Dalgarno, John Wilkins und Francis Lodwick, schließlich auch Gottfried Wilhelm Leibniz. Selbst wenn es Leibniz aufgrund seiner Annahme einer eigenen Sicht jedes Individuums nicht möglich war, die Welt durch ein Raster aus ein für allemal konstruierten Gattungen und Arten zu sehen, so konnte er sich doch an der Suche nach einer vollkommenen Sprache beteiligen, die durch eine Kombinatorik von Zeichen richtige Einsichten ermöglichen solle. Auf der anderen Seite war Leibniz von der Vielfalt und Ausdrucksfülle der natürlichen Sprachen begeistert und widmete deren Zusammenhängen und Abstammungslinien zahlreiche Arbeiten.

Der Weg von den Universalsprachenprojekten des 17. Jahrhunderts zur Semiotik der Aufklärung wird vor allem unter Hinweis auf einen wichtigen erkenntnistheoretischen Perspektivenwechsel gekennzeichnet, der die Gegenseitigkeit der Beeinflussung von Sprache und Denken herausstellt und vor allem von sensualistischen Theoretikern veranlaßt wurde. Eine rationalistische Ausrichtung bedeute die Suche nach eingeborenen gemeinsamen Prinzipien der Sprachen, während die empiristisch-sensualistischen Theorien eher auf die sprachlichen und kognitiven Unterschiede orientierten. Der Nachteil dieser Verallgemeinerung liegt gerade in der Eindeutigkeit der Zuordnung und im Verschwinden der Übergangserscheinungen. So waren die französischen »Ideologen« zweifellos epistemologisch gesehen Sensualisten, was sie aber nicht daran hinderte, die Frage nach einer universell lesbaren Schrift als einer zuverlässigen Erkenntnismethode durchaus auch positiv zu diskutieren. Die Kritik an den eingeborenen universellen Grundlagen aller Kommunikationsformen und das Durchsetzen der Überzeugung, daß jeder Sprache eine eigene Denkweise entspricht, schließt die Suche nach einer gemeinsamen vollkommenen Sprache keinesfalls aus. Relativistisch gewendet kann sie sogar die Vorstellung einer gegenseitigen Ergänzbarkeit der Vorzüge mehrerer Sprachen ergeben. Daß diese Utopie eines kulturellen Pluralismus hinter eher nationalistischen Deutungen zurücktritt, ist unbestritten. Dennoch überrascht die Eindeutigkeit, mit der Eco die Überwindung der Idee von der Monogenese der Sprachen in der indoeuropäischen Hypothese mit letztlich verhängnisvollen Folgen assoziiert und andererseits das utopische Moment im sprachlichen Relativismus verschweigt.

Auf die Entwicklung im 19. und 20. Jahrhundert geht Eco nur kurz und punktuell ein, allerdings von den bereits gut beschriebenen »Welthilfssprachen« bis hin zu »Sprachen für das Weltall«. In einer Zeit, in der sich die »effeti collaterali« [Nebenwirkungen] zu eigenen Theorien und Wissenschaftsdisziplinen verselbständigt haben, scheint die Utopie selbst weniger wichtig zu werden.

Weil der Traum von einer vollkommenen oder universalen Sprache als Antwort auf religiöse und politische Spaltungen oder auch auf Schwierigkeiten der ökonomischen Beziehungen scheitern mußte, liegt es besonders nahe, seinen Nutzen von den Nebenwirkungen her zu bestimmen. Von den Taxonomien der Naturwissenschaften bis zur Vergleichenden Linguistik, von den formalisierten Sprachen bis zu den Projekten der Künstlichen Intelligenz und den Forschungen der kognitiven Wissenschaften betrachtet Eco viele heute praktizierte Theorien als solche »effetti collaterali«.

Als Motto stellte Eco seinem Buch eine Warnung voran, die sich bei näherer Betrachtung als besonders beziehungsreich erweist: »Ich kann euch gewiß niemals raten, dem hier aufgekommenen bizarren Denken zu folgen und von der universalen Sprache zu träumen.« Diese Worte schrieb derselbe Francesco Soave 1774 in seinen *Riflessioni intorno all'istituzione di una lingua universale* [*Überlegungen zur Einrichtung einer Universalsprache*], der sich zuvor ebenso wie Johann Gottfried Herder um den Preis der Berliner Akademie für die Frage nach dem Sprachursprung beworben hatte. Die radikale Skepsis Soaves gegenüber den Universalsprachen ergab sich aus einer Verarbeitung der Diskussion der Aufklärung und hat einen »exzellenten Schüler der ›Ideologen‹« (dt. S. 308) angeregt: Giacomo Leopardi. In seinem *Zibaldone* diskutiert er die Möglichkeiten von Universalsprachen ausführlich, um schließlich, in einem Eintrag vom 23. August 1823, festzustellen, daß die verschiedenen Projekte hinter den konnotativen Subtilitäten zurückbleiben, zu denen eine natürliche Sprache fähig ist: »Eine streng universale Sprache, wenn es denn je eine gäbe, wäre sicherlich aus Notwendigkeit und aufgrund ihrer Natur die allersklavischste, ärmste, schüchternste, monotonste, einförmigste, trockenste und häßlichste Sprache, gänzlich unfähig zu irgendeiner Art von Schönheit, völlig unbrauchbar für die Einbildungskraft und am wenigsten von ihr abhängig, ja am meisten in jeder Hinsicht von ihr getrennt, die blutleerste und lebloseste und toteste Sprache, die man sich vorstellen kann, ein Skelett, ein Schatten von Sprache [...] nicht lebendig, selbst wenn sie von allen geschrieben und überall verstanden würde, ja noch viel toter als irgendeine Sprache, die nicht mehr geschrieben noch gesprochen wird.«

Gerda Haßler

Anmerkungen

1 Die Reihe erscheint gleichzeitig in den Verlagen C.H. Beck, München; Blackwell, Oxford; Crítica, Barcelona; Laterza, Rom-Bari; Le Seuil, Paris.

2 Hüllen, Werner, »Umberto Eco's Journey through European Linguistics«. In: *The Henry Sweet Society for the History of Linguistic Ideas.* Newsletter. Issue No. 23, November 1994, S. 9.

Frank Baasner, Peter Kuon, *Was sollen Romanisten lesen?*, Erich Schmidt Verlag, Berlin 1994.

Für einen Studenten naturwissenschaftlicher Fächer ist es ganz selbstverständlich, am Anfang seines Studiums gesagt zu bekommen, welche Formeln, Gleichungen und Rechenmodelle er bis zum Examen beherrschen muß. In den philologischen Fächern bevorzugt man in Humboldtscher Tradition eine eher vage Umschreibung der Lernziele und betont statt dessen die Freiheit des Einzelnen, sich jenen selbstverständlichen und doch unbenannt bleibenden Kanon an Standardwerken einer Nationalliteratur selbst zu erarbeiten. Doch der Student, der im Schoß einer bildungsbürgerlich geprägten Familie mit der Muttermilch aufsaugen konnte, was man von der französischen, der spanischen und italienischen Literatur gelesen haben muß, kann als ausgestorben gelten. Um nun in aller Diskretion die Lücken im studentischen Basiswissen schließen zu helfen, kursieren an fast allen romanischen Seminaren, mal offiziell, mal unter der Hand, Leselisten. Sie versuchen, die fast grenzenlose Freiheit der möglichen Lektüren zu kanalisieren und sind zumeist hierarchisch gegliedert: Dieses Werk muß unbedingt, jenes sollte möglichst oder könnte auch noch gelesen werden. Eine flexible Anleitung zu neugierigem, von eigenen Interessen getriebenem Lesen rechts und links der standardisierten Pflichtpfade können solche Listen nicht geben.

Einen Minimalkanon definieren und zugleich der Leselust nach eigenen Interessen eine Richtung weisen – diesen Spagat versuchen Frank Baasner und Peter Kuon mit ihrer Leseliste in Form einer Kombination von chronologischer und systematischer Anordnung der Texte. Sie führt zunächst die Klassiker der jeweiligen Literaturen auf, wobei die Auswahl aus der Schnittmenge zwischen dem Lehrkanon deutscher Universitäten und dem »selbstverständlichen Bildungsgut« (S. 8) der jeweiligen Länder gebildet wurde. Zugleich versuchen die Autoren jedoch auch, diesen überlieferten Kanon dezent zu modernisieren, weshalb sie erstens einen Schwerpunkt auf Werke des 19. und 20. Jahrhunderts setzen, und indem sie zweitens auch neue literarische Genres bzw. Medien wie Comic, Film und Chanson berücksichtigen. Daß dieses Vorgehen gleichwertig Marcel Proust neben San Antonio, Juan Rulfo neben Quino und Primo Levi neben Lucio Dalla stellt, mag manchen Akademiker heftig den Kopf schütteln lassen. Doch soll an dieser Stelle nicht grundsätzlich nach Sinn oder Unsinn einer Leseliste gefragt werden, sondern allein danach, inwieweit die vorliegende Liste ihrem Anspruch gerecht wird, einem Studenten zugleich hilfreich und anregend zu sein.

Die französischen, spanischen und italienischen Leselisten gliedern sich chronologisch nach Jahrhunderten und nennen neben Autor, Titel und Jahr der Ersterscheinung auch preiswerte, für Studenten erschwingliche Textausgaben sowie bei besonders wichtigen Werken einführende Sekundärliteratur. In Ausnahmefällen (etwa für die *Poesia dell'Arcadia*) werden nicht nur Originalwerke, sondern auch Anthologien aufgeführt. 15 bis 20 Texte jeder Nationalliteratur sind innerhalb dieser chronologischen Liste mit Sternchen versehen und somit als kanonisierte Minimallektüre gekennzeichnet, wobei diese Auswahl im einzelnen nicht näher begründet wird. Fortgeschrittenen Lesern mit spezielleren Interessen, etwa Studenten auf der Suche nach Seminararbeits- und Examensthemen, wird daneben mit einer zweiten, systematischen Liste eine Annäherung nach Epochen (z.B. Barock, Renaissance), nach Gattungen (z.B. Epos, Oper) oder Schlagworten (z.b. Autobiographie, Frauenliteratur, Risorgimento) angeboten. Dieser Aufbau der Leseliste gilt für alle drei Nationalliteraturen gleichermaßen (wobei allerdings die Rubrizierung der Katalanischen Literatur nur als Schwerpunktthema unglücklich erscheint).

Wie sieht nun nach Baasner und Kuon jener Kanon 16 unverzichtbarer Pflichtwerke beipielsweise der italienischen Literatur aus? Auf Dante Alighieris *Divina Commedia*, Francesco Petrarcas *Canzoniere* (aus dem wiederum eine Auswahl der wichtigsten Gesänge vorgeschlagen wird) und Giovanni Boccaccios *Decameron* folgt Ludovico Ariostos *Orlando furioso*. Niccolò Machiavelli ist der einzige Autor dieser Sternchenliste, der mit zwei Werken für unverzichtbar erachtet wird; *Mandragola* und *Il principe*. Weiter geht es mit Torquato Tassos *La Gerusalemme liberata*, Carlo Goldonis *La Locandiera*, Giacomo Leopardis *Canti*, Alessandro Manzonis *I Promessi sposi* und Giovanni Vergas *I Malavoglia*. Allein im 20. Jahrhundert werden fünf Texte ausgezeichnet. Die Wahl fiel auf Luigi Pirandellos *Sei personaggi in cerca d'autore*, Elio Vittorinis *Conversazione in Sicilia*, Eugenio Montales *La bufera e altro*, Carlo Emilio Gaddas *Quer pasticcaccio brutto in via Merulana* sowie Italo Calvinos *Se una notte d'inverno un viaggiatore*. Fragwürdig erscheint bei dieser Minimalauswahl allein die doppelte Berücksichtigung Machiavellis auf der einen und das Übergehen Italo Svevos auf der anderen Seite.

Da die Verfasser einen besonderen Schwerpunkt auf die Gegenwartsliteratur legen, sollen abschließend ihre 82 Vorschläge für das 20. Jahrhundert kurz diskutiert werden. Warum, so fragt sich, wird zwar Lucio Dalla mit der Ausgabe seiner Liedtexte aufgeführt, nicht aber Paolo Conte, der als Sänger gerade in Deutschland ähnlich bekannt ist und für seine Texte immerhin mit dem Premio Montale ausgezeichnet wurde? Neben den lyrischen Klassikern Eugenio Montale und Giuseppe Ungaretti werden auch Dichter wie Mario Luzi und Andrea Zanzotto angeführt; vergeblich aber sucht man Umberto Saba und den Nobelpreisträger Salvatore Quasimodo. Und so werbewirksam es im Hinblick auf studentische Interessen einerseits auch sein mag, den Kultautor Stefano Benni oder den Comic-Zeichner Tiziano Sclavi zu berücksichtigen, so sehr vermisse ich andererseits doch den wieder einmal unterschätzten Chronisten, Erzähler und Drehbuchautor Ennio Flaiano. Doch damit beginnt der Streit um ganz persönliche Vorlieben, den jeder Leser auf eigene Faust austragen sollte. Das Bändchen von Frank Baasner und Peter Kuon bietet dafür eine anregende Grundlage.

Albrecht Buschmann

Zu den Autoren

Michael Becker, geb. 1952 in Hannover. – Studium der Germanistik, Politikwissenschaften und Philosophie. 1986-1992 DAAD-Lektor in Genua. Arbeitet als Lehrer in Berlin.

Albrecht Buschmann, geb. 1964 in Neunkirchen/Saar. – Studium der Romanistik und Orientalistik in Saarbrücken, Granada, Paris. Journalistische und wissenschaftliche Veröffentlichungen zur romanischen Gegenwartsliteratur. Arbeitet als wissenschaftlicher Mitarbeiter an der Universität Potsdam.

Olga Cerrato, geb. 1966 in Venaria bei Turin. – Studierte Germanistik und Italianistik in Turin. Arbeitet seit 1994 als Lektorin im Sprachenzentrum der Universität Potsdam.

Alessandro Falassi, geb. 1945 in Siena. – Studierte Geschichte, Politikwissenschaft und Soziologie in Florenz. Lehrte als Anthropologe von 1975-1985 an amerikanischen Universitäten, seit 1985 an der Ausländeruniversität Siena. Zahlreiche Veröffentlichungen etwa zur italienischen Eß- und Festkultur (z.B. *Palio*, Mailand 1982).

Andreas Gelz, geb. 1964 in Merzig/Saar. Studium der Romanistik und Germanistik in Saarbrücken, Lyon, Paris und Madrid. Promotion zur französischen und italienischen Avantgarde der Nachkriegszeit. Wissenschaftlicher Mitarbeiter am Institut für Romanistik der Universität Potsdam.

Amadeo Giacomini, geb. 1939 in Varmo/Udine. – Professor für Dialektologie an der Universität Udine. Zahlreiche Veröffentlichungen zum Friulanischen, daneben lyrische Arbeiten (u.a. *Presumt univar*, 1988). Herausgeber der Zeitschrift *Diverse Lingue*.

Daniela Giovanardi, geb. 1961 in Mantova. – Studium der Germanistik in Bologna. 1988-1993 Lektorin an der RWTH Aachen. Seit 1993 Lektorin an der TU Chemnitz-Zwickau.

Helene Harth, geb. 1940 in Frankfurt a.M. – Studium der klassischen Philologie, Philosophie und Romanistik. Seit 1992 Professorin für romanische Literaturwissenschaft an der Universität Potsdam. Veröffentlichungen u.a. über P. Valéry, den Nouveau roman, J.P. Sartre, L. Sciascia, V. Brancati.

Gerda Haßler, geb. 1953 in Werdau (Sachsen). – Studierte Romanistik, Slavistik und Allgemeine Sprachwissenschaft an der Universität Halle-Wittenberg. Seit 1993 Professorin für romanische Sprachwissenschaft an der Universität Potsdam. Veröffentlichungen zur Semantik, zur Textgrammatik und zur Geschichte der Sprachwissenschaft.

Barbara Heinzius, geb. 1961 in Saarburg bei Trier. – Studium der Soziologie, italienischen Philologie und neueren deutschen Literaturwissenschaft in Saarbrücken. 1994 Promotion in italienischer Philologie mit einer Arbeit zur »Darstellung von Erotik und Sexualität im Werk Dacia Marainis«. Zur Zeit wissenschaftliche Mitarbeiterin an der Universität Saarbrücken. Arbeitet an einem Forschungsprojekt über italienische Autorinnen der Gegenwart.

Oswald Hoffmann, geb. 1953 in Lünen/Westfalen. – Lebte von 1978-1982 bei Montalcino. Studium der italienischen Literatur und Kunstgeschichte an der Freien Universität Berlin. Zur Zeit freier Mitarbeiter beim Ostdeutschen Rundfunk Brandenburg.

Thomas Hohnerlein-Buchinger, geb. 1957 in Völklingen/Saar. – Studierte in Saarbrücken Romanische Philologie und Germanistik. Mitarbeiter des *Lessico Etimologico Italiano*. Seine Dissertation über die italienischen Weinnamen wird 1996 bei Niemeyer erscheinen.

Regine Igel, geb. 1948 in Bad Harzburg. – Lebt als freie Autorin für Rundfunk und Presse (u.a. *Süddeutsche Zeitung* und *Zeit*) in Ligurien. 1990 erschien bei Moewig ihr Buch *Silvio Berlusconi. Eine italienische Karriere*. 1992 dafür den Bausch-Media-Preis. 1994 Untersuchung über den italienischen Geheimdienst für das Forschungsinstitut für Friedenspolitik in Weilheim.

Petra Kaiser, geb. 1953 in Düsseldorf. – Studium der Soziologie. Berufstätigkeit in Forschung, Sozialpädagogik, Einzelhandel, Sprachunterricht und Übersetzung. Mehrjähriger Italienaufenthalt. Arbeitet seit 1993 als Übersetzerin und Dolmetscherin in Berlin.

Christa Klauke, geb. 1955 in Ahlen/Westfalen. – Studium der Soziologie und VWL in Dortmund, Abschluß als Diplom-Sozialökonomin. Heute Weinhändlerin und Weinjournalistin.

Gina Lagorio, geb. 1930 in Bra (Cuneo). – Lebt und arbeitet als Schriftstellerin in Mailand. Sie veröffentlichte zahlreiche Romane und Erzählungen, u.a. *Il polline* (1966), *Tosca dei gatti* (1983). Für ihr Theaterstück *Raccontami quella di Flic* erhielt sie 1983 den Premio Flaiano.

Maria Lieber, geb. 1956 in Sögel (Emsland). – Studium der Romanistik und Germanistik an der RWTH Aachen. 1985 Promotion zur französischen Grammatikographie. 1985-1989 Lektorin des DAAD in Padua. 1989-1994 Wissenschaftliche Angestellte an der RWTH Aachen. 1993 Habilitation zur Sprachkultur im Zeitalter der italienischen Renaissance. Seit 1994 Professorin an der TU Dresden. Aufsätze und Arbeiten zur italienischen, französischen, spanischen und katalanischen Sprachwissenschaft.

Franco Sepe, geb. 1955 in Fondi. – Lebt und arbeitet seit 1979 in Berlin. Zur Zeit Lehrbeauftragter der Freien Universität Berlin und Mitarbeiter verschiedener Tageszeitungen und Zeitschriften, für die er Theaterkritiken, literarische Artikel und Interviews schreibt.

Mirko Tavoni, geb. 1949 in Modena. – Lehrt italienische Sprachgeschichte an der Universität Pisa. Spezialist für die Sprachphilosophie der italienischen Renaissance. Derzeit Mitarbeit an einer kritischen Neuausgabe von Dantes *Divina Commedia.*

Ignazio Toscani, geb. 1939 in Valle di Cadore (Belluno). – Studium der Soziologie, Romanistik und Geschichte. Promotion 1970. 1971-1973 Forschungsaufenthalte in Paris und Edinburgh. Bis 1979 als Lektor tätig. Seitdem Fachlehrer für Italianistik an der Universität Trier. Veröffentlichungen zur italienischen Literatur-, Theater- und Kulturgeschichte.

Die Bildunterschriften stammen aus: Giorgio Manganelli, »Vom Lob des Essens«, in: *Manganelli furioso. Handbuch für unnütze Leidenschaften*, Berlin 1985

Erratum in Zibaldone, Heft 19, S. 78, 4. und 7. Zeile v.u., lies: DRV (statt DIV). Für mein Versehen bitte ich um Entschuldigung.

Titus Heydenreich

Die Deutsche Bibliothek - CIP-Einheitsaufnahme

Zibaldone : Zeitschrift für italienische Kultur der Gegenwart. -
Hamburg : Rotbuch Verlag
Bis 19 (1995) im Verl. Piper, München, Zürich
ISSN 0930-8997
Heft 20. Schwerpunkt: Wein - geniessen auf italienisch. - 1995
Schwerpunkt: Wein - geniessen auf italienisch. - Hamburg :
Rotbuch Verlag, 1995
(Zibaldone ; H. 20)
(Rotbuch-Taschenbuch ; 2000)
ISBN 3-88022-919-8
NE: Wein - geniessen auf italienisch; 2. GT

Zibaldone, Zeitschrift für italienische Kultur der Gegenwart, erscheint zweimal jährlich
Einzelheft im Handel DM 22,80, im Abonnement DM 16,80
Jahresabonnement DM 33,60 (inkl. MWSt, zuzüglich Porto)
Anzeigen an: Swantje Meininghaus, Bischof-Kieckbusch-Str. 13, 23701 Süsel
Tel.: 04524/7278

Manuskripte nur an die Herausgeber: Prof. Dr. Helene Harth, Institut für Romanistik, Universität Potsdam, Postfach 601553, 14415 Potsdam;
Prof. Dr. Titus Heydenreich, Institut für Romanistik der Universität Erlangen-Nürnberg, Bismarckstraße 1, 91054 Erlangen.
Unverlangt eingesandte Manuskripte werden in der Regel nicht kommentiert und nur zurückgesandt, wenn Rückporto beiliegt.

Sofern nicht anders angegeben, handelt es sich bei allen Beiträgen um Erstveröffentlichungen.